초고령사회, 건강 불평등 시대

주치의가 답이다

임종한 외 지음

이 책은 2017년 2월 출간된 《의료복지 2026 주치의가 답이다》의 개정판입니다. 본문에서 저자의 소속이나 직책, 내용 중 일부는 2017년 초판 출간 당시 것임을 밝힙니다.

스토리플래너

| 차례 |

주치의가 답이다

강정화 (한국소비자연맹 회장)

　코로나19라는 시작을 예측하지도 못했고 그 끝도 알지 못하는 감염병으로 우리를 비롯한 전 세계가 커다란 어려움을 겪고 있습니다. 현재는 코로나19로부터 자신의 건강을 지키는 것이 전 국민의 아젠다가 되었습니다. 위험을 피하기 위해 일상적인 생활이 멈추기도 하고 의료기관마저 찾지 않는 현상이 생기기도 했습니다. 지속적인 관리가 필요한 만성질환이 있어도 의료기관 가기가 꺼려져 점검과 약 받으러 가는 것을 계속 미루고 있는 환자도 있습니다. 때문에 걸어서 갈 수 있는 가까운 곳에 나의 평소 건강상태를 알고, 안심하고 상담할 수 있는, 필요하면 전화로라도 의논할 수 있는 나의 주치의가 있었으면 하는 바람이 커지고 있습니다.

　한편으로 우리 사회가 당면한 초고령사회는 특히 의료분야에서의 대비를 요구하고 있습니다. 2020년 건강보험심사평가원 발표 자료에 의하면,

65세 이상 진료비 비율이 2000년에 전체의 17.4%이었던 것이 2019년에는 40.5%로 크게 증가해 우리 나라 건강보험 지출의 40%가 노인의료비입니다. 고령층의 의료수요가 급속하게 증가하고 있음을 알 수 있습니다. 노인 빈곤율이 높은 우리 나라에서 건강보험에서 많은 부분 의료비를 부담하고 있다고 해도 질병으로 인한 의료비 부담은 노인 빈곤을 더욱 심화시킬 것입니다. 예방과 돌봄, 만성질환 관리가 더욱 중요해지는 이유입니다.

지금부터라도 병이 나야 의료기관을 찾아가는 치료 중심에서 내가 사는 지역사회에서 건강관리, 예방, 돌봄 중심으로 의료복지라는 사회적 안전망을 구축해가야 할 것입니다. 이 책이 그러한 의료복지로 나가는 방향과 대안들을 소개하고 있습니다. 우리 나라와 외국의 사회적의료협동조합, 장애인주치의제도 등의 사례를 통해 주치의제도에 대한 이해를 높이고 주치의제도가 앞으로의 의료제도의 근간이 될 것임을 보여주고 있습니다. 이 책은 우리가 함께 건강한 삶을 누릴 수 있는 환경을 만들어 가는 데 좋은 안내서가 되어줄 것입니다.

가족 같은 주치의 갖고 싶다!

경창수 (한국의료복지사회적협동조합연합회 회장)

살면서 나도 "주치의를 가져 봤으면 좋겠다", "가족 같은 의사가 있었으면 좋겠다" 이런 생각을 가끔 해본 경험이 많을 것이다. 한국 사회는 주치의제도가 시행되고 있지 못하기 때문이다. 과거 대통령 선거에 주치의제도를 도입하겠다고 공약을 많이 내놓았지만 실행된 적은 없다. 뜻은 좋으나 실행하기란 쉽지 않은 모양이다. 그런데 주치의제가 무엇이고 어떻게 제도를 도입할 수 있는지를 잘 설명한 책자가 나왔다. 참으로 반가운 일이다.

이 분야의 전문가뿐만 아니라 현장 일선에서 주치의제를 실천하는 많은 분의 생생한 이야기는 감동으로 다가온다. 국가가 해야 할 일을 개인이나 그룹이 하기에는 벅찬데도 말이다. 여기에 영국, 일본, 유럽의 주치의제도를 소개하고 있어서 이해를 쉽게 도와주고 있다.

책 제목 《주치의가 답이다》에서 나와 있듯이 한국 사회가 당면한 문제를 해결하기 위해서 미리 준비해야 할 핵심 키워드를 주치의제도로 보고 있는 것은 매우 타당하다. 온통 사회가 저출산 고령화로 몸살을 앓고 있다. 특히 2026년에는 노인 인구가 20%를 넘어서 초고령사회로 접어들어 간다. 현장은 절실한데 이를 해결할 해결점을 찾고 있지 못하다. 코로나19의 의료정세에서 의대 정원 확대를 둘러싼 극한 대치는 참으로 한국 의료의 민낯을 까발려 보여주고 있는 안타까운 상황이다. 이 책을 읽으면 그 답이 있다.

1994년 안성의료사협으로부터 시작하여 한국의료사협연합회 소속 25개 협동조합은 근 한 세대를 주치의제를 실시하여 왔다. 장애인주치의, 노인주치의 등 부분적으로도 정부 정책과도 함께해 왔다. 이제는 임계점에 다다랐다. 더 이상 주치의제도를 미룰 수 없다. 의료사협 입장에서는 의료인이든, 정책을 하시는 분이든, 의료소비자든 꼭 일독을 권유 드린다.

일차보건의료의 정착과
주치의제도의 도입

고병수 (전 한국일차보건의료학회 회장, 주치의제도를 갈망하는 가정의학과 의사)

유럽이나 북미, 오세아니아 등 선진 외국들을 보면, 항상 선거에서 중요한 화두가 경제 분야 아니면 복지나 의료가 차지한다. 의료 분야에서는 당연히 일차보건의료 문제가 수위를 차지하게 된다. 그도 그럴 것이 사람들이 사는 마을이나 집단에서 중요한 것은 학교나 경찰서처럼 동네의원이 중요한 역할을 하기 때문이다. 사람들의 일상적인 질병이나 예방에 대한 것에 이르기까지 지역에서 많은 건강상의 문제들을 찾아내고 해결하는 곳이 일차의료기관인 동네의원이다. 많은 주민들이 어떤 건강 문제가 있을 때 처음 접하거나 일상적으로 질병이나 예방에 대해서 해결하는 창구이기 때문에 한 국가의 보건의료 체계에서 가장 중요한 위치를 차지한다. 동네의원 의사 수가 늘지 않는 문제, 좀 더 질 높은 진료를 하게 만드는 문제, 진료시간을 늘려서 주민들이 편리하게 이용하게 하는 문제 등이 보건의료 정책에서 중요한 부분을 차지한다.

　그러나 한국에서는 지역사회 일차보건의료의 파수꾼인 동네의원에 대한 정책이 별로 없다. 만성질환 관리제도나 고혈압·당뇨사업, 지역사회 일차 의료 시범사업 등이 있으나 발전된 한국에서의 일차보건의료 정책이라고 하기에는 너무 초라하다. 모름지기 일차보건의료라 하면 그에 걸맞는 전문 의가 지역에서 많은 의료에 관련된 문제들을 해결하도록 해야 하는데, 한국 에서는 내과, 가정의학과뿐만 아니라 정형외과, 피부과, 안과 등 24개 가까 운 많은 전문의들이 동네에 포진해 있는 형국이다. 대부분의 전문의들은 일 차보건의료를 하는 것이 아니라 자신이 수련 받은 전문진료를 하고 있다. 사실 이들은 종합병원이나 전문병원에서 일을 해야 하는 것이다. 지역의 의 료 문제는 일차보건의료를 전문으로 한 의사들이 담당하도록 하면서 어려 운 질병이나 의뢰가 필요한 경우에 나서야 하지만 동네에서 서로 경쟁을 하 면서 지내고 있다. 아주 후진적인 일차보건의료의 양상이라고 볼 수 있다.

　수년 간 전문의 교육을 받고 지역으로 나와서 자신의 기술을 20~30% 정 도만 써먹을 수 있다면 얼마나 낭비일까? 그렇다고 일차보건의료를 전문으 로 한 의사들을 대폭 늘리는 정책을 펼치지도 않는다. 한마디로 한국의 보 건의료 담당자들이나 해당 전문가들은 직무유기를 하고 있는 셈이다.

　자신 혹은 가족이 아프거나 건강상의 문제로 일차보건의료를 담당하는 동네의원을 찾았을 때 지속적인 관계를 맺고 있는 의사나 보건의료 담당자 는 그 사람을 잘 알기 때문에 필요한 처치를 어렵지 않게 할 수 있다. 충분 한 시간을 들여 설명을 하는 것은 말할 것도 없겠다. 하지만 한국의 동네의원에서는 오래 기다려도 2~3분 진료에 그치는 것을 경험한다. 그 짧은 시간에 설명은 듣지만 머리에 들어가지 않아서 진료실을 나와서는 어찌할 바를 모르게 된다. 많이 진료를 해야 수입을 보전하는 한국의 후진 일차보건의료의 모습이다.

주치의제도는 일차보건의료가 발달한 모습이다. 의사와 주민 간에 등록과 같은 절차를 거치고 지속적인 관계를 맺으면서 여러 건강 문제들을 해결하게 된다. 개개인이 대통령이나 대기업 총수들처럼 주치의를 가지게 된다면 얼마나 좋을 것인가? 아이들을 키우는 집에서 부모들은 아이가 열만 나도 불안하고, 기침이 안 멈추면 폐렴이 아닐까 밤새 잠을 못 잔다. 아플 때마다 병원에 쪼르르 가기 쉬운 한국의 의료 문화를 좋아하는 사람들도 있지만 그럴 경우 의사가 차분히 여러 상황을 설명도 하고 주의사항이나 관리방법들을 자세히 알려주면서 진료를 한다면 부모들의 불안은 상당히 경감될 수 있다. 만성질환의 경우에도 약을 주고 물리치료만 주로 하게 되는데, 운동을 자세히 가르쳐 주고 주의할 것들을 충분히 알려주기만 한다면 관리도 잘되고 합병증과 같은 것들이 상당히 많이 예방이 될 것이다. 어르신들 건강문제, 장애인들의 건강 돌봄 등 주치의가 있다면 할 수 있는 일들이 너무 많다.

이 책은 지역사회 일차보건의료의 핵심인 주치의제도를 어서 빨리 도입하자는 취지로 만들어졌다. 그에 대한 이론적 내용도 있지만 아이들, 어르신, 장애인 등 여러 분야에서 주치의의 역할과 필요성들을 현장 애기를 곁들이며 소개하고 있다. 특히 의료복지사회적협동조합의 주치의와 비슷한 경험들을 통해 주민들이 행복하고, 의료인들도 보람을 느끼는 사례들은 경쟁에 찌들고, 바쁘게 환자들을 봐야 하는 동네의원 의사들이 어떻게 제도를 바꿔야 하는지 귀감이 된다. 이 책을 읽는 시민들에게도 잘 모르는 분야이지만 주치의제도에 대한 이해도를 높일 수 있을 것으로 기대된다. 어떤 제도라도 시민과 전문가가 노력하면 정부나 정치인들은 따라오게 되어 있다. 그런 의미에서 이 책을 의사와 많은 시민들이 읽음으로써 이해하고 주치의제도에 대한 생각의 지평을 넓히는 기회가 됐으면 한다.

필자가 속한 한국일차보건의료학회는 바로 그러한 취지로 만들어졌다. 의사들만이 아니라 지역사회에서 일하는 간호사 및 치과의사, 한의사 등의 의료인이나 시민들까지 어우러져 주치의제도를 비롯해서 지역의 보건의료 풍토를 바꿔보자는 뜻에서 창립했다. 이 책에서 바라는 지역의 일차보건의료의 정착과 주치의제도의 도입을 위해서 함께 노력할 것이고 이후로도 사람들이 쉽게 접할 수 있는 이와 같은 책들이 많이 나왔으면 좋겠다.

주치의제도, 어렵지 않게 할 수 있다고 본다. 다만 시민들이 알아야 하고, 전문가들이 공감대를 만들고 정치인들이 받아주기만 하면 된다. 문제는 이것을 위한 토의가 부재하다는 것이다. 더 이상 피하지 말고 시간이 걸려도 좋으니 이에 대한 논의가 시작되어야 한다. 이러한 바람 속에 이 책이 다가온 것에 대해 고마움을 느낀다.

나를 가장 잘 아는 의사, 주치의

김봉구 (한국사회적의료기관연합회 이사장)

 여러분은 몸이 아파 병원을 가려 할 때 어떤 의료기관을 선택하시는지요? 주변에 동네의원이 많지만 인터넷으로 검색을 해보면 내가 갖고 있는 증상이 심각한 병일 수도 있을 것 같고 혹시 큰 병원에 가야 하는 건 아닌지 불안한 마음에 대학병원을 예약하고 진료를 보신 적은 없으십니까? 때론 TV에서 '명의' 프로그램을 시청하다보면 내가 저 의사를 찾아가야 하겠구나 하고 생각하신 적은 없으신지요?

 저는 의사생활을 하면서 종종 주변의 지인으로부터 자신이나 가족, 친척이 아픈데 어떤 병원에 가야 할지 또는 어떤 병원에 왔는데 담당의사가 이렇게 하라는데 해야 할지 말아야 할지를 묻는 문의를 받곤합니다. 답변을 해주면서도 마음이 개운치가 않습니다. 또한 25년간 종합병원에서 수술을 해오면서 자주 접하게는 되는 상황은 수술전 환자가 어떤 병으로 어떤 치료를 받았고 그래서 수술전에 어떤 조치를 해야 할 지 알아보려면 환자와 보호자의 기억이나 아니면 직전 병원의 소견서 정도에 불과합니다. 또한 수술이 끝나고 퇴원하여 일상에서 건강을 관리하고 혹시 이상이 나타나면 저에게 의뢰해 줄 의사가 있으면 좋겠는데 이 또한 마땅치가 않습니다

이런 현상이 다 일차의료를 담당하는 주치의제가 도입되지 않아 나타나는 현상입니다. 주치의는 언제나 내가 몸이 불편하면 항상 제일 먼저 찾아가서 상담하여 진료를 보는 의사입니다. 이 의사는 나의 병력을 다 파악하고 있어 큰 검사 없이 질병을 파악하여 조치해 줄 수 있으며 필요하면 적절한 병원에 의뢰하고 이후 치료 받은 병력을 통합하여 지속적으로 나의 건강을 관리해 주는 의사입니다.

대한민국의 의료수준이 많이 발전하여 여느 선진국에 뒤지지 않는다고 생각합니다. 하지만 그 발전된 의료수준에서 내게 정작 필요한 것이 어떤 것인지를 선택해 주는 의사는 없어 개인이 노력하여 정보를 검색하고 주변의 의견을 물어 내가 의료진과 의료기관을 선택해야 하는 것이 대한민국 의료의 현실입니다. 또한 일차의료를 담당해야 할 동네의원의 상당수는 일차의료를 담당하기보다는 병원과 크게 다름없는 전문진료를 하고 있어 효율적인 의료전달체계가 이루어지지 않고 있습니다.

일차의료를 담당하는 주치의는 국민 개인의 건강관리와 질병치료를 효율적으로 해줄 수 있어 환자의 만족도를 높일 수 있고 의료진에서도 자기가 가장 잘할 수 있는 진료를 담당하게 되어 보람을 느낄 수 있으며 국가는 주어진 의료여건에서 국민건강을 높일 수 있는 효율적인 제도입니다. 많은 선

진국에서 이미 일차의료 주치의제를 도입하여 그 혜택을 받고 있습니다.

이 책은 2026년 시작되는 우리 사회의 초고령화사회로의 진입에 앞서 점차 필요성이 커지는 육아, 어르신, 장애의 돌봄과 만성질환관리에 대비하기 위한 대안으로 주치의가 해답임을 제시하고 있습니다. 이미 늦은 감이 있지만 이제라도 우리 사회에 주치의제도가 도입되는 데 큰 역할을 할 것으로 기대하며 이 책의 일독을 권해 드립니다.

공동체성 회복을 통해
의료복지의 새로운 패러다임을 만들자

임종한 (한국일차보건의료학회 회장, 인하대학교 의과대학 교수)

사는 것이 팍팍하다. 무엇 큰 것을 바라는 것은 아니고, 애들 잘 키우고, 부모님 돌보고 가족들과 오순도순 사는 일을 원하는 것뿐인데, 이리저리 뛰어다녀도 서민들은 이런 소박한 꿈조차 지켜내기도 쉽지 않다. 국가 전체 소득 수준은 높아졌다는데, 정작 시민들의 삶의 질은 오히려 떨어지고 있다. 아이 키우기도, 건강을 지키기도, 나이든 부모 모시기도 힘들어지는 상황에서, 시민들이 자발적으로 모여 스스로의 대안을 찾는 노력을 기울인 지 20여 년, 한국 사회에 새로운 희망이 싹트고 있다. 2012년 협동조합기본법 제정 이후, 사회적협동조합 설립은 점차 증가되어 2012년 1개, 2013년 102개, 2014년 121개, 2015년 178개, 2016년 202개로 2016년 12월말 기준으로 총 604개의 사회적협동조합이 설립되었다. 그중 의료, 돌봄, 육아 분야 등 사회적서비스 분야 사회적협동조합의 성장에 주목할 필요가 있다. 이들 사회적협동조합을 통해 개인과 집단의 이기주의를 넘어 협동과 연대, 나와 너를 넘는 공동체 의식이 우리 사회에 비로소 뿌리를 내리고 있다. 이들 사회

15

적협동조합은 의료, 돌봄, 육아 등 시민들의 삶의 질을 향상시킬 수 있는 질 좋은 공공서비스를 제공할 뿐만 아니라, 합리적인 가격으로 저소득층을 포함해 모든 시민들에게 서비스를 제공할 수 있고, 이 분야에서 일하는 사람들에게 노동권을 보장해 좋은 일자리를 창출하는 등 시민-노동자 모두에게서 원원전략이 되고 있다. 이들 사회적협동조합은 의료, 돌봄, 육아 분야에 보편적인 복지를 실현할 수 있는 훌륭한 기반이 된다. 국가가 모든 국민들에게 필요한 복지서비스를 다 제공하기 힘들어지고, 이미 복지국가의 한계가 드러난 상황에서, 국가와 시민사회(사회적경제)가 협력하여 시민들의 권리를 보장하도록 하는 것이 필요하다. 그런 면에서 시민들의 기본권 보장을 위해서도 우리 사회에서 사회적협동조합의 성장은 매우 의미 있다고 하겠다. 이제 우리 사회에서 장애인, 노인, 농민, 노동자, 여성, 성소수자, 새터민, 외국인노동자 등 사회적 약자의 건강을 돌보고 보호하기 위한 안전망이 지역공동체를 기반으로 만들어지고 있다.

　최근 몇 년 사이에 우리 사회에서 경제가 어려워지고, 소득불평등은 갈수록 심각해지고 있다. 사회양극화가 더욱 진행되면서 서민들의 어려움이 말이 아니다. IMF시기보다 더 어렵다고들 한다. 우리 나라에서 10% 상위층이 전체 소득에서의 점유율은 1995년 29.2%에서 2012년 44.9%로 세계에서 미국 다음으로 소득불평등이 심각하다. 소득불평등뿐인가? 취약계층의 의료이용은 경제적인 부담이 늘면서 아파도 병원에 가지 못하고 치료를 포기하는 사람들도 늘고 있다. 송파 세 모녀 사건과 같은 사소한 질병으로 일이라도 못하게 되면, 소득이 끊어져 꼼짝없이 가족이 동반자살하는 어처구니없는 일이 벌어지고 있다. 이런 일을 막기 위해 만든 의료보험인데, 국내에선 이런 일에 의료보험은 제 역할을 못하고 있다. 아팠을 때는 평소 소득의 일부를 보장해 주는 상병 급여가 외국에는 보장되어 있는데, 국내에선 이같은 서비스를 받는 것은 꿈 같은 일이다. 종종 어린이집, 유치원에서 어린이 학대에 대한 논란이 벌어지곤 한다. CCTV 설치가 이런 어린이 학대를 예방하는 대안으로 거론되지만, 이것만으로 해결될 일인가?

2026년 65세 이상 노인이 전체 인구의 20% 이상을 차지하는 초고령사회 진입을 목전에 두고 있음에도 이에 대비는 부족하다. 우리 나라는 OECD국가 중 노인 가구의 빈곤가구 비율이 유난히 높고, 65세 이상 노인의 자살률이 부동의 1위를 달리고 있다. 나이 들어서 일자리를 갖기도, 아파서 치료받기도, 문화생활을 누리기도 어렵다. 가족은 해체되고 초핵가족으로, 1인1가구로 쪼개지고 있다. 자녀들과 동거하는 문화에서 노인들이 독립생활을 하는 방향으로 바뀌면서, 노인들은 경제적으로 어렵고 또 외롭게 지낼수밖에 없는 상황이 만들어지고 있다.

지금도 병원 문턱이 높아 병원에 가기도 어려운데, 10년 동안 의료비 상승률은 OECD 수위를 달리고 있다. 당뇨, 고혈압 등 만성질환을 앓고 있는 국민들의 비율은 갈수록 늘고 있으며, 2014년 전체 진료비 중 35%가 만성질환 진료에 사용되고 있다. 하지만 전제보험 급여비에서 의원이 차지하는 비율이 2003년 45.5%에서 2014년 27.5%로 줄어들었고, 상급종합병원의 외래비용은 21.5%에서 31.3%로 증가되었다. 시민들의 건강을 돌볼 의원은 점차 문을 닫고, 상급종합병원은 공룡과도 같이 몸집을 자꾸 키우고 있다.

소위 재벌병원의 등장과 더불어 동네의원, 중소병원, 지방병원은 경쟁력을 잃어가고, 의료환경은 무한경쟁속에 승자독식과 다름없는 환경으로 변모되고 있다. 2026년이면 우리 사회는 65세 이상 인구가 전체 인구의 20%를 상회해서 초고령사회로 진입된다. 향후 30년간 사회 양극화와 저출산,

초고령사회화, 일차의료의 붕괴, 지역공동체의 약화 등의 변화로 건강불평등 심화, 만성질환 급증, 의료비 폭등으로 재앙과도 같은 일들이 우리 사회에서 벌어질 수도 있다. 우리 사회가 재도약하기 위해선 우리는 무엇을 해야 하나? 더불어 살 수 있고, 각 사람 모두 공정하게 대우받고, 존중받는 사회의 건설은 정녕 불가능한가? 다가오는 대선에서 시민들의 이같은 한결같은 바람을 충족시켜 줄 사람을 뽑는 것은 매우 중요하지만, 단지 정권의 교체에 국한하지 않고, 진정으로 시민들이 주인이 되는 사회가 되기 위해서는 보다 근본적인 변화가 필요하다.

시민들이 참여해서 만든 사회적경제 영역에서 관료의 전횡, 정경 유착과 대기업의 횡포를 막을 수 있는 힘을 키워야 한다. 행정기관, 대기업이 공정하게 일을 처리하는지 투명하게 살펴보고 평가하는 체계를 구축하지 않으면, 힘을 지닌 관료와 대기업의 갑질은 결코 끊이지 않을 것이다.

시민들의 의식 변화, 참여를 통해서 한국 사회가 이제까지 경험하지 못한 그이상의 변화를 이끌어내야 한다. 생활 곳곳에 남아 있는 적폐를 청산하기 위해, 방관하지 않고 우리 사회 여러 영역을 개혁해 나가는 것이 중요하다.

이것이 이루어지지 않으면, 정권이 바뀐다고 해도 여야의 교체가 있을 뿐, 시민들의 삶에는 변화가 없을 것이다. 특별히 시민들의 삶과 직결되는 분야인 의료, 돌봄, 육아 등 사회서비스에 시민들이 직접 참여해서 관료의 전횡이나 시장논리에 의해 휘둘리지 않게 새로운 체계를 구성하는 것이 절대적으로 필요하다. 시민들이 직접 참여해서, 직접 개혁해 나가는 것이야말로, 향후 개혁의 핵심요체라고 볼 수 있다. 각 생활영역에서 직접민주주의를 확장시켜 나아가 시민사회, 생활세계의 자율성을 확보해야 한다.

대의민주주의와 형식적인 정치적 민주화에 머무른 우리 사회가 경제적인 민주화, 지방자치, 생활자치, 주민자치로 민주주의가 더 심화 발전되는 사회로 나아가야 한다. 또한 시민들이 법과 질서를 존중할 뿐만 아니라, 사회적 약자를 배려하는 높은 시민정신을 가진 사회로 나아가야 한다. 단지 경제적으로 GDP가 높은 사회만이 아닌 사람이 살 만한 사회로 가야 한다. 우리 사회 소수자의 인권이 존중되고 삶의 질이 실질적으로 높아지도록 하는 것이 선진사회의 분명한 지표다. 이러한 사회로 나아가기 위해 의료, 돌봄, 육아의 공공성을 높여가는 것이 우리 사회의 필수적인 과제다. 이들 분야는 사람들의 삶의 질과 직결되는 분야여서 2026년 우리 사회의 미래를 설계하는 데 있어서 없어서는 안 되는 것이다.

협동조합은 지역사회에 뿌리를 두고 지역공동체 강화에 역점을 두고 있다. 지역사회의 조직들이나 지방정부와의 파트너십을 통해서 시민들의 참여와 지역사회 지원을 이끌어 낸다. 협동조합에서는 시민들이 직접 참여하며 협동조합 사업체를 통해 스스로에게 서비스를 제공할 수 있다. 시민의 참여를 통해 공공의료에 새로운 활로를 열어주고, 민간의료기관이 영리에 좌우되지 않게 안전판 역할을 해낸다. 협동조합은 시민들의 참여를 통해 의료, 돌봄, 육아의 공공성을 지켜내는 훌륭한 역할을 해낼 수 있다. 지역사회를 매개로 주민들, 동네의원, 어린이집, 유치원, 요양원, 주간보호시설 등이 서로 연대하고 협동하는 것이다. 이를 가능케 하는 강력한 조직적 수단 중의 하나가 협동조합이다.

2018년 5월부터 장애인주치의사업이 전국적으로 시행되고 있다. 중증장애인에 대해서 시행되지만, 장애인과 같이 건강위험이 큰 그룹 각 개인에 전담의사인 주치의를 배정하는 것으로, 우리 나라 의료복지에 획기적인 전기가 마련될 것으로 기대된다. 노인들은 신체 특성상 여러 건강위험에 노출되어 있기에, 노인들을 대상으로 한 주치의 시행도 미룰 수 없는 문제다. 이를 위해선 지역사회에서의 준비와 의료환경의 정비가 필수적이다.

사회에서 취약계층이 늘어나는 변화속에서, 우리 사회에서 의료복지체계를 갖추려면 시민의식의 성장이 무엇보다 중요하다. 각 개인의 소득, 학력, 능력, 성, 연령, 장애 여부와 관련 없이 각 개인이 다 소중하다. 타인을 배려하고 더불어 살아갈 수 있는 시민문화와 법, 제도를 만들어 가는 것이 우리 사회에서 무엇보다 중요하다. 이 책은 이러한 시대의 큰 변화속에 시민들이 주인이 되는 사회로 나아가기 위해 시민들이 어떻게 생각하고 실천해야 할지를 다루고 있다.

이 책 1부에서는 주치의로 의료복지의 패러다임을 바꿀 필요성에 대해서 살펴보았고, 2부에서는 주치의 활동을 하는 협동조합의 활동을 통해 어린이 · 어르신 · 장애인 돌봄과 의료가 어떻게 연결, 통합되는지를 살펴보았고, 3부에서는 외국의 사회적 돌봄, 주치의 실시 현황을 들여다 보았다.

국내에서도 공동육아, 의료, 돌봄협동조합이 30여 년간 발전해 왔지만, 가장 조직적이고 적극적으로 의료, 돌봄, 육아 분야를 개혁하고자 하는 노력을 사회 밑바닥에서 추진해 왔다. 의료, 돌봄, 육아 분야의 상업화와 영리 추구로 시민들의 건강이 위협을 받는 상황에서 시민들의 강력한 지지를 받고 있기에, 이러한 이들 협동조합의 노력은 곧 전면적인 의료, 돌봄, 육아 개혁으로 이어질 것이다. 사회적서비스 협동조합운동이 우리 사회를 더욱 건강하고 민주적이고 성숙한 사회로 나아가는 데 분명 중요한 일익을 해낼 것이다. 이제 우리 사회에 새 희망을 가지고 나아가자.

1

주치의,
대한민국 의료복지의
패러다임을 바꾸다

제1장

2026년
초고령 대한민국, 지금 당장 나서야 한다

임종한 (인하대학교 의과대학 교수)

시민들의 삶을 고단하게 만드는 한국사회

숨가쁘게 뛰어왔던 우리 사회가 고속성장에서 저성장사회로, 완전 고용사회에서 청년실업사회로 큰 변화를 맞으며 경제적인 침체로 어려움을 맛보고 있다. 이제는 고령사회로의 인구구조의 변화, 의료비 등 사회보장 비용의 증가, 사회 양극화 등이 우리 사회의 성장을 가로 막고 있다.

그 유래를 찾아보기 힘든 빠른 고령화는 우리 사회가 넘어야 할 큰 산이되었다. 우리 사회는 지난 2000년 7월, 65세 이상 노인 인구가 전체 인구의 7%를 넘어 이미 '고령화'에 진입했다. 또한 2019년 노인 인구가 14.4%로 '고령사회' 진입, 2026년에는 노인 인구가 20%를 상회하여 '초고령사회'에 진입이 예상된다. 2030년에는 노인 인구가 1,269만 명으로 전체 인구의 24.3%, 2040년에는 1,650만 명으로 전체 인구의 32.3%, 2050년에는 1,799만 명으로 전체 인구의 37.4%를 차지한다.

세계보건기구(WHO)가 발표한 세계건강통계(2014년)에 따르면, 한국 여성의 기대수명은 85.5세로 일본, 스페인에 이어 세계 3위를 기록했다. 한국 남성의 기대수명은 78.8세다. 남녀 평균 기대수명은 82.3세로 세계 10위다. 지난 5년 전과 비교해 보면, 총 인구는 3% 증가한 반면 고령인구는 총 인구 증가율의 9배가 넘는 28%가 증가했다. 2030년 우리나라는 65세 이상 노인인구 비율이 G20(주요 20개 국) 가운데 4번째로 높은 '초고령사회'가 될 것으로 전망됐다.

경제협력개발기구(OECD)에 따르면 2030년 기준 G20 회원국 중 아르헨티나와 사우디아라비아를 제외한 나머지 국가의 노인 인구 비율은 일본이 31.8%로 가장 높고, 독일(27.8%), 이탈리아(27.3%), 한국(24.3%)이 뒤따를 것으로 전망됐다. 또 프랑스(23.4%), 캐나다(23.1%), 호주(22.2%), 영국(21.9%)도 노인 인구 비율이 20%를 넘는 초고령사회가 될 것으로 예상됐다. 반면 남아프리카공화국(7.5%)과 인도(8.8%)는 한자릿수로 예상됐다. 한국은 1970년 노인 인구 비율이 3.1%로 G20 국가 중 가장 낮았으나, 2030년에는 24.3%로 50년 만에 21.2%가 높아질 것으로 예상됐다. 이는 일본(24.7%)에 이어 두 번째로 상승 폭이 크다. 한국의 노인 인구 비율은 1970년 G20 최하위에서 1980년 3.8%로 14위, 1990년 5.1%로 11위, 2000년 7.2%로 10위를 기록했다. 이어 2015년까지 12.9%로 10위 자리를 유지하다 2020년 15.6%로 9위, 2025년 19.9%로 8위, 2030년 24.3%로 4위가 될 것으로 예상된다. 2030년에 우리나라보다 노인 인구 비율이 높을 것으로 보이는 일본, 독일, 이탈리아는 장기간 산업화 과정을 통해 발전한 선진국이어서 노인복지 체계가 잘 갖춰져 있다. 그러나 한국은 짧은 기간에 급성장한 신흥국이라는 점에서 초고령사회에 대한 부담이 상대적으로 클 것으로 전망된다.

1960년에서 2000년까지의 40년간 OECD 회원국들의 평균수명이 어느 정도 늘었는지를 비교해보면, 대부분의 서방 선진국들의 경우, 10년 이상 늘지 않았으나, 한국은 동기간 중의 평균수명의 상승 폭이 가장 높은 국가로 23.1년이나 높아졌다. 우리 사회는 고령인구의 급증, 출산율의 감소 등 급격한 인구구조의 변화를 겪고 있다. 특히 고령인구의 증가는 다가올 사회에 보건의료 비용의 급증을 가져와 우리 사회에 큰 부담으로 작용할 것임에 틀림이 없다. 사회적으로 이를 감당할 수 있는 체계와 자원을 충분히 준비해 두지 않으면, 사회 전체에 생산력의 저하와 삶의 질 저하라는 큰 질곡으로 작용할 가능성도 안고 있다.

인구구조 변화에 따른 저성장의 고착

인구구조의 변화는 선진국뿐만 아니라 신흥국에서도 지속적으로 진행되고 있는 글로벌 트렌드. 인구 보너스 시대가 마감되었는데 신흥국의 생산가능인구 비중(총인구대비)이 2015년을 정점(67.3%)으로 하락세로 전환했다. 국가별로 보면 중국, 러시아는 이미 하락세로 전환된데 반해 인도는 아직 상승 중이다. 우리 사회 문제는 아직은 젊은 층이 풍부한 편이나 고령화 속도가 선진국보다 약 두 배 가까이 빠르게 진행 중이고, 반면 출산율은 급격하게 감소되고 있는 것이다.

산업혁명 이후 1930년대까지 경제성장 등으로 출산율 하락이 지속되었으나 제2차 세계대전 이후 여러 국가에서 출산율이 급격히 상승하는 시기가 발생, 이를 통칭 베이비붐 세대로 칭한다. 미국, 프랑스, 이탈리아 등은 제2차 세계대전 직후인 1946년 베이비붐 세대가 등장한 반면 영국, 독일, 한국 등은 10여년 후인 1950년대 중반에 등장했다. 베이비붐 세대의 은퇴 및 고령화로 노동력 감소, 노동생산성 하락 등 경제 전반의 활력이 점차 둔화되고 있다. 베이비붐 세대는 고령층 진입 후에도 노동시장에 잔류하는 경향이 있으며, 베이비붐 세대의 고령화에 따른 노동력 부족에 대응하여 각국은 여성과 이민자 유입 등을 통해 보완하고 있다. 베이비붐 세대의 은퇴 및 고령화의 진전에도 불구하고 금융 및 부동산 자산에 미치는 부정적 영향이 현재는 제한적인 것으로 나타나고 있다.

우리나라에서도 현재의 저출산과 고령화 추세가 이어지면 15~64세 생산가능인구는 올해 3,763만 명으로 정점을 찍고, 내년부터 감소해 2050년에는 2,453만 명, 2065년에는 2,062만 명으로 떨어질 것으로 예상된다. 특히 1955년~1963년 태어난 베이비붐 세대가 65세 이상 고령인구로 진입하는 2020년부터는 감소세가 더욱 빨라진다. 2020년부터 생산가능인구는 연평균 34만 명씩 줄고, 2030년에는 연평균 44만 명씩 급감한다. 전체 인구 중 생산가능인구가 차지하는 비중은 지난해 73.4%에서 2035년에는 60%로 떨어지고, 2050년에는 54.0%, 2065년에는 47.9%로 된다. 인구가 줄어들면 한국경제의 저성장 추세는 더욱 악화될 수 밖에 없다. 소비가 줄면서 공장이 돌지 못하고, 결과적으로 노동 수요도 주는 악순환을 반복하기 때문이다.

의료비의 급격한 증가

국민의료비 지출의 증가는 한국에서 매우 두드러진 현상이다. 의료비 증가 중에서도 노인의료비의 증가는 전체 의료비 증가를 가져다 주는 큰 원인이기도 하다. 현재 65세 이상 노인의 1인당 의료비는 비노인층의 2.4배가 되어 있다. 고령자의 의료비는 1990년에는 10.8%에 불과하였으나 2000년 17.4%, 2002년에는 19.3%로 상승하였다. 그리고 그동안 의료비는 16배인 3조 7,000억 원이 되었고 2011년에는 12조 4,000억 원에 이르렀다. 특히 치매나 신체장애로 인하여 치료 및 간호를 필요로 하는 고령자 수가 2003년 83만 명에서 2020년에는 159만 명으로 증가할 것으로 보이며, 동 기간 중에 노인의료비는 4배로 돼 8조 3,000억 원에 이를 것으로 보인다. 2015년 건강보험 진료비를 살펴보면, 노인 진료비는 전체의 36.8%이며, 1인당 평균 진료비는 343만 원으로 전체 1인당 평균 진료비 115만 원보다 약 3배 정도 많은 상태다. 급속한 인구고령화와 생활습관 변화로 만성질환자가 2011년 이후 평균 2.5%씩 증가하고 있으며, 60세 이상 만성질환자는 전체 만성질환자 증가율의 2배 이상인 5.3%씩 증가하고 있다.

만성질환자의 진료비 규모도 급격히 증가하고 있다. 인구구조의 변화는 전체 인구 중에서 고혈압, 신경계질환, 정신 및 행동장애, 당뇨병, 간질환, 심장질환, 악성신생물(암), 갑상선 장애, 대뇌혈관질환, 만성신장별증, 호흡기결핵 등 11개 만성질환 유병률에도 큰 변화를 가져 오고 있다. 이들 11개 만성질환의 진료인원은 2014년 1,399만 2,000명에서 2015년 1,439만 1,000명으로 2.9% 증가했으며, 진료비는 2014년 19조 7,256억 원에서 2015년 21조 2,994억 원으로 8.0% 증가했다.

그뿐인가. 대한당뇨병학회와 건강보험심사평가원이 공동 조사한 결과에 따르면 2003년 국내 당뇨병 환자수는 전 인구의 8.29%인 401만 명에 달했다. 국내 당뇨병 환자는 매년 50만 명씩 증가 추세를 보이고 있으며 오는 2030년에는 전체 인구의 14.37%인 720만 명에 달할 것으로 추산되고 있다. 당뇨는 식생활의 서구화와 도시생활에서의 신체활동 부족 등이 원인으로 주목 받고 있는데, 당뇨가 생긴 후 일정기간이 지나면, 크고 작은 혈관의 손상으로 시력저하, 신부전, 협심증과 심근경색증 등 다양한 합병증이 생기는 무서운 질환으로 알려져 있다. 당뇨는 식생활과 운동 등 생활습관 관리가 매우 필요한 질환인데, 당뇨 합병증으로 입원한 건수가 OECD국가중 매우 높은 국가에 속한다. 앞서 밝힌대로 오는 2030년에는 당뇨환자가 전체 인구의 14.37%인 720만 명에 달할 것으로 추산된다고 하니, 그야말로 '당뇨대란'이다. 당뇨는 합병증인 시력상실, 신부전, 협심증과 심근경색증이 생기고 몸이 다 망가진 상태에서 3차의료기관인 종합병원을 찾아보았자 아무런 소용이 없다. 안과, 신장내과, 심장내과, 신경외과 등 여러 과를 전전해 보아도 이미 망가진 신체를 다시 되돌리긴 어렵다.

고혈압도 초기관리가 매우 중요한 질환이다. 고령화와 식생활의 변화로 당뇨, 고혈압 등 식품 관련 만성질환자는 국내에서 2030년이면 2,000만 명에 이를 것으로 추정된다. 고혈압이 잘 관리되지 않으면, 동맥경화증과 더불어 혈관의 손상이 가속화되어 뇌혈관질환(중풍), 심혈관질환(협심증, 심근경색증)의 발병 위험을 높인다. 한국 사람의 사망원인은 뇌혈관질환, 심혈관질환이 2, 3위를 차지한다. 당뇨와 고혈압 등 만성질환의 증가는 치명적인 뇌혈관질환, 심혈관질환의 발병위험에도 영향을 미치고 있다.

수명은 늘고, 당뇨와 고혈압과 같은 만성질환이 늘어나면서 뇌혈관의 손상이 증가되어 노인성치매의 발병위험도 높아지고 있다. 노인성치매란 정상적으로 생활해 오던 사람이 65세 이후 다양한 원인에 인해 뇌기능이 손상되면서 이전에 비해 인지 기능이 지속적이고 전반적으로 저하되어 일상생활에 상당한 지장이 나타나고 있는 상태를 가리킨다. 즉, 노인성 치매란 65세 이후 노년기에 발병한 치매를 총칭한다. 2026년에 우리나라가 초고령사회로 진입하면서 65세 이상 노인이 1,000만 명을 돌파하게 된다. 65세 이상 노인 중 노인성치매의 발병위험이 10% 정도임을 감안하면, 2026년에는 국내에서 노인성치매 환자는 100만 명, 2050년에는 179만 명을 넘을 수 있다고 추정된다. 노인진료비는 2015년 기준으로 전체 진료비의 36.8%이지만, 노인진료비 증가율이 24%로 가파르게 상승하고 있기에, 노인인구 증가로 인한 의료비의 상승은 우리 사회에서 주된 이슈로 부각되고 있다.

2014년 우리나라에서 자살한 사람은 총 1만 3,836명에 이른다. 인구 10

만 명당 27.3명으로 조사되었다. 경제협력개발기구(OECD) 평균이 12명인 것에 비하면, 12년째 우리나라 자살률은 OECD 국가 중 부동의 1위를 차지했다. 국내 사망원인인 암, 뇌·심장질환 등에 이어 자살이 4위를 차지한다고 하니, 우리나라 자살률이 얼마나 높은지 실감이 간다. 그중 65세 이상 노인 자살률은 가장 심각해서, 우리나라는 OECD 국가 중 노인 자살률이 1위다. 노인 자살률이 지난 20년간 5배나 증가했다.

안타까운 점은 빈곤한 노인 가구에서 자살이 집중 발생한다는 점이다. 우리나라 여섯 집 가운데 한 집은 '빈곤층'에 해당한다. 전체 가구의 절반 이상이 노후 준비를 제대로 못하고 있는 가운데, 특히 노인 가구(가구주 나이 65세 이상)는 절반 정도가 빈곤층인 것으로 파악됐다.

빈곤율은 중위소득(지난해 1,188만원)의 50% 미만인 가구가 전체에서 차지하는 비율을 가르킨다.

'2016년 가계금융·복지조사 결과(통계청)'에 따르면 우리나라 전체 가구의 빈곤율은 16.0%인데 반하여, 65세 이상 노인층의 빈곤율은 46.9%로 나타났다. 노인층 빈곤율이 고공행진을 이어 가는 것은 노후 준비가 여의치 않아서다. 가구주가 아직 은퇴하지 않은 집들을 대상으로 노후 준비 상황을 조사한 결과 '아주 잘 돼 있다'(1.3%), '잘 돼 있다'(7.5%) 등 긍정적 답변은 8.8%에 그쳤다. 반면 '잘 돼 있지 않다'(37.3%)와 '전혀 돼 있지 않다'(19.3%) 등 부정적 응답이 56.6%로 지난해보다 1.2% 포인트 높았다. '전혀 돼 있지 않다'는 응답도 전년보다 1.9% 포인트 상승했다. 노인가구는 절반 정도가 빈곤가구로 분류될 수 있다.

한국에서 상위 10%의 소득점유율이 전체 소득 비중의 절반 가까이 차지하고 있는 것으로 나타났다. 1997년 외환위기 이후 이같은 소득불평등은 날이 갈수록 심화되고 있는 추세다.

올해 발표된 국제통화기금(IMF)의 '아시아의 불평등 분석' 보고서에 따르면 한국의 소득 상위 10%가 전체에서 차지하는 비중은 1995년 29.2%에서 2013년 기준 45%로 1.5배 증가되었다. 이러한 상위 10%의 소득점유율은 자료가 확보된 아시아 국가 중 최고를 기록했다. 파리경제대학에 등록된 OECD 가입국 기준 세계상위소득 데이터베이스에 의하면, 상위 10%의 소득점유율은 우리나라가 미국 다음이다. 우리나라 상위 10%가 2014년 기준으로 배당소득의 94.3%, 이자소득의 91.0%, 종합부동산의 88.5%를 차지하고 있음에도, 2014년 상속세를 부담하는 비율은 20.8%, 증여세는 12.9%로 오히려 떨어지고 있어, 세금이 소득불평등을 완화하기보단 오히려 악화시키는 역할을 하고 있다.

65세 이상 노인층의 빈곤율은 46.9%로, 소득이 낮은 노인층의 경우 생활고에 시달리면서 자살이라는 극단적인 선택을 할 가능성이 높은 것으로 알려졌다. OECD 국가중 65세 이상 노인층의 빈곤율과 자살이 가장 밀접한 상관관계를 보여주고 있다.

다시 생각해 보아야 할 송파 세 모녀 사건

"지난 2014년 2월, 서울 석촌동의 2층짜리 단독주택에 딸린 반지하집에서 박 아무개(61)씨와 큰 딸 김 아무개(36), 작은 딸(33)이 숨진 채 발견됐다. 세 모녀는 바깥으로 통하는 창문을 청테이프로 막고, 방문은 침대로 막아 놓았다. 간이 침대 밑에서 발견된 냄비 속에서는 타고 난 번개탄이 남아 있었다. 가재도구는 깔끔하게 정리돼 있었다. 서랍장 위에는 이들이 남긴 몇 마디 메모와 함께 70만 원의 현금이 들어 있는 하얀 봉투도 놓여 있었다. 집주인에게 줄 공과금이었다. 박 씨의 남편은 12년 전 방광암으로 숨졌다.

남편과 아버지를 잃은 이들은 2005년 이곳으로 옮겨왔다. 보증금 500만 원에 월세 38만 원이었다. 큰 딸은 고혈압과 당뇨에 시달렸다. 그의 수첩에는 1년 전부터 당뇨 수치가 기록돼 있었다. 경찰은 "돈이 없어 병원도 못 가고 약도 제대로 챙겨 먹지 못한 것으로 보인다"고 말했다. 둘째 딸은 편의점 아르바이트 등 불안한 일자리를 떠돌았다. 두 딸 모두 신용불량자여서 일자리를 찾기가 어려웠다. 딸들은 만화가를 꿈꾸었던 것으로 보였다. 이들의 방에서는 90년대 인기를 끌었던 만화책과 습작노트로 가득 찬 박스가 발견됐다. 한 노트에서는 '카메라가 가까우면 감성적 구도, 멀면 이성적 구도'라고 적혀 있었다. 세 모녀의 비극은 박 씨가 1월 말께 넘어져 오른팔을 다치면서 비롯됐다. 주인이 떠나버린 방 벽엔 박 씨가 썼던 석고 붕대 팔걸이가 걸려 있었다. 팔에 깁스를 하고 식당일을 나갈 수는 없었다. 큰 방과 맞붙은 좁은 주방에는 먹다 남은 밥이 놓여 있었다."(「한겨레」, 「경향신문」에서 발췌)

우리는 송파 세 모녀 사건을 어떻게 볼 것인가? 겨울철 넘어져 팔을 다치는 일은 일반인들도 경험하는 흔한 일일 수 있는데, 이런 일이 세 모녀의 동반 자살이라는 끔찍한 일로 연결될 수 있을까? 죽는 마지막 순간까지도 집주인을 생각하며, 남은 집세와 공과금을 챙겨놓은 마음 착하고 여린 이들이 죽음으로까지 내몰리는 우리 사회 상황이 너무 비정하지 않은가?

세 모녀가 자살이라는 극단적인 선택을 하게 된 데에는 생계를 이어갈 수단이 없는 생활고가 직접적인 발단이 되었지만, 팔을 다친 것이 소득 상실로 이어지는 계기를 제공했다. 빈곤층 전락의 중요 경로로 질병이 중요한 원인으로 작용하는 경우가 많은 까닭에, 지금의 부실한 의료복지체계는 잠재적으로는 송파 세 모녀 사건들을 야기하는 사회적인 배경 및 원인이라고 볼 수 있겠다. 지난 2014년 송파 세 모녀 자살 사건은 한국 복지국가의 부끄러운 민낯을 드러내 보였다. 동시에, 한국사회 건강불평등의 현주소를 보여준 사건이기도 했다. 한 가정이 빈곤과 질병, 부상, 그리고 자살로 이어지는 이 사건을 통해, 빈곤이 개인의 건강할 수 있는 권리를 어떻게 박탈하는지, 또 개인의 질병이 그의 자유와 가능성을 어떻게 제한하는지를 슬프게 확인할 수 있었다.

시민들이 제대로 치료받지 못하고 생계 전선에 내몰리는 까닭에, 제대로 치료받을 권리를 보장해 주는 것이 시급하다. 산업재해보험과 같이 건강보험에서도 상병급여제도가 있어, 질병치료시 소득 결손을 메워주는 제도가 시급하다. 이제는 소득과는 관련 없이 아픈 사람은 제때 치료 받을 수 있는 체계를 마련해야 한다. 선진국 진입을 앞둔 우리 사회가 반드시 해결해야 할 숙제다.

이제 의료복지정책의 패러다임 전환이 필요하다

'모든 정책에서 건강을' 그리고 '모든 정책에서 건강 형평성을' 고려해야 하며, 치료중심에서 건강위험요소를 사전에 제거하는 예방중심으로 정책의 패러다임을 전환해야 한다. 보건과 복지 등의 분절화된 형태를 보건-복지의 유기적인 연계를 확보할 수 있게 통합 조정기능을 강화해야 한다. 이렇게 모든 정책에서 시민들의 건강을 생각하고 의료복지정책은 병원, 시설중심에서 지역 기반으로 재설계되어야 한다.

어떻게 하면, 사전에 건강위험요인들을 제거하고, 시민들의 건강수준을 질적으로 향상시킬 수 있을까? 결국 질병과 장애의 발생 원인까지 거슬러 올라가야 한다. 지난 2008년 세계보건기구가 건강불평등을 해소하기 위해 다음과 같이 제안한 세 가지 원칙을 살펴볼 필요가 있다.

첫째, 출생, 성장, 거주, 노동 및 노화를 거치는 개인의 일상의 조건을 개선할 것.

둘째, 권력과 돈, 자원의 불평등 분배를 해결할 것. 이러한 불평등 결과를 일상적으로 가져오는 구조적인 원인을 해결할 것. 이러한 접근은 지구적, 국가적, 지역적 차원에서 이뤄져야 함.

셋째, 건강불평등의 문제를 측정하고, 이에 따른 영향을 평가하고, 이에 따라 관련 지식을 넓혀갈 것. 건강의 사회적 결정요인에 관한 전문 인력을 키워내고, 이 문제에 대한 시민들의 사회적 인식수준을 높일 것.

시민들을 병들게 하고, 만성질환의 발병을 부추기는 여러 요인들을 분석해 보고, 엉켜 있는 것들을 풀어낼 수 있게 실마리를 잡아야 한다. 의료기관들이 급증하고 있는 고령·만성질환자를 관리하기 위해서는 건강주치의 제도 도입이 시급한 실정이다.

기대수명은 매년 길어지고 있지만 건강수명은 기대수명에 미치지 못한다. 한국보건사회연구원 자료(2014년)에 따르면, 우리나라 여성의 건강수명은 72.48세고, 남성의 건강수명은 68.79세였다. 건강수명은 질병 있는 기간을 제외한 기대수명을 의미한다. 남녀 모두 생의 마지막 10년 동안 질병에 시달리다 삶을 마감하는 것이다. "죽어 캐딜락 타느니, 인간답게 살다가 죽고 싶다"는 말이 나오는 이유다.

65세 이상 연령층에서 고혈압, 당뇨병, 이상지질혈증(고지혈증), 관절염 등 만성질환을 3개 이상 가진 이가 늘고 있다. 통계청 자료(2014년)에 따르면 65세 이상 연령층의 50%는 3개 이상 만성질환을 앓고 있다. 노인들의 경우 50%는 3개 이상 만성질환을 앓고 있기 때문에, 종합병원을 이용할 경우 여러 과를 전전해야 하며, 종합병원에서는 그만큼 진료비가 많이 들기에 경제적인 부담을 더 가지게 된다. 건강문제를 많이 가지고 있는 저소득층의 경우, 종합병원에서의 진료는 비용부담으로 어려움이 많다.

노인들이 가진 건강문제를 다 고려해서 상담하고 처방을 내주는 서비스를 종합병원에서 기대하기 어렵다. 또한 근골격계질환을 앓고 있거나 장애가 있어 거동이 불편한 경우가 노인들에게서는 많다. 거주하는 집 가까운 곳이 아닌 종합병원으로 방문하는 것은 이동에 불편한 점이 많다. 이런 점을 고려하면, 가까운 일차의료기관을 찾아 지속적이고 포괄적인 주치의서비스를 받는 것이 가장 효율적이고 접근성을 높이는 방안이다. 노인들은 여러 개의 질환을 가지고 있기에 여러 과에서 받은 약물로 인한 약물의 오남용 사례가 많이 발생할 수 있다. 가령 뇌심혈관질환의 발병위험을 낮추고자 아스피린을 복용하는 경우, 관절염으로 비스트레이드 항염증제(NSAIDs)를 동시에 복용하면, 위장관출혈의 가능성이 10배나 증가한다.

비만도 중요한 사회문제로 부각되고 있다. 비만은 당뇨·고혈압·고지혈증·암 등을 유발하는 원인으로 전 세계적인 문제가 되고 있으며 적극적인 관리가 필요한 질병이다. 소외계층 비만 환자는 열악한 경제 여건으로 치료 기회가 더 부족하다. 먹고사는 문제 때문에 건강관리에 소홀할 수밖에 없어 저소득층일수록 비만문제가 심각하다. 일부 평가에선 비만으로 인해 발생하는 사회비용이 2012년 기준 3조 4,000억 원에 이르러, 더 이상 방치할 수 없는 수준으로 건강불평등 완화차원에서도 주치의를 통한 비만 관리는 시급하다.

노인환자, 만성질환자의 지속적인 병력관리 및 효율적 치료를 위해서는 주치의제도 도입이 반드시 필요하다. 건강주치의는 대통령이나 재벌 회장을 위한 왕진의사가 아닌 평소 환자의 건강·질병상태를 관리하는 역할을 의미한다. 나와 가까운 곳에서 지속적으로 건강을 돌봐주는 의사다. 2026년에는 전체 인구의 20%, 2050년에는 전체인구의 37.4%가 65세 이상의 노인인 점을 고려하면, 노인과 같은 취약 집단, 3개 이상의 만성질환을 앓고 있는 집단을 염두에 두고 의료복지체계를 대대적으로 개편해야 한다. 이러한 의료복지의 개편작업이 늦어질수록 의료비의 지속적인 상승, 건강보험재정의 적자 확대, 만성질환의 증가 등으로 큰 어려움을 겪게 될 것이다.

국내에서 건강주치의 제도가 연착륙하려면 일차의료가 활성화돼야 한다. 일차의료가 강화돼야 고령환자, 만성질환자를 지속적으로 관리할 수 있기 때문이다. 국회입법조사처도 '고령사회 대비 주치의 제도 도입검토(2009년)' 보고서에서 "일차의료는 주민이 보건의료체계에 처음 접하는 관문"이라며 "만성질환 관리를 위해서는 질병치료뿐 아니라 질병예방과 건강증진도 사회계층 간 포괄적 의료서비스 이용의 형평성을 보장해야 하는데 주치의제도(1차 의료기관 중심)가 생애주기별 국민건강증진체계의 한 부분으로 기능하게 만들어야 한다"고 지적했다.

1차 의료기관 환자 관리할 수 있게 지원책 필요

우리나라에선 지역사회에서 주치의 역할을 할 의료인들의 공급구조가 매우 취약하다. 수련과정에서 일차의료를 경험하고, 지역사회에서 주치의의 역할을 잘 훈련받고 나온 경우는 매우 드물다. 심지어는 가정의학전문의조차도 주로 3차 의료기관에서 교육을 받아온 까닭에, 많은 의사들이 주치의의 역할에 대해 잘 모르며, 일차의료 중심으로 의료체계를 개혁해야 하는 것에 불안해 한다. 하지만 일차의료를 강화하는 시도는 의사와 같은 공급자들이 지역에서 피부, 성형 등 비급여진료에 매달리지 않고도 지역주민들의 전반적인 건강관리, 만성질환관리에 집중해 의료기관을 운영할 수 있게 의료환경을 바꾸는 일이다. 동네의원을 살리는 유일한 방안이다. 의사들이 재교육과정을 통해 이러한 변화에 잘 적응할 수 있게 지원을 해주어야 한다. 2016년 10월 17일 국회에서는 국회보건복지위원회, 대한의사협회, 보건의료개혁국민연대 주최로 '국민건강 향상을 위한 일차의료 활성화 방안'에 대한 대토론회가 진행되었다. 이 토론회에서는 급속한 고령화와 건강 격차 확대에 따른 대안 모색이 시급하다고 보고, 일차의료 인력의 교육훈련에 정부 지원을 요청했으며, 일차의사 양성을 위해 의사들의 재교육 필요성을 강조했다. 의사도 변해야 하고, 소비자도 변해야 한다. 그렇지 않고서는 초고령사회의 변화를 버티고 나갈 수 없다.

일차의료 활성화를 위해서는 2005년 주치의제도를 도입해 의료전달체계 개혁을 이룬 프랑스 모델을 벤치마킹해야 할 필요가 있다. 프랑스에서는 환자와 의사가 자발적으로 주치의 계약을 할 수 있다. 1차 의료 담당자인 주치의와 2차 의료 담당자 위탁의(전문의)에 대한 보상을 강화해 사업 활성화를 도모했다. 수치구조도 이에 맞추어 바꾸었다. 계약을 원하지 않는 의사나 환자는 주치의제도를 따르지 않고 기존 의료시스템을 이용할 수 있다. 강제의무적으로 주치의제를 시행하기보단, 의료개혁에 의사와 시민들이 자발적으로 참여할 수 있게 시스템을 구축했다.

한국사회는 이제까지 경험하지 못한 초고령사회라는 큰 변화 앞에 놓여 있다. 이 변화에 잘 적응할 수 있느냐가 한국사회의 미래를 좌우한다고 해도 과언이 아니다. 일차의료 강화와 사회적 돌봄체계 구축은 이러한 변화에 대응하기 위해 필수적으로 갖추어야 할 제도적인 변화의 하나다.

의료소비자와 의료공급자, 고령세대와 젊은 세대간에 다소의 의견차가 있을 수 있겠지만, 이제는 모두가 더불어 살 수 있는 사회를 만들어 가기 위해 적응해야 하고, 변화의 큰 걸음을 내딛어야 한다. 초고령사회 진입을 앞둔 한국사회에 지속가능한 의료복지체계의 구축은 선택이 아닌 필수사항이다.

초고령사회 진입에 따른 시민들의 인식 변화, 생활습관의 변화 필요

지역사회의 질병예방과 돌봄과 치유기능을 회복하도록 해야 한다. 건강한 먹거리와 사람중심의 보행환경, 노인과 장애인들도 더불어 살 수 있는 도시환경의 구축은 질병예방과 취약그룹의 돌봄에 큰 역할을 해낸다.

생활습관에 의한 만성질환의 증가가 시민들의 건강에 위협을 준다는 것을 이미 밝혔지만, 선진국에서 겪고 있는 건강문제를 살펴보고 이를 타산지석으로 삼을 필요가 있다. 2015년 미국인 식생활지침자문위원회[1]는 두 가지 근본적인 현실에 의거해 작성되었다. 첫째, 거의 모든 미국인의 절반에 해당하는 1억 1,700만 개인들이 하나 이상의 예방 가능한 만성질환을 가지고 있고, 그리고 모든 미국인의 2/3에 해당하는 거의 1억 5,500만 개인들이 과체중이거나 비만이다. 이러한 조건들은 최근 20여 년에 걸쳐 더욱 두드러졌다. 좋지 않은 식사패턴, 칼로리의 과잉섭취, 그리고 신체활동 부족들은 이러한 질환 발생에 기여했다. 개인의 영양과 생활습관은 개인, 사회,

---

1) USDA, 2015 미국인 식생활지침자문위원회 과학보고서, 2015년 2월.

조직 그리고 환경 맥락과 체계에 강하게 영향을 받는다. 식사와 신체활동 패턴, 그리고 이들에 영향을 미치는 환경 맥락과 체계의 긍정적인 변화는 건강 결과를 실질적으로 향상시킬 것이다. 사망과 장애를 포괄하는 지표가 질병부담(DALYs)인데, 한 연구에서는 식품위해요인이 암, 당뇨, 고혈압 등의 발병에 영향을 미쳐 국내에서 가장 많은 질병부담을 야기하는 것으로 조사되었다[2].

미국, 유럽에서는 2/3 이상의 국민들이 과체중과 비만을 앓고, 이와 관련된 만성질환으로 엄청난 사회적 비용을 지출하고 있다. 과체중과 비만도 개인의 식습관과 운동습관에 좌우되지만, 사회의 여러 요소들이 큰 영향을 미치고 있다. 자동차 위주의 교통체계를 사람중심의 보행체계로 전환하는 데 시민들의 동의가 절대적으로 필요한 요소다.

서구화된 식습관을 건강한 식습관으로 바꾸어 놓지 않으면, 암과 당뇨, 고혈압과 같은 식생활과 관련된 만성질환을 관리하기 어렵다. 이들 질환은 결코 개인적 질환만이 아니다. 유전적인 영향이 작용하고 있지만, 분명 사회가 만들어 낸 유행병(epidemics)이다. '모든 정책에서 건강을' 그리고 '모든 정책에서 건강 형평성을' 고려해야 하는 정책의 패러다임의 전환이 필요하다. 시민들의 의식 및 생활습관의 변화, 이를 뒷받침하는 일차의료와 공중보건체계의 강화 등을 통해 비로소 달성가능한 목표다. 생활세계에서, 또 생산현장에 곳곳에 존재하는 건강위험요소를 제거하려는 전사회적인 변화를 기울이지 않으면, 지금과 같은 당뇨대란, 고혈압대란, 치매대란을 벗어나기 어렵다. 이는 지역사회 주치의만의 노력으로 되는 것은 아니

---

2) IHME(Institute for Health Metrics and Evaluation).
　미국 워싱톤대학에서 운영하는 글로벌 건강연구소. http://www.healthdata.org/south-korea

고 코디네이터, 간호사, 사회복지사, 재활운동사 등 여러 전문가의 팀접근을 통해 가능한 일이다. 또한 시민들과 노사가 보건문제에 관심을 가지고 참여했을 때 비로소 가능한 일이다.

현 한국 상황에서 의료복지사회적협동조합(의료사협)은 지역사회의 공동체운동에 있어 다양한 실험을 실행하고 주민자치, 건강자치의 새로운 장을 만들고 있어 사회적으로 적지 않은 반향을 일으키고 있다. 경쟁의 시대속에서 시민들이 함께 힘을 합해 의료, 육아, 사회복지 등 생활의 문제를 해결한다는 것은 쉽게 생각할 수 없는 일이다. 개인의 시간을 쪼개서 누군가를 위해 일을 한다는 것은 바보같은 일이고, 개인적으로 경쟁에 뒤쳐지게 하는 일이라고 치부해 버릴 수 있다. 하지만, 이 바보같은 일들을 통해 함께 살아가는 길을 개척하는 일들을 의료사협이 시작해 가고 있다. 일반 서민들이 건강, 교육, 문화, 환경, 경제 등 생활에 절대적인 영향을 미치는 정보에 대해 쉽게 접하고 이를 활용하는 능력을 갖추게 된다는 것은 사회민주화를 이루어가는 기본적인 조건이라고 해도 과언이 아니다.

각 생활 영역에서 시민들이 스스로 판단하고 결정하고 또 실행하는 주민자치의 이상을 실현해 나갈 때 시민들이 정보 능력, 경영관리 능력을 갖추는 것은 바로 주민자치를 실현해 가는 기본적인 전략이다. 초고령사회에 보다 중요한 역할을 할 그룹이 바로 시민들이라고 본다. 국내 의료복지 분야에서 시민 참여와 관련해 가장 선구자적인 역할을 해온 그룹이 의료협동조합이다.

의료협동조합 중 지역사회의 기여와 의료의 공공성을 가장 강조해 온 형태가 사회적협동조합이다. 의료복지사회적협동조합(의료사협)이란 지역사회의 주민들이 그들의 건강, 의료와 관련된 생활속의 문제를 다루고자 조직체를 구성하여 의료기관을 설치하고 운영하는 등의 활동과 그 의료기관에서 활동하는 임원과 직원, 의사를 비롯한 의료전문가들과의 협동으로 당면하고 있는 문제해결을 위하여 협동조합기본법에 근거한 주민의 자주적 협동조직체. 지역주민들의 참여를 기반으로 민주적으로 운영됨으로써 의료기관이 사유화되어 이윤중심으로만 운영되는 것을 막고, 검증되지 못한 의료 실험이나 약물 투여, 생명조작 등 반생명적인 시술로 인한 인권 침해, 생명 경시를 막기 위해 시민들이 자발적으로 만든 조직이 바로 의료사협이다. 더구나 현대사회에서 의료복지 분야의 영역이 크지만, 특히 시민의 참여가 쉽지 않다고 하는 극히 전문적인 의료분야에서 시민들의 자치 경험을 이룩하고, 경영적으로도 성공적인 결실을 맺고 있어 대단히 의미 있는 일이라고 하지 않을 수 없다. 이렇게 볼 때 의료사협에서 시민들이 전문가와 대등하게 지역사회의 현안이 되는 의료문제를 논의하고 지역사회의 대안을 찾아가며 공동출자, 공동운영의 경험을 가진 것은 우리 사회에서 아주 소중한 경험이다. 의료사협은 지역에서 풀뿌리민주주의를 성장시키는 산실과도 같다. 일부 지역에서 시작되었지만, 결코 작다고 볼 수 없는 큰 변화를 의료사협이 만들어 나가고 있다. 현재의 상황에서 의료사협이 지향하는 사회적 활동의 중심테마는 ①의료 민주화의 실현 ②사람 사이 협동과 좋은 건강 습관의 창조 ③건강마을 만들기다. 이러한 당면과제에 초점을 두고 의료사협은 '환자의 인권, 생명존중'의 창립 사명(미션)을 실천하고자 노력하고 있다.

통계청 '2010~2035 장래가구추계' 의 가구당 가구원수 추세를 보면, 2010년에는 1인 가구가 23.9%, 2인 가구가 24.2%, 3인 가구가 21.3%, 4인 가구가 22.5%, 5인 가구가 6.2%였다가, 2012년에는 1인 가구가 25.3%, 2인 가구가 25.2%, 3인 가구가 21.3%, 4인 가구가 20.9%, 5인 가구가 5.6%였다. 그러다 2035년에는 1인 가구가 34.3%, 2인 가구가 34.0%, 3인 가구가 19.4%, 4인 가구가 9.8%, 5인 가구가 1.92%로 변화된다. 지역공동체가 약화될 뿐만 아니라 전통적인 공동체인 가족조차 핵가족으로 쪼개지고 종국적으로는 1인 가구 형태가 가장 큰 비중을 차지한다.

소득이 낮은 노인단독가구가 양산되는 반면, 가족형태의 변화로 자녀들이 부모를 부양하는 형태가 점차 사라지면서, 노인층의 돌봄과 건강관리문제는 우리 사회에서 큰 이슈로 부각이 되고 있다

지역공동체가 해체 위기에 놓여 있고, 자녀들도 부모를 모시기가 어려운 상황이 되었기에, 어린이의 돌봄을 국가가 지원하고 책임지는 구조로 가듯이 노인들의 돌봄도 결국 '돌봄의 사회화' 를 통해 해결할 수 밖에 없는 것이다. 국가가 지원하지만 시민들이 참여하지 않으면, 돌봄체계를 제대로 구성할 수 없다. 영국 등 선진국에선 가족돌봄과 지역돌봄에 국가가 집중적인 지원을 해주고 있다.

국내에서도 자녀들이 모여 부모모심협동조합을 구성하고, 함께 부모를 모시는 구조를 만들었으면 한다. 이른바 사회적인 가족으로 서로의 힘을 빌려 협동해서 새로운 돌봄체계를 만드는 것이다. 나이 들어서도 인간의

존엄함을 지켜주고 배려해 주는 사회의 변화가 있어야 초고령사회의 위기
를 딛고, 모두가 건강하고 살만한 세상을 만들 수 있지 않을까?

 2026년 초고령사회 진입이 이제 채 10년도 남지 않았다. 그 준비를 위해
당장 나서야 한다.

제2장

일차의료가 아프다!
치료방법은 주치의제

정명관 (일차의료연구회 홍보위원장)

우리나라 동네 의사는 괴롭다

의대를 졸업하면서 예방의료와 전인적 치료에 관심을 갖게 되어 가정의학과 수련을 마치고 동네의원을 개원하여 지역사회에서 일차의료에 종사한지 15년이 흘렀다. 개원 후에도 임상의로서 환자 진료에 필요한 공부에 소홀하지 않았으며 매일 임상 현장의 최일선에서 수만 명의 환자들을 만났다. 이런 경험들이 학자들의 연구 못지않게 우리나라의 의료제도를 바로 세우는 데 도움이 될 것으로 믿고 만약 현실성이 떨어지는 정책이 있거나 일선의 조언이 필요할 경우 역할을 할 수도 있겠다는 생각으로 몇몇 단체에 참여해 왔다. 그래서 이 책에도 무슨 통계나 논문을 참조하기보다는 그동안의 진료 경험을 바탕으로 우리나라 일차의료의 모습과 해결 방안을 적어

보기로 한다.

　우리나라는 의원과 의원, 의원과 병원, 병원과 병원이 무한 경쟁을 하는 나라다. 행위별수가제와 경쟁적인 의료 환경에서 임상의사가 가지는 고민 가운데 한 가지는 환자에게 증상이 심각하지 않으니 '좀 기다려보자'는 말을 하기가 생각보다 쉽지 않다는 것이다. 이런 것을 대기요법이라고 하는데 대기요법을 쓸 만한 상황이 일차의료현장에선 흔히 발생한다. 대표적인 경우가 환자가 감기에 걸려서 오거나 근골격계의 통증으로 왔을 경우이다. 그 이외에 심각한 증후는 아니지만 다소 모호한 증상들도 있다. 그들과 비슷한 증상이 있을 경우에 의사인 나는 참고 견뎌 보거나 통증을 유발한 자세를 고치고 기다려 보면 증상이 호전되는 경우가 많다는 것을 알기에 실제로 그렇게 하지만 환자들에게도 그렇게 하면 다른 병의원으로 떠나가 버리는 경우도 생긴다. 환자도 잃고 병원의 수익에도 도움이 되지 않는 것이다. 주사를 맞든 물리치료를 받든 약물치료를 하든 뭔가 즉각적인 호전이 있어야만 병원에 잘 왔다고 생각하고 진료비를 지불하는 환자들의 관행을 바꾸는 것이 참 힘들다.

　최근에는 병원들간의 지나친 경쟁에다가 저수가로 인한 경영 악화 등으로 의학적으로 꼭 필요한지 의심스럽기까지 한 각종 비급여 검사나 시술도 많이 늘어났다. 그러한 검사나 시술을 받고 온 환자를 볼 때마다 잘 했다고 할 수도 없고 제대로 말을 해 주기도 불편한 그런 상황이 생길 때가 많다. 몇몇 예를 들면 각종 비급여 수액 주사와 통증 주사들의 시행이 늘어나고 있다. 척추와 무릎 통증 등에 관한 비급여 시술과 수술도 늘어났다. 검진과 사후 추적 검사에 있어서도 의료사고의 위험과 행위별수가제의 문제가 맞물려 다양한 검사를 패키지로 하는 경우가 늘고 있다. 간염 검사나 종양표지자 검사를 매년 한다든지 갑상선 초음파 검사를 포함한 영상의학 검사를 일률적으로 한다든지 심지어 CT/MRI/PET 검사까지 하는 경우도 늘어나고 있다.

단기적인 효과뿐 아니라 장기적인 계획을 가지고 치료를 이끌어 가기도 쉽지 않다. 환자 한 명 한 명에게 충분한 설명 시간을 할애하기도 쉽지 않고 중간에 조금이라도 맘에 안 들면 언제든지 쉽게 병원을 옮길 수도 있기 때문이다. 그래서 우리나라 의료제도의 구조상 병의원은 초기에 검사비나 치료비를 왕창 뽑고 그 다음엔 환자가 지속해서 오거나 말거나 하는 행태를 보이기 쉽다. 책임 있는 치료나 관리와는 멀어질 수밖에 없는 구조인 셈이다. 치핵 증상을 호소하는 환자가 대장항문 전문병원으로 가면 당일에 수술을 하자고 하는 경우도 생기는 판이다. 말하자면 병원은 자영업자의 모습으로 변모되었고 환자들도 그러한 모습에 익숙해져 으레 병원은 그런 줄 안다. 환자에게 신뢰받는 의사의 모습을 기대했건만 현실 속에서 그런 것은 점점 멀어져 가고 있다.

어느 것 하나 의과대학과 전공의 수련과정에서 배운 올바른 일차의료 의사다운 모습은 아니다. 그래서 일차의료 의사는 괴롭다. 끊임없이 일차의료 의사로서 정체성을 고민하고 한편으로는 경영 상태를 고민하다 지쳐간다. 우리나라의 의료현장에서는 일차의료 의사로서 생존하는 것조차 쉽지 않은 것이다. 일차의료 의사가 되기 위한 가정의학과 전공의 과정에서는 고혈압, 당뇨병, 고지혈증 등을 포함한 내과질환 전반과 각종 소아 질환, 염좌와 관절염 등을 포함한 정형외과적 질환, 각종 피부 질환 등을 모두 배우고 소아와 성인의 예방접종과 건강검진에 대한 내용 등도 주요한 항목으로 수련 받아 지역사회에서 흔히 발생하는 건강 문제를 장기와 연령, 성별에 관계없이 관리할 수 있도록 하고 있다. 하지만 모든 전문의가 자유로이 개원 가능한 우리나라에서 관습상 고혈압 환자는 내과의원으로, 소아 예방접종 환자는 소아과의원으로, 무릎관절염 환자는 정형외과의원으로, 감기 환자는 이비인후과의원으로 빠져나가 버린다면 일차의료 의사로서 수련 받은 내용을 안정적으로 환자 진료에 적용하는 길은 요원할 뿐이다. 그러다 보니 가정의학과 의사가 왜 일차의료에 종사하지 않고 피부, 비만, 미용 시술을 하느냐는 비판도 받는 경우도 생기는데, 그건 이런 우리나라의 사정을 모르고 하는 소리다.

그런데 비단 일차의료 의사가 아니라 하더라도 개원한 전문의들도 답답해 하기는 마찬가지다. 내가 보기에 이비인후과나 비뇨기과 등으로 개원한 전문이나 2차 병원에서 근무하는 전문이나 다를 바가 별로 없다. 그들도 그렇게 느끼고 있다. 그러다보니 의원급과 병원급의 장비 투자나 진료 내용에 별로 차별점이 없다. 예를 들어 전립성 비대증 증상으로 가진 환자가 비뇨기과의원을 찾으나 2차 병원을 찾으나 검사나 치료에 차이점이 별로 없다는 것이다. 그러다보니 의원급이나 병원급이나 진료비의 차이도 별로 없다. 즉 의원으로 가거나 병원으로 가거나 일차진료를 받는 것이 아니라 이차진료를 받는 것과 마찬가지인 것이다. 의원급이지만 처음부터 과잉진료를 받을 수도 있는 셈이다. 그런데 개원한 전문의들은 상당히 많은 경우에 자신이 수련 받은 전문과목 질환이 아닌 다른 질환으로 내원하는 환자들도 진료하는데 그럴 경우엔 의대 졸업생 수준 정도의 과소 진료를 하게 될 가능성이 농후하다. 그렇다고 해서 전문과목 환자 진료만 할 정도로 여유가 있는 의원은 그리 많지 않다.

이래저래 우리나라의 동네 의사는 일차의료 의사나 개원한 전문의나 모두 수련 받은 것을 제대로 펼치기 어려운 의료환경에서 경영상의 문제까지 고민해야 하는 어려움을 겪고 있다.

우리나라 환자도 괴롭다

그런데 괴롭기는 환자들도 마찬가지다.

첫째, 건강 문제가 생겼을 때 환자들이 제일 먼저 하는 고민은 '이거 어느 병원, 혹은 어느 과를 찾아 가야 하는 거지?' 라는 것이다. 겨우 알아서 병원을 찾아 간다 하더라도 의사의 전문과목이나 경험 여부에 따라 다른 진료를 받게 되는 경우가 많다. 내과계 병의원을 찾아갔다면 약물 요법을 권유받을 것이고 처음 찾아간 곳이 외과계였다면 수술이나 시술을 권고 받을 수도 있다. 한마디로 표준화가 되어 있지 않고 의사의 경험에 따라 다른 치료를 권고 받을 수 있다.

또한 병의원이 많고 서로 경쟁적이다 보니 치료비에 대한 불신도 생길 수 있고, 과연 이 검사를 꼭 해야 하는 것인지, 이 치료가 적정한 것인지 의문이 생길 수도 있다. 그러나 환자는 의료에 관한 지식이 부족하기 때문에 그것을 정확하게 판단할 수도 없다. 그냥 반신반의 하면서도 의사가 권하는 검사나 치료를 받을 수밖에 없다.

그러다보니 아예 처음부터 큰 병원으로 가면 괜찮은 진료를 받을 수 있을 것 같아 비용이 들더라도 무조건 큰 병원이나 대학병원만 신뢰하는 사람들도 있다. 하지만 같은 생각으로 큰 병원으로 오는 사람들이 많기 때문에 대형병원은 언제나 미어터지고 3시간 기다려 3분 진료를 받는 일이 비일비재하다. 더구나 요즘은 대형병원도 경영난 때문에 실적 경쟁을 하기 때문에 이래저래 고가의 검사나 시술 혹은 수술을 받는 일도 많아진다. 앞서 언급한 것처럼 수백만 원이나 하는 건강검진의 고급화와 갑상선암 검진으로 대표되는 과다 검진, 오남용이 우려되는 통증 주사, 척추 수술 같은 경우가 대표적이다.

동네의원에 가서 진료를 받고 중병이 의심되어서 큰 병원으로 전원되어도 그것 뿐이다. 진료의뢰서 한 장을 달랑 들고 환자 스스로 물어물어 용하다는 병원과 의사를 찾아 가야 한다. 새로운 병원에서 무슨 검사를 하는지 무슨 치료를 받는지 자세히 알지도 못한다. 한마디로 환자는 자신의 힘으로 모든 걸 알아서 해결해야 하는 의료 미아 신세가 된다. 큰 병원에서 치료가 끝나도 계속 여기를 다녀야 하는지, 이제 그만 다녀도 되는 것인지 알지 못하는 경우가 많다. 사실 그만와도 된다고 듣는 경우도 별로 없다. 동네의원과 큰 병원의 연계 관계는 대개의 경우, 없는 경우가 많고 환자는 자신의 병력을 스스로 관리하고 다녀야 한다. 여러 가지 질병으로 여러 과를 다니고 있는 경우라면 약물 가짓수가 늘어나기 쉽고 그것을 통합적으로 관리하기가 어려워지는 경우도 많다. 그러나 대부분의 의사들은 당장 눈앞의 문제나 자신의 전문 분야 문제만 보게 되므로 환자의 어려움은 커지게 된다.

병의원들이 경쟁적이고 자영업자이고 개인 기업 같은 구조이다 보니 빠른 치료 효과를 보여주기 위해 굳이 사용하지 않아도 될 약도 쓰기 쉽다. 필요 이상으로 병원에 자주 오게 할 수도 있다. 지역에서 흔히 용하다고 소문나서 환자가 많은 의원이 실제로는 의학적으로 그렇게 타당한 치료를 하지 못하고 있는 경우도 흔하다. 빠른 효과를 보기 위해서 주사나 항생제를 쓰는 경우가 많다거나 약의 가짓수가 늘어나기도 한다. 또한 환자의 요구를 거절하기도 어려워져 예를 들어 수면제나 향정신성의약품 같은 경우도 쉽게 처방할 수도 있다.

이런 점들 때문에 우리나라 환자들은 무슨 건강 문제만 생기면 가족이나 친척, 친구, 친구의 친구라도 아는 의사가 있는지 묻고 다닌다. TV나 잡지에서 무슨 건강 뉴스나 건강식품 광고라도 나오면 솔깃해서 그걸 찾아다닌다. 의료 이용의 무제한적 자유가 있는 것처럼 보이지만 사실은 신뢰하고 이용하는 주치의가 없는 경우가 많기 때문이다.

건강에 관한 정보의 홍수 속에 건강에 관한 관심은 늘어나는데 정작 옥석을 가릴 능력은 부족하고 믿고 상의할 수 있는 의사도 없어서 우리나라 환자들은 괴롭기만 하다.

한국 일차의료의 현황

우리나라엔 정확한 의미에서의 일차의료가 거의 없다. 그래서 일차의료의 현황이 어떤지에 대한 자료는 별로 없다. 다만 의원급의 개원의, 즉 동네의원에 대한 자료만 있을 뿐이다. 가정의학과, 내과, 소아과뿐만 아니라 정형외과, 이비인후과, 산부인과, 비뇨기과, 외과, 신경외과, 흉부외과 등의 개원 의원이 모두 동네의원으로 분류된다. 2001년과 2015년의 우리나라 의원급 의료기관의 총진료비 점유율 및 외래진료비 점유율을 비교해 보면 지속적으로 하락하고 있는 것을 알 수 있다

의원급 의료기관의 총진료비는 2001년에 50% 수준에서 2015년 20% 수준으로 하락하였으며, 외래진료비만 보아도 2001년 75% 수준에서 2015년 50% 수준으로 하락하였다. 지속적으로 위축되는 동네의원의 현황을 잘 알 수 있다. 일차의료로 분류되는 가정의학과, 내과, 소아과, 일반과 등의 점유율은 그것의 절반에도 미치지 못하기에 우리나라의 일차의료가 얼마나 취약한지 알 수 있다. 일차의료와 주치의제도가 잘 확립되어 있는 나라에서는 의사 인력의 30~50%가 일차의료에 종사하고, 의료비도 절반 정도 비율로 지출된다고 한다. 그리고 외래는 일차의료, 입원은 병원의료로 역할이 구분되어 있다.

그런데 우리나라 정부는 일차의료에 대하여 어떤 생각을 가지고 있을까?

과거엔 그래도 주치의제도, 단골의사제도라고 이름 붙여서 통합적인 일차의료제도를 운영하려고 한 적이 있었지만 현재는 의사 단체들의 반발과

정부의 일관된 정책 의지 부재로 무산된 상태다. 대신 여러 가지 다양한 이름으로 일차의료 지원 사업을 하고 있다.

소아예방접종 위탁사업, 영유아건강검진 사업, 노인독감예방접종 위탁사업, 만성질환관리(고혈압, 당뇨병 등) 사업, 금연클리닉 사업, 건강여성 첫걸음 클리닉 사업(초경 여성 건강 관리)과 자궁경부암백신 무료접종 사업, 전 국민 건강검진 사업, 생애전환기 검진 사업, 암검진 사업 등이 현재 시행되고 있는 사업들이다. 모두 예산이 따로따로 지급된다. 하나하나를 보면 국민부담을 덜어주는 좋은 일이지만 이렇게 조각조각 내어 사업을 추진하면 비용은 비용대로 들면서 행정효율은 떨어지고 환자를 포괄적이며 지속적으로 관리할 수도 없고 의료기관, 진료과간 경쟁만 불러 일으키게 된다.

우선 작년부터 시행하는 노인독감무료접종 사업의 예를 한번 들어보자.

이전에는 65세 이상 노인에게 독감 백신 무료 접종을 보건소에서만 시행했다. 그러다보니 무리한 접종 일정으로 의사 한 명이 하루에 수백 명, 심지어 천 명 이상 접종하는 사태도 있었고 먼 거리에서 와야 하는 불편도 있어, 보건소에서 하던 무료 접종을 동네의원에서 시행하도록 전환하였다. 그런데 주치의제도나 단골의사제도 없이 시행하다 보니 의원들마다 독감 백신을 배분하는 문제도 불거졌고, 의원들간의 과당 경쟁이 발생했고, 기대했던 예방접종일이 분산되는 효과는 없이 접종 초기에 수십 명 이상씩 몰리는 경우는 계속 발생하였다. 심지어 고혈압, 당뇨 등의 만성질환으로 다니던 단골의원에서 접종하려던 사람에게는 백신이 떨어진 이후 추가 공급이 되지 않아 여기저기 독감 백신이 남아 있는 병의원을 수소문하여 다니며 접종해야 하는 일도 생겼다. 주치의가 있었다면 깔끔하게 해결 가능한 문제를 이렇게 복잡하게 만들어 놓았던 것이다. 문제는 이런 현상들이 매년 반복해서 발생한다는 것이고 그때마다 병의원들이나 환자들의 스트레스는 더 늘어날 것이다.

각종 백신 접종 사업도 방법이 각양각색이다. 소아 예방접종 사업의 경우엔 백신을 병의원이 자체 구입하고 백신비와 접종비를 보건소에서 지급받는다. 그런데 노인 독감 접종 사업의 경우엔 백신을 질병관리본부가 일괄 구입하여 지역별, 의원별로 분배하는 방법을 쓴다. 자궁경부암 백신 사업의 경우는 또 다르다. 병의원에서 접종한 후 접종비는 병의원에 지급하고 백신비는 제약회사나 도매상에 직접 지급하는 방법을 쓴다. 이처럼 백신 사업 하나만 보더라도 다양한 방법을 쓰므로 일선 보건소와 병의원에서는 고충이 적지 않다.

건강검진사업도 일부 살펴보자.

통합적인 진료를 받지 못하니 건강검진을 독려한다. 하지만 환자의 특성을 고려하지 않고 일률적으로 반복하는 검사는 문제가 있다. 비용 효과가 떨어진다. 최근에는 검진 수검률이 올라 가면서 고혈압, 당뇨병 등의 만성 질환자들이 진료 받는 병의원에서 매년 주기적으로 한두 차례 해야 하는 검사를 거절하는 일이 빈번히 발생하고 있다. 검진결과지를 가지고 와서 기록하고 그것으로 대체할 수 있는 경우도 있지만 꼭 필요한 검사가 검진에는 빠져 있다든지 검진결과를 가지고 오지 않는다든지 하는 경우엔 의료기관은 환자를 제대로 관리하지 못하게 된다. 또한 검진 수가도 충분하지 않다 보니 검진기관에서 무료 공단 검진을 받으러 오는 환자들에게 추가 비급여 검사를 함께하거나 검진 후 확진을 위한 고가의 검사나 시술을 하는 경우도 종종 있다. 이런 일들은 주치의 제도가 없는 상황에서 저수가와 행위별수가제가 결부되어 빈번하게 일어난다.

고혈압, 당뇨 등의 만성질환 관리사업도 문제가 있기는 마찬가지다. 질병별로 관리 정책을 쓰다 보니 환자들의 병력을 체계적으로 관리하지 못하게 되고 어떤 질병은 지원하고 어떤 질병은 지원하지 않고 하는 인위적인 구분이 문제가 된다. 역시 비용 지출이 중복되거나 효율이 떨어지는 것을 피할 수가 없다.

이와 같이 우리나라의 일차의료 현황을 보면 갈수록 위축되고 있고 통합적으로 관리되지 못하고 혼란스러워 지는 것을 알 수 있다.

해결책은 주치의제도

이렇게 환자도 의사도 아프고 만족하지 못하는 제도가 우리나라의 일차의료제도다.

우리나라의 의료제도를 단적으로 말하자면 환자는 자신의 병력을 지속적으로 돌봐 줄 믿을 수 있는 의사가 없고, 의사는 지나친 경쟁 환경 속에서 교과서에서 배운대로 의술을 펼칠 수 없는 상태다. 그 두 문제를 해결할 수 있는 제도는 주치의제도뿐이다.

흔히 현재의 열악한 동네의원의 모습만을 보고 환자들이 일차의료나 주치의에 대하여 수준 낮은 의료라는 잘못된 생각을 갖기가 쉬운데, 일차의료 의사의 주축인 주치의가 담당하는 업무는 단순하지 않고 그 범위가 매우 넓다. 대학병원 교수가 되지 못한 열등한 의사, 단순 업무만 하는 의사, 감기 치료만 하는 의사라는 통념은 잘못된 생각이다. 사실 감기는 병의원에서 치료해야 하는 질병도 아니다. 대학병원 전문의와 주치의는 역할 자체가 다르다. 현재 우리나라의 잘못된 의료환경을 보고 가지게 된 일차의료에 대한 불신과 대형병원에 대한 선호를 고쳐야 한다.

주치의가 주로 담당하는 업무는 다음과 같다.

주치의는 환자에게 각종 질병이 생겼을 때 어딜 가야 하나 고민하지 않고 제일 먼저 찾는 의사다. 고혈압·당뇨병과 같은 만성질환, 관절염, 요통, 감기 등 호흡기 질환, 피부병, 위장병, 타박상이나 열상 같은 질병들이다. 스트레스나 불안증, 우울증도 있다. 이런 질병들 대부분은 주치의가 치료하거나 관리할 것이고 중환이거나 정밀 검사가 필요한 환자는 상급병원이나 해당 전문의에게 의뢰할 것이다. 그 경우에도 상급병원의 의료진과 긴밀하게 정보교환을 하며 환자의 상태를 추적할 것이다. 주치의는 질병치료뿐만 아니라 예방접종을 시행하고 건강검진결과 상담, 비만, 금연, 절주, 운동 상담 등 질병을 예방하고 조기 발견하기 위한 노력을 할 것이다. 거동이 불편한 환자일 경우 전화 상담과 왕진을 할 것이다.

암이나 뇌졸중 등 중증 환자의 경우엔 해당 전문의에게 의뢰하고 환자가 전문의에게 치료를 받는 동안 전문의와 정보 교류를 하면서 환자의 전반적인 건강관리를 담당할 것이며, 완치 후에도 환자의 상황에 맞게 주치의의 역할을 할 것이다. 말기암 환자나 호스피스 환자의 경우에도 환자 또는 환자 가족과 의사 소통을 하며 마지막까지 의료서비스를 제공할 것이다. 이와 같이 주치의의 역할은 결코 단순하지 않다. 주치의는 의학적으로 효용이 검증된 보건의료만을 환자에게 제공하기 위해 꾸준히 공부해야 한다.

일차의료를 바로 세우고 주치의제도를 확립하기 위해 의료계도 변해야 한다. 전문의 개원이 90%가 넘는 상황에서 의사들은 주치의제를 실시하면 자신에게 행여 불이익이 닥치지 않을까 하고 두려워한다. 하지만 지금과 같은 무한 경쟁 상황에선 의사들도 배운대로 진료할 수 없고 진료보다 경영 걱정을 해야 하고 그러한 경향은 앞으로 더욱 심해질 전망이다. 단계적으로 진행하여 기존 의사들에게 불이익이 가지 않는 방향으로 개선할 수도 있으니 의사들도 무조건 주치의제도에 대하여 반대만을 하지 말고 함께 고민해야 한다.

환자 입장에서도 마찬가지다. 무조건 처음부터 전문의를 찾아다니는 것이 반드시 좋은 일이 아니며 환자의 그런 결정이 의학적으로 반드시 타당하지 않은 경우가 많다. 고령화가 진행되면서 의료비도 지속적으로 증가하고 있다. 한 환자가 여러 가지 질병을 동시에 가지고 있다. 비용은 비용대로 지불하면서도 믿을 수 있는 의료진을 만나기 힘든 현 상황에서 적절한 의료 제공의 길잡이가 될 주치의제도는 국민들이 정부에 요구하여야 할 사항이다. 의사단체에서 반대하더라도 국민들이 요구한다면 정부는 그런 쪽으로 정책을 추진할 것이다.

정부 입장에서도 할 일은 많다. 의료계가 정부의 말을 믿지 않고 반대하게 된 큰 이유는 오랫동안 쌓여 온 불신이 큰 역할을 한다. 정부는 수가를 내리고 의료계를 통제하는 일에만 신경을 써 오지는 않았나 돌이켜 보아야 한다. 먼저 필수 진료비는 대폭 올려서 의료계가 교과서적인 필수 진료만 하고도 운영이 되도록 해 주어야 한다. 지금 그것이 안 되니까 각종 비급여 항목을 개발하고 의사들이 필수 진료를 포기하고 미용과 비만 등의 분야로 뛰어들고 있다. 10여년 전과 달리 의사 대상 연수 교육의 절반 이상이 비급여 항목으로 채워지고 있는 것도 그 때문이다. 필수 진료비는 올리되 주치의 제도 등으로 일차의료를 정비하여 필수 진료에 관한 한 환자들의 부담은 낮춰 주는 정책을 펴야 한다. 그리하면 환자들도 믿고 의료기관을 이용할 수 있게 되고 병의원도 굳이 비급여 항목을 개발하며 의료 수요를 늘리려 하지는 않을 것이다. 정부로서도 고령화 시대에 대비하여 의료비용을 효율적으로 관리하고 의료비 증가를 억제하는 데 도움이 될 것이다.

　이상에서 살펴본 바와 같이 주치의제도는 의사와 환자, 그리고 정부 모두에게 현재의 문제와 앞으로 닥칠 문제를 해결하기 위하여 반드시 필요한 제도다.

제3장

고령사회 대비,
사회서비스협동조합이 답이다

김기태 (한국협동조합연구소 소장)

빠르게 고령사회로 진입하는 한국

의료기술의 발달로 인해 사람들의 수명은 늘어나지만, 자동화와 기계화로 인해 일자리는 줄어들면서 출산을 꺼려 선진국들부터 고령사회로 전환되고 있다. 1960년에는 평균기대수명이 54.1세(세계 평균)였지만 2007년에는 79.6세로 20세 이상 증가했다. 반면 출산율은 급격히 떨어져, OECD 평균 합계 출산율은 1970년 2.71명에서 1995년 1.69명으로 떨어져 가구당 2명 이하가 되었다. 각국 정부의 노력으로 2008년에는 1.71명으로 소폭 증가했지만 여전히 인구를 유지하기 어려운 추세다.

경제개발협력기구(OECD)의 보고서에서 '한국은 그 동안 가장 젊은 나라였지만, 향후 50년 이내 가장 늙은 나라로 변화할 것이다' 라고 전망한 것처

럼 우리나라의 고령화 속도는 세계 최고 수준이다. 1960년대 이후 경제성
장과 고학력사회로 전환하면서 의료기술의 발달속도도 상당히 높지만, 출
산율이 세계 최저수준으로 낮아졌기 때문에 그렇다.

1965년 베이비붐 세대의 출산율은 5.7명이나 되었지만, 1970년대 산아
제한 정책에 따라 4인 가구가 일반화된 후, 높은 사교육비와 급격한 사회경
제의 변화, IMF에 따른 일자리의 불안정성에 대한 뼈아픈 경험, 부실한 복
지 및 사회안전망 등의 영향으로 합계출산율은 세계 최저수준이 되었다.
2009년 1.15명으로 최저점을 찍은 후 정부의 다양한 출산장려정책에도 불
구하고 2015년 1.24로 거의 개선되지 않고 있다.

65세 이상이 전체 인구의 7% 이상이면 고령화사회로 분류되는데 우리나
라는 이미 2000년에 고령화사회가 되었다. 통계청에 따르면 14% 이상 되
는 고령사회로는 2018년에 진입할 것으로 예상되며, 2026년에는 65세 인
구가 20% 이상 되는 초고령사회로 진입할 것이라고 예상하고 있다. 2050
년에는 전체 인구의 3분의 1이 넘는 37.39%가 고령인구가 될 것이란 비관
적인 전망을 내놓고 있다.

고령화사회가 됨에 따라 독립적인 생활을 하기 어려운 75세 이상의 초고
령자도 크게 늘어날 전망이다. 2000년 현재 100만 명인 초고령자는 2030
년에는 500만 명으로 다섯 배 이상 늘어나 전체 인구의 10%에 다다를 것으
로 보인다.

〈표 1〉 고령인구 전망 　　　　　　　　　　　　　　　　　　(단위: 천 명, %)

	총 인 구	인 구 수		비 율	
		65세 이상	75세 이상	65세 이상	75세 이상
2000	47,008	3,395	1,092	7.2	2.4
2030	52,160	12,691	5,075	24.3	9.7
연평균증가율	0.34	4.49	5.25		

자료 : 통계청, 장래인구추계자료

고령사회가 가져 올 사회경제적 변화

급격한 고령화 추세는 사회경제적으로 큰 변화를 가져오게 된다. 생산가능인구가 줄어들게 되어 사회적, 경제적으로 성장잠재력이 떨어지게 된다. 동시에 노인 부양에 들어가는 비용은 크게 늘어나 자원 배분에 어려움을 줄 것이다.

국회예산정책처에 따르면 노년부양비는 2014년 26.5% 수준이던 것이 2040년에는 57.2%로 두 배 이상 증가할 것으로 예상된다. 노인인구의 증가에 따른 연금이 증가하고 복지예산이 늘어나게 되는데, 이는 국가재정에 부담이 될 것이다.

노인인구가 늘어나면 날수록 의료서비스에 대한 수요도 높아지는데, 보건의료서비스뿐만 아니라 장기요양과 관련된 비용도 늘어날 것이다. 특히 초고령인구가 증가하는 반면 과거와 같이 가족이 비공식적으로 부양하는 문화가 사라지는 상황에서 장기요양에 대한 수요가 크게 증가할 것이다.

장기요양이 늘어나게 되는 데에는 치매환자들의 급격한 증가도 한 몫 한다. 2013년 치매환자는 57만 명인데 반해, 2024년 치매환자 예상은 101만 명으로 77% 증가할 것으로 예상하고 있다. 이는 2024년 노인인구 984만 명의 10% 수준이다. 초고령인구가 많아질수록 이 비율도 증가할 것으로 보여 장기적으로 노인인구의 15%는 장기요양원이나 장기요양병원을 이용해야 할 것으로 예상된다.

급격한 고령화로 인한 사회의 이행준비가 부족한 상황에서 과도한 사교육비, 일자리 감소로 인해 충분한 노후준비를 하지 못한 어르신들은 남은 기간 안정적인 생활을 할 수 있는 수입원이 거의 없는 실정이다. 따라서 고령인구 생활수준의 양극화는 전체 인구의 양극화보다 훨씬 심각할 것으로 예상된다.

제4차 국민노후보장패널조사를 분석한 연구에 따르면, 중고령층의 80%는 공적연금이나 개인연금에 가입하지 않은 것으로 나타났다. 노후에 대비한 경제적 준비를 하고 있는 응답은 37%에 그쳤는데, 그 이유는 생활비, 교육비, 의료비 등 더 시급하게 돈 쓸 데가 많기 때문이라는 응답이 57.7%, 소득이 낮아서 노후 준비를 할 여유가 없다는 응답이 41.1%였다. 공적연금이나 개인연금을 충실히 불입할 수 있는 경우는 안정적인 직장을 다니는 중상층 이상인 경우가 많기 때문에, 퇴직 후 고령인구의 양극화는 더 커질 것으로 보인다.

시장원리와 국가정책만으로 해결하지 못하는 고령사회 문제

충분한 노후준비가 안 된 노인들이라도 헌법이 표방한 행복권은 보장되어야 한다. 하지만 준비되지 않은 노인들은 필요한 서비스를 돈을 주고 살 수가 없다. 시장원리에 따른 영리기업들은 지불능력이 있는 노인들에 대해서만 거래관계 속에서 서비스를 제공하려고 하지, 지불능력이 없는 노인들에게 서비스를 제공하지는 않을 것이다.

지불능력이 없는 노인들에 대해 정부는 국가 및 지자체 재정을 활용하여 복지정책으로 지원하려고 한다. 하지만 단순히 지원대상으로서만 노인들을 설정하는 국가 주도의 일률적인 복지정책 방식으로는 많은 예산이 필요할 뿐만 아니라 전달체계의 비대화, 지역과 상황 등에 따른 노인들의 다양한 서비스 수요를 충족시키기 어려울 것이다.

예를 들어 보자. 60세 노인의 경우 도시에 사는 노인과 농촌에 사는 노인은 상당히 다른 사회적 관계 속에 있다. 도시의 60세는 정년퇴직 후 새로운 일자리를 구하는 것이 거의 불가능한 비생산인구로 취급받지만, 농촌의 60세는 '청년회'의 구성원으로 젊은 축에 속한다. 농사를 지을 경우 그 마을 농사를 책임지는 위치에 있다. 80세가 넘어도 여전히 현역 농민으로 시설하우스를 하는 노인들도 있다.

도시지역에서는 노인복지관을 운영하더라도 노인들의 지역 밀집도가 높아 충분히 프로그램을 운영할 수 있다. 반대로 농촌지역에서는 군청 소재지에 노인복지관을 운영하더라도 대부분의 노인들은 시설을 이용하기 어렵다. 도시에 거주하더라도 생활비가 필요한 노인들은 노인복지관을 마음 편히 이용하기는 어려울 것이다.

통계적으로 고령인구라고 뭉뚱그려서 이야기하지만 구체적인 한 분 한 분의 어르신을 생각하면 연령, 지역, 자산, 소득, 성별, 친구 관계, 경력 등 다양한 사회적 관계 속에서 각각 다른 필요를 가지고 있다. 일률적인 복지정책을 가지고 노인 문제를 해결할 수 있다고 기대하는 것은 합리적이지 않다.

정부도 이런 점을 감안해서 재정지원 사회서비스 정책을 만들고 바우처 사업 등의 방식으로 민간에게 위탁 운영하고 있다. 하지만 이런 사회서비스 사업의 대부분을 영리기업이나 직업소개소가 전환한 개인사업체가 위탁받고 있는 경우가 많고, 정부의 사회서비스 정책도 일률적이어서 원래 정책의 취지를 잘 살리지 못하고 있다.

노인에게 필요한 사회서비스

노인들이 행복한 삶을 누리는 데 가장 큰 걸림돌은 빈곤과 질병, 사회적 소외감이라고 할 수 있다. 그동안의 정책은 이들 걸림돌에 대해 각각 소득보장, 건강보장, 사회참여활동 지원으로 따로따로 대책을 만들어 시행하고 있다.

빈곤 문제와 관련된 정책으로는 국민기초생활보장제도와 노인일자리 지원이 있고, 건강보장에는 보건의료시설과 사회복지시설을 지원하는 정책이 있다. 사회참여활동 지원은 노인복지관이나 기타 노인대상 교육프로그램 등을 지원하는 정책이 있다.

하지만 각각을 따로 추진하면서 정책의 대상이 되지 못하는 사각지대가 많이 발생하고 있으며, 실질적으로 노인의 문제를 해결해 주는 효과도 낮은 것이 사실이다. 따라서 지역사회의 구체적인 삶과 연결되는 소득, 건강, 사회참여를 통합하는 사회서비스 전달체계를 민간의 자원과 행정의 자원을 결합해 운영할 필요가 있다.

사회서비스란 개인이나 사회 전체의 복지증진과 삶의 질 향상을 위해 제공되는 서비스로 광범위한 서비스를 포괄하는 개념이다. 사회보장기본법 제3조 제4항에서 사회서비스를 "국가·지방자치단체 및 민간 부문의 도움이 필요한 모든 국민에게 복지, 보건의료, 교육, 고용, 주거, 문화, 환경 등의 분야에서 인간다운 생활을 보장하고 상담, 재활, 돌봄, 정보의 제공, 관련 시설의 이용, 역량개발, 사회참여 지원 등을 통하여 국민의 삶의 질이 향상되도록 지원하는 제도"라고 정의하고 있다.

다음 표는 사회서비스 산업의 분류 및 정의를 요약한 것이다. 이에 따르면 고령인구에게 필요한 사회서비스는 돌봄, 상담·재활, 건강지원, 교육 및 역량개발, 사회참여 지원 등의 영역에 해당하며, 기타 시설이용 등의 영역에서 고령인구를 대상으로 만든 프로그램의 대상이 될 수도 있다. 상당히 광범위한 영역인데 반해, 지역사회의 관계망을 활용하여 민간자원과 결합하고 고령인구의 자발적인 참여와 의사결정 권한을 부여하는 사회서비스 제공기관은 아직까지 많지 않은 실정이다.

〈표 2〉 사회서비스 산업의 분류 및 정의

분 류	정 의
종합	돌봄 · 재활 · 상담 등 사회서비스를 포괄적으로 제공하는 복지시설 · 협회 등의 산업 활동
돌봄	의료 관리가 필요한 노인 · 장애인 요양 보호 및 단순 돌봄 대상자에 대한 가정, 비거주, 거주시설 보호 산업 활동
상담 · 재활	상담서비스와 재활을 위한 의료서비스 또는 발달재활서비스를 제공하는 산업 활동
건강지원	재활서비스 외의 의료 등 보건서비스를 제공하는 산업 활동
교육 및 역량 개발	공교육을 통한 유아 · 청소년기의 신체 · 사회적 발달 지원 및 평생교육, 직장 교육 등을 통한 역량 개발 지원과 관련된 산업 활동
문화, 체육 시설 이용	문화 · 예술 · 체육 활동 관련 국공립예술단체, 미술관, 박물관 등 관련 단체 · 시설 및 문화 · 예술 · 체육 서비스와 관련된 산업 활동
사회 참여 지원	피고용자를 파견하거나 중개 · 알선 등 고용지원서비스를 제공 또는 직업재활 등을 통해 사회 참여를 지원하는 산업 활동
사회서비스 행정	보건, 교육, 문화, 환경, 노동 등 사회서비스와 사회보장 관련 관리 기능을 수행하는 기관과 관련된 산업 활동

자료 : 보건복지부(2013), 사회서비스산업 특수분류 제정(안), p.4

　노인들을 위한 사회복지서비스는 장기적으로 지역사회 내에서 지불 능력이 있는 노인들에게 필요한 민간자원을 활용한 사회서비스와 취약노인들에게 지원되는 재정지원 사회서비스가 지역사회의 관계망을 공유하는 하나의 플랫폼에서 종합적으로 지원되는 것이 가장 바람직하다.

　그리고 이런 사회서비스 제공 및 공유 플랫폼의 가장 적합한 형태는 지역단위 사회서비스협동조합일 수밖에 없다. 지역 주민이 사회서비스의 이용자이자 제공자로 함께 참여할 때 사회서비스에 대한 구체적이고 실질적인 수요를 개발하기 쉬우며, 공급자들이 함께 지역사회에 있을 때 의견의 조정이 유리하며, 공급자가 지역사회 내부에 있을 때 사회서비스를 이용하는데 지불된 비용이 지역사회 내부에서 순환하기 유리하다. 이런 과정에서 사회서비스의 필요를 결정해 제공하고 세부적으로 조정하는 과정을 통해 지역사회 주민의 결합도가 높아지고, 지역 자원의 순환을 통해 다양한 일자리가 만들어지면서 결과적으로 지역사회의 활성화를 도모할 수 있기 때문이다.

일본 요코하마 복지클럽생활협동조합의 사례

많은 선진국에서 이런 형태의 지역사회 기반 사회서비스협동조합들이 운영되고 있는데, 우리나라의 사회서비스 전달체계와 흡사하지만, 주민들이 함께 협력하여 새로운 가능성을 만들어 나가는 일본의 요코하마 복지클럽생활협동조합의 사례를 통해 우리가 꿈꾸는 방향을 만들어 보자.

요코하마 복지클럽생활협동조합(이하 '복지클럽생협')은 1989년 요코하마시 코호쿠구에서 지역 주민들이 고령자나 장애인이 되어도 이웃들과 상부상조하며 함께 살아가고 기본적 생활을 유지하며 안심하고 살 수 있는 마을을 만들자는 취지로 만들어졌다.

설립 당시에는 1,020세대였는데, 이후 발전을 거듭하여 2014년 1만 6,000세대가 참여하고 있으며, 카나가와 현 23개 행정구로 확대되었다. 설립 당시 일본은 우리나라의 베이비붐 세대와 비슷한 단카이세대가 고령화되는 시점이었는데, 전체 인구의 25%가 65세 이상 인구였으며 그 가운데 독거노인비율이 24.2%에 달해 고령인구에 대한 사회보장에 들어가는 재정이 늘어나는 상황이었다. 이에 따라 민간 차원에서도 효과적인 사회서비스 전달체계를 찾을 수밖에 없었고, 그 결과 지역사회의 자원을 결합하여 사회서비스를 활성화하는 협동조합을 만든 것이다.

복지클럽생협은 취약계층이 아닌 노인의 재택 생활을 지원하는 재가 돌봄사업이나 장애인 지원사업, 데이서비스 사업 등과 함께 배식서비스, 택배 공동구매, 건강 및 의료 네트워크 구축, 에어컨 청소나 정원수 손질, 도장, 주택 리폼 등의 가정관리 사업, 지역에서 상대적으로 나이가 적고 건강한 중년 또는 노인들이 지역 내 노인을 돌보는 순환 체계를 구축하는 노노(老老)케어서비스 등 지역사회 주민에게 필요한 다양한 사업을 만들면서 지역주민들을 연결했다.

2013년 복지클럽생협의 조합원들이 참여하는 코어 키타카마쿠라는 협동조합형 노인요양원을 개설하여 복합복지시설로 운영하고 있다. 코어 키타카마쿠라는 노인요양원에 거주하거나 앞으로 거주할 사람들이 함께 출자하여 시설을 만들고, 65세 이하는 직원으로 활동하며, 65~75세 구성원은 운영을 지원하는 파트타임으로 일하고, 75세 이상의 경우에는 이들의 서비스를 받는 순환구조를 만들어냈다. 도시지역 독거노인의 장기적인 생활 설계도를 민간의 협력을 통해 만들어 낸 것이다.

복지클럽생협의 사례는 우리나라 고령인구의 사회서비스 전달체계를 어떻게 만들어야 하는지 많은 시사점을 주고 있다.

단순하게 개별 재정지원 사회서비스정책에 대응해서는 공급자와 이용자가 분리될 수밖에 없고, 공급자와 이용자가 분리되면 지역사회와 상관이 없는 개별 사업의 관리시스템을 만든 영리기업의 사업체계에 종속되게 된다.

이런 상황에서는 이용자의 불편함을 개선하기 위한 구체적인 의견은 전국적인 평균주의 속에서 받아들여지기 어렵고, 공급자들은 영리기업의 전달체계 속에서 약자의 입장이므로 자긍심을 갖기 어렵고 과도한 수수료 체계 속에서 적극적인 서비스마인드를 갖기 어렵다. 전체적으로 정부의 재정지원 사회서비스의 효과도 줄어들 수밖에 없는데, 지역사회 주민이 함께 참여하는 협동조합 방식은 이런 문제점을 해소하여 정부로서도 비용을 줄이고, 공급자이면서 이용자인 고령인구의 만족도도 높일 수 있다는 사실을 잘 보여주고 있다.

특히 최근 개인이 운영하는 장기노인요양원의 문제점들이 계속 나타나는 상황에서 지역사회 기반 사회서비스 협동조합을 운영하는 것은 새로운 대안이 될 것이다.

우리나라 사회서비스 협동조합 활성화를 위하여

그동안 우리나라도 협동조합운동을 통해 사회서비스 관련 사업의 우수사례를 만들어 낸 경우가 많이 있다.

자활사업을 통해 육성된 돌봄 관련 자활기업과 의료복지사회적협동조합이 있다. 의료복지사회적협동조합은 안성의료협동조합과 안산의료협동조합의 선진 사례에서 보여 주듯이 보건의료서비스를 주사업으로 하면서 점차 돌봄 영역으로 확대하고 있다. 자활기업 가운데에는 사회적협동조합으로 전환한 후 의료시설을 위탁받은 도우누리를 필두로, 시군 단위 재정지원 돌봄사회서비스 사업을 주도하는 사례가 많이 있다.

사단법인 공동육아와 공동체교육은 협동조합형 어린이집의 모범사례를 만들었으며, 공동육아와 관련된 많은 활동이 정부의 정책에 반영되었다.

농촌지역에서는 강원 삼척시 근덕농협에서 노인돌봄과 데일리케어센터를 운영하고, 광주광역시 하남농협에서 시니어클럽사업을 통해 300여 명의 노인에게 일자리를 제공하는 등의 모범사례를 만들고 있다. 전남 영광군의 여민동락공동체와 동락점빵 사회적협동조합은 농촌지역 노인에게 특화된 종합적인 서비스를 제공하고 있어 전국적인 모범사례가 되고 있다.

이런 다양한 선진 사례가 다른 사회서비스 영역으로도 확산되어야 하며, 시군구 지역단위에서 다른 지역으로 빠르게 전파되도록 해야 한다. 이는 민간 협동조합운동의 역할도 중요하지만, 정부의 사회서비스 관련 정책이 협동조합의 참여를 보장할 수 있도록 개선될 필요도 있다.

성남시의 시민버스나 청소용역 위탁 사례에서 볼 수 있는 것처럼 위탁조건에서 위탁업체 지분에 대한 지역주민 비율이나 이용자 참여 비율 등이 평가기준에 포함되도록 하는 등의 지역사회 협동조합의 잠재력과 사회적 가치를 감안한 제도 정비가 필요하다.

제4장

부모모심협동조합
아시나요?

전희식 (농부, 요양보호사, 『똥꽃』 저자)

이 글의 제목이 부모모심협동조합을 아느냐고 묻는 것입니다. 잘 모를 것이라고 전제하고서 묻는 질문 같습니다. 많은 협동조합이 활동을 하고 있지만 부모모심협동조합은 들어 본 적이 없을 것입니다. 저도 들어 본 바가 없으니까요.

지난 2011년, 해가 넘어가기 직전에야 겨우 협동조합기본법이 국회를 통과하고 많은 시민활동가들이 환호를 했습니다. 협동조합의 발달이 기형이었던 우리나라가 기본법을 뒤늦게 마련하게 된 것은 사회적 경제의 필요를 절감한 각 분야 운동가들의 노력이 컸었는데, 무엇보다도 2012년이 유엔이 정한 협동조합의 해로 되면서 그 영향도 무시할 수는 없었을 겁니다.

이로부터 1년이 지나면서 시행령이 만들어져 법이 시행되었고 그 뒤로 몇몇 조항이 개정되어 오늘에 이르렀습니다. 업종과 분야에 제한 없이 5인 이상이 자유로이 모여 다양한 협동조합 설립이 가능해져서 수천 개의 협동조합이 만들어졌지만 아직까지 노인요양협동조합은 있어도 자기 부모를 함께 모시는 협동조합은 없습니다.

모르긴 몰라도 2015년 1~2월호 「녹색평론」에 실린 졸고 '공동생활가정 협동조합을 만들자'가 첫 주장이 아닌가 싶습니다. 아닐 수도 있습니다. 노인돌봄의 현장에 계시는 여러 사람들이 먼저 이런 생각을 했을 수 있습니다.

그 글을 쓴 뒤로 저는 제가 자문위원으로 일하고 있던 '전북광역치매관리센터'에서 재차 손질한 같은 취지의 글을 게재 한 적이 있으며 민족종교인 천도교에서 발행하는 월간 「신인간」에 시천주 사상에 입각한 '자식협동 모심의 집'을 제안하기도 했습니다. '모심'이라는 말이 독특합니다. 동학 천도교의 모심사상은 '돌봄'이라는 말이나 '요양보호'라는 말과 같으면서도 다릅니다. 우리가 오래 전에 잃어버린 삶의 이치를 되살리는 것이라고 할 수 있습니다.

'내' 부모를 '우리'가 모신다고?

한 달이 채 안 된 일입니다. 광주에 사시는 아는 분에게서 연락이 왔습니다. 제가 광주에서 전국도시농업박람회에 참여하고 있는 중이었습니다. 제법 예의를 갖춘 안부인사가 먼저였지만 무척 다급한 전화라는 것이 느껴졌습니다. 그래서 저는 제 안부를 건성으로 대꾸했습니다. "어머니 잘 계시냐?"는 인사를 받고 어머니는 1년 전에 돌아가셨다고 대답 할 수가 없었기 때문입니다.

그 분은 바로 용건을 꺼내셨습니다. 친정어머니가 쓰러지셨는데 병원에 갔더니 수술을 할 상태가 아니라고 큰 병원에 가라는데 큰 병원도 휴일이라서 어떨지 모르겠다면서 현재의 병원에서 수술을 해 달라고 떼를 써야 할지 아니면 다른 병원으로 옮겨야 할지 묻는 것이었습니다.

자초지종은 이렇습니다. 여든 일곱인 어머니가 넘어져서 대퇴부 골절이 왔고 너무너무 고통스러워하는데 의사는 전신마취 수술이 위험하다고 한다는 것입니다.

이 날부터 문자와 전화로 상담을 틈틈이 진행했습니다. 저 역시 수술을 권하지 않았습니다. 무엇보다도 그토록 건강하시고 활달하시던 어머니가 한 순간에 응급실 신세를 지는데 대한 그 분의 충격과 상심을 위로하는 데 주의를 집중했습니다. 사위인 남편이 친엄마처럼 너무도 잘 모셨는데 그것까지도 설움과 한탄의 소재가 되어 있었기 때문입니다. 슬픔과 자책이 뒤섞여 있는 듯 했습니다.

이 분은 졸저『똥꽃』애독자였습니다. 어머니 장례를 치르고 삼우제를 마친 뒤에도 울면서 전화를 걸어오기도 했습니다. 어머니가 너무 보고 싶고 죄송하다는 것입니다.

그렇습니다. 세상 모든 자식들은 부모에 대한 이중적인 태도를 갖고 있습니다. 죄스러움과 극복의지입니다. 걸림돌로 보이는 부모를 넘어서려다 보니 대립과 무시가 있고 부모가 돌아가시거나 와상 생활을 하게 되면 크게 상심을 하고 죄의식까지 갖습니다. 딸의 경우 더 그렇습니다. 조선민족 특유의 부모자식 관계입니다. 서양이나 일본은 그렇지 않습니다. 집에서 부모를 모시자는 것은 이런 측면을 보는 것입니다. 자연의 이치이고 사람의 이치여서입니다.

집에서 병약한 부모를 모신다고 실타래 같은 문제들이 해결될까요? 장담 할 수 없습니다. 집에서 부모를 모신다는 게 요즘 세상에 가능이나 하냐고 반문 할 수도 있습니다. 그 보다는 사회경제적인 새로운 시스템을 만들어야 한다는 지적이 옳습니다.

고령화 문제, 노인문제를 복지개념이나 국가 시스템 차원으로 바라보면 협동조합이나 사회적 돌봄으로 접근 할 수 있습니다. 저는 좀 다른 상상을 해 보는 것입니다. '내 부모 우리가 모시기' 입니다. 이로써 초고령 사회의 (의료문제, 복지문제가 아니라)건강과 행복문제를 푸는 논의가 조금이라도 풍부해 진다면 좋겠습니다.

노인문제, 우리의 삶이 근본으로 돌아가야 풀려

동이족의 고대 경전인 부도지(符都誌)에 수증복본(修證復本)이라는 말이 있습니다. 꾸준히 갈고 닦아서 근본을 회복하라는 가르침입니다. 삶의 근본을 되살리려는 단도직입 없이는 모든 것은 대증요법입니다. 임시방편인거죠.

초고령 사회로의 진입, 경제활동인구의 급감, 빈집 증가, 양로원이 된 마을들, 애기 울음소리가 그친 동네, 결혼기피와 출산포기 등 이 모든 현상이 출산장려정책 미비 때문일까요? 노인복지예산이 쥐꼬리만 해서 그럴까요?

근본을 잃은 인류문명이 자초한 현상임을 직시하고 대증요법과 근본요법을 잘 배합해야 할 것입니다. '내' 부모를 '우리'랑 함께 살자는 것은 이런 접근입니다. 늙고 병드신 부모를 어떻게 하면 잘 돌보냐는 일방적이고 희생적인 접근이 아니라 늙고 병드는 것은 너무도 자연스런 현상이니 이를 보고 '참 나'를 발견하고 잘 돌보는 출발점으로 삼자는 것입니다. 자신을 잘 돌보는 것은 닦음(修)입니다.

광주의 그 분이 장례절차를 다 마치고 나서도 울음을 그치지 않아서 제가 그랬습니다. "돌아가신 어머니 생각에 시도 때도 없이 울어대는 자신을 어떻게 돌볼지 먼저 생각해 보자"고 했습니다. 그러자 울음을 그쳤습니다. 그리고 있는 자신을 보기 시작한 것입니다.

그 다음에 차근차근 망자의 세계와 죽음을 설명하고 아주 간단한 요령 하나를 가르쳐 드렸습니다. 계속 울고불고 하면 하늘나라 가시던 어머니가 발걸음도 못 떼고 뒤돌아보면서 애통해 하시니까 어머니께 드리는 편지 형식의 기도문을 써서 매일 어머니께 읽어드리라고 했습니다. 그는 나중에 잘 하고 있다며 고맙다고 했습니다. 자기를 들여다보는 것은 닦음의 출발입니다. 힘든 일이 있거나 의외의 상황을 만나면 바로 부정 감정에 사로잡혀 자기를 돌보지 못하는 것이 가장 큰 문제인 것입니다.

병약하신 부모님을 기화로 '모시는 삶'을 시작하자는 것이 이 글의 핵심입니다. 근본을 향해서 한 걸음이라도 옮기는 삶을 설계하자는 것입니다. 근본은 바로 나입니다. 그냥 나가 아니라 하늘로서의 나입니다.

모심에 대해서 수운 최제우 선생은 '내유신령 외유기화 일세지인 각지불이(內有神靈 外有氣和 一世之人 各知不移)'라 하여 안으로는 하늘의 신령함을 회복하고 밖으로는 하늘기운과 융화하여 일체를 이루어서 내가 우주의 중심이며 우주의 큰 기운과 연결되어 있음을 깨닫고 세상의 모든 이들도 이러한 경지를 깨달아 변치 않고 실천해 나아가도록 하는 것이라고 했습니다.

꼼꼼히 살펴보십시오. 병약하신 부모는 곧 나입니다. 나는 하늘 신령을 회복한 주체입니다.

확장된 나로서의 어머니이고 아버지입니다. 그리고 이웃입니다. 나를 잘 바라보고 알아채며 돌보는 것은 모든 것의 출발입니다. 부모의 자식 된 나. 좋은 이웃이고자 하는 나. 아이들의 부모인 나. 나는 개체이면서 모두인 전체입니다.

이것이 선조들의 가르침입니다. 이것을 잃었고 또 잊었기에 형제도 부모도 나 외에는 모두 남이 되어버린 데서 현대인의 재앙이 시작되었다고 할 수 있습니다. 낳아주고 길러주신 분만이 부모가 아니라 세상사람 모두와 천지만물이 부모라고 해월 최시형 선생은 천지부모(天地父母) 편에서 설파하고 있습니다.

왜곡된 나를 나라고 고집하며 모두를 남으로 보고 긴장과 갈등과 두려움과 공격을 되풀이하는 삶을 넘어서는 발걸음을 한 발이라도 내딛으면서 복지예산, 노인대책, 마을 만들기, 협동조합, 주치의, 공동체를 이루어 가자는 것입니다.

그래서 모심의 삶은 치유입니다. 치유를 힐링이라고도 부르는데 회복이라는 의미도 있습니다. 최근에는 복원력이라는 말도 많이 씁니다. 자연치유라는 말은 원래 전문 분야가 아니라 누구나 자연 속에서 자연스럽게 살면서 얻는 평화와 환희, 어우러짐입니다.

특별히 애써 무엇을 하지 않습니다. 순리대로 흐름대로 조화 속에서 살아가는 것입니다. 무위이화라고 할 수 있습니다. 치유는 아무것도 안 하는 것입니다. 저절로 되어가는 것을 바라보고 향유하는 것입니다. 존재하는 모든 것을 수용하고 감사하는 것입니다. 정교한 장치와 상벌이 명확한 규정 속에서만 마음을 놓는 현대인들은 낯설어 할 수 있습니다. 그러나 그게 본연의 인간인 것입니다. 하늘 신령을 품고 있는 존재니까요.

여기까지가 노인문제에 다가가는 기초라 하겠습니다. 상당한 의식의 전환과 닦음이 필요한 대목입니다.

모심은 치유의 삶이다

돌이켜보면 제가 어머니랑 함께했던 자연치유의 생활이라는 것은 크게 준비해서 연습하고 훈련해서 한 것이 아닙니다. 쌓아 놓은 돈으로 시작한 일도 아닙니다. 준비하고 예측해서 대응해 나간 시간들보다 몇 배나 더 많은 순간들이 상상과 예측의 바깥쪽에 있었고 저를 새롭게 하는 시간이었습니다. 자연치유의 생활이었다고 하는 어머니와 동행했던 기간은 몇 가지로 정리하자면 다음과 같습니다.

첫째는 기도하는 생활이라 할 수 있습니다. 기도는 하늘에 보내는 청구서가 아닙니다. 모든 것을 내려놓고 빈손으로 일어서는 것입니다. 경험이나 기억조차 내려놓습니다. 내려놓는다는 것은 없앤다는 것이 아니라 얽매이지 않을 뿐이라는 것입니다. 지혜의 자산으로 보유하되 결코 그 함정에 빠지지 않는 것입니다.

기도하는 순간은 순수해집니다. 간절히 답을 찾는 시간이기 때문입니다. 자신을 무한하게 개방하는 시간입니다. 간절히 답을 찾는 사람은 주변 모두에게 손을 내밀고 그들을 스승으로 삼습니다.

  기도하는 자세는 무아로 나아가는 자연치유의 근본을 이룹니다. 여러 자연치유의 기법들은 사실 자잘한 잔재주라고 보면 됩니다. 잔재주도 중요합니다. 그러나 잔재주를 잔재주로 분명히 바라볼 수 있어야 합니다.

  둘째는 감사하는 것입니다. 모든 일, 모든 대상에 감사하는 것입니다. 감사는 지금 있는 것과 현재 이루어진 것을 먼저 귀하게 확인하고 수용하는 데서 출발합니다. 감사라는 것이 정체적이고 현실 안주라고 보는 것은 오해입니다. 신선하게 출발점에 서는 것이 감사입니다.

  어떤 순간에는 감사는커녕 원망과 미움이 일어날지라도 신속하게 감사모드로 전환 할 수 있어야 합니다.

  종교적인 설교 같지만 사실이 그렇습니다.

  사람은 고난을 통해서만 이를 극복할 힘을 기릅니다. 편안함 속에서는 힘을 기르지는 못하는 것입니다. 고난과 역경만이 극복에너지를 갖게 해 줍니다.

  감사를 하면 상대가 좋아지는 게 아니라 내가 좋아지는 것입니다. 욕하고 원망하면 상대가 망가지는 게 아니라 내가 망가지는 것입니다. 욕과 원망이 가득 찬 사람이 되는 것입니다.

그래서 역경과 위기는 물론이고 일상에 다 감사하라는 것입니다. 눈을 씻고 찾아보면 고난과 위험 속에서 찾을 수 있는 감사꺼리는 매회 수십 가지가 넘을 것입니다. 건성으로 깔아뭉개고 지나가니 알지 못하는 것입니다.

셋째는 즐기는 것입니다. 얘기가 어째 점점 성직자나 종교인 같이 흘러간다고 여길 수 있습니다만 치유는 삶을 즐기는 데 있습니다.

공자도 논어에서 이르기를 '지지자불여호지자, 호지자불여락지자(知之者不如好之者, 好之者不如樂之者)'라 하여 그것을 아는 사람은 그것을 좋아하는 사람만 못하고 그것을 좋아하는 사람은 그것을 즐기는 사람만 못하다고 했습니다. 공자가 학문의 세 단계를 설명한 것이지만 이것은 학문에만 적용되는 게 아니라 삶 전반에 해당된다고 봅니다.

해월선생 역시 「대인접물(待人接物)」편에서 '만심쾌재이후 능위천지대사의(滿心快哉而後 能爲天地大事矣)'라고 했습니다. 마음이 흐뭇하고 유쾌해야 비로소 세상 큰일을 도모할 수 있다는 말입니다. 긴장과 두려움, 또는 경쟁과 분노에 의지해서 하는 세상일의 한계를 지적했다고 할 수도 있습니다.

즐겁다는 것과 즐긴다는 것은 미묘한 차이가 있습니다. 좋은 일, 칭찬, 성공, 욕망의 충족에서 주어지는 즐거움을 거부할 이유는 없습니다. 즐긴다는 것은 다른 차원입니다. 모든 상황 속에 스며있는 깊은 의미를 간파하고 이를 적극적으로 수용한다는 것입니다. 즐기는 삶은 일상의 모든 것에서 비롯되는 것입니다.

이런 것들이 저절로 되지는 않습니다. 주요한 외적 계기가 있어야 하고 꾸준히 닦아 나가야 합니다. 부모모심협동조합은 닦음을 주요하게 생각합니다. 그래서 '닦음의 부모모심'이라고 해 보겠습니다.

닦음의 부모모심협동조합

맹모삼천지교(孟母三遷之敎)는 맹자 어머니가 자식을 위해 세 번 이사했다는 뜻으로 사람은 성장과 인격형성에 있어서 살아가는 환경이 매우 중요하다는 것을 가리키는 것입니다. 환경은 크게 자연환경과 사회환경이 있을 텐데 둘 다 중요합니다만 현대생활에는 사회·인문 환경이 크게 작용됩니다. 개인도 그러하지만 한 집단이 어떤 사회환경에 놓이느냐에 따라 효과나 영향이 더 커집니다.

닦음의 부모모심협동조합은 협동조합기본법과 노인장기요양보험법 상의 재가요양을 동시에 고려하는 것입니다. 더 나아가 노인요양 공동생활가정으로 확대해서 상상해 볼 수 있습니다. 기존 요양원의 축소판이 되는 것은 아닙니다. 사회복지 제도와 접목하지만 그 안에 안주하지는 않습니다.

아동보육이 민간어린이집 중심의 보육시장을 형성했지만 그 가운

데서 공동육아가 자리를 잡고 그 정신을 확장해 갔듯이 '닦음의 부모모심협동조합'도 이미 만들어진 노인요양시장에 의미 있는 문제제기가 되고 마침내 노인요양의 성격을 바꿀 수 있는 실천이 되고자 하는 것입니다.

중요한 점 하나는 '노인요양협동조합'과도 다르다는 것입니다. '닦음'과 '모심'의 정신을 앞서 말씀드렸습니다. 저는 협동조합마저도 그 한계를 보고 있습니다. 1인 1표라든가 돈이 아닌 사람이 중심이며 경제의 사회성을 말한다 해도 모심철학과 닦음이 없으면 그 '인간 중심'은 이기심과 욕망 중심의 인간 사이에서 늘 긴장하고 대립한다고 보는 것입니다.

공동육아와 같은 개념이라 공동양로 또는 공동 부모모심으로 이해하면 되겠습니다. 자식들이 조합원이 되어 더는 부모님을 노인시장에 내어놓지 않겠다는 다짐 속에서 노인의 지혜와 경륜을 눈여겨 배우는 과정이 돌봄과 동시에 일어나는 '모시는 삶'입니다.

우리나라의 보육정책을 살펴보면, 노인정책에 대한 아이디어를 얻을 수 있습니다. 반복되는 얘기입니다만 협동조합방식입니다. 치매 부모를 개별 가정에서 감당하기에는 무리입니다. 결코 쉽지 않습니다. 협동조합 방식과 법령을 부분적으로 차용 할 수 있습니다.

몇 해 전에 부산대 임재택 선생의 한국생태유아교육학회가 주관하는 월례강좌에 갔다가 직접 의논을 한 적도 있습니다. 생태유아공동체처럼 노인요양공동체를 꾸리는 일에 대해서 얘기하면서 '생태 노인 모심학'이 성립되어야 할 필요성을 말했습니다.

영유아보호법 10조에는 어린이집의 종류가 7개항에 걸쳐 나열되어 있습니다. 국공립 어린이집에서부터 가정, 직장, 민간 어린이집이 있고 6항이 바로 '부모협동 어린이집'입니다. 부모협동 어린이집은 여러 형태가 있으나 공통점은 부모들이 조합원이 되어 협동조합을 꾸렸다는 것입니다. 공동육아 운동에서 시작하여 발전해 간 것입니다.

더 이상 사설 영리목적의 어린이집에 보내느니 부모와의 접촉과 정서적 교감을 유지하는 방법을 찾은 결과입니다. 지역사회의 뜻 있는 제3자가 조합원으로 참여하기도 합니다. 육아는 사회의 몫도 크니까 당연한 것입니다. 보육시설의 낮은 보육의 질과 단순반복 획일적인 교육의 문제점을 극복하려는 시도입니다.

노인요양시설에도 대입시켜 볼 수 있습니다. 노인요양(의료)시설이나 요양보호사 규정은 노인장기요양보험법과 노인복지법에 근거합니다. 이 법에 적시된 시설들의 종류는 몇 가지로 제한되어 있는데 '부모협동 어린이집'에 빗대어 가칭 '자식협동 모심의 집'이라는 조항을 넣을 수 있다고 봅니다. 법적 명칭이 될 '자식협동 모심의 집'은 개념은 공동육아와 같으나 운영의 주체는 '닦음의 부모모심 협동조합'입니다.

법제화에 앞서서 뜻을 같이하는 사람들이 만나고 생각을 가다듬을 필요가 있겠습니다. 그리고는 시도해 보는 것입니다. 부모를 시설로 유배시키는 것이 아니라 함께 협동해서 부모와 같이 사는 것입니다. 맹자의 어머니가 이사를 하듯이 부모 모시는 분들이 한데 어울려 살수 있는 궁리를 하는 것입니다. '모심'과 '닦음'을 익혀가는 것입니다. 꼭 한 곳에 살지 않아도 됩니다. 노인요양공동생활가정은 가족들이 한 곳에 살아야 하는 것이 아니기 때문입니다. 이때 부모들 또는 어르신들이 농촌지역을 배경으로 농사를 기본 일과로 삼으면 좋을 것입니다.

노인문제를 포함한 거의 대부분의 치명적인 사회문제들은 조화와 균형을 잃었기 때문이며 물질, 정신, 영성이 두루 균형 잡힌 삶으로 돌아가야 함을 웅변하는 것이라고 봅니다. 물질과 정신과 영성이 균형 잡힌 삶으로 가야 하는 자각이 커지는 시대입니다. 그래서 더욱 문제들이 극단화되어 나타나고 있는 것이 현 시대의 본질이라고 생각합니다.

곪음이 찢어져 터져야 새 살이 나오듯 새로운 개벽시대는 어둠이 더욱 깊어지는 데서 그 희망을 엿보게 되는 것입니다. 정치, 군사, 자연, 사회, 경제, 국제뿐 아니라 남자와 여자, 노년과 청년, 혈육 간에 일어나는 충돌과 비참, 재난과 충격은 우리로 하여금 근본으로 되돌아가지 않을 거냐고 예리하게 묻고 있습니다.

'삼삼오오 나들이'와 '모노드라마'

제게 2008년 10월 2일 노인의 날은 오래 기억될 날입니다. 국제협력 사회복지 세미나가 부천시 오정구 노인복지회관(관장 박노숙) 주관으로 대한상공회의소에서 열렸는데 어머니와 사는 모습이 영상으로 발표되었고 위 복지관이 수년 간 시범사업으로 추진 해 온 '강점관점' 노인돌봄 사례집이 나왔고 그 추천사를 요청에 의해 제가 썼습니다.

강점관점이라는 어르신 돌봄 방식은 어르신들의 고유성과 다양성을 있는 그대로 존중하면서 강점을 포착하여 북돋우는 방식의 돌봄입니다. 인간의 존엄과 가치, 자기결정을 높이는 기법입니다. 그 사례집을 보면 참신한 시도들이 많습니다.

그런데 8년여를 건너 2016년 11월, 바로 엊그제 복지를 전공하는 청년 학도로부터 비슷한 사회복지 기법을 정리한 기록물을 전해 받게 되었습니다. 「어르신 삼삼오오 나들이 사회사업 실천기록 '7학년 6반 소풍가다'」란 제목의 기록물은 서울에 위치한 선의과학종합사회복지관에서 시행한 사회복지 단기 사회사업의 사례집입니다.

사례는 사회복지관 어르신들을 위해 나들이를 하는 것에 대한 새로운 관점을 제시하고 있습니다. 복지관에서 보내드리는 나들이가 아닌, 어르신들이 삼삼오오 모여 옛 추억이 담긴 나들이를 어르신들 스스로 준비하실 수 있도록 도운 것으로 어르신들께 여쭙고, 의논하고, 부탁드리고 감사하며 실습을 진행한 것입니다. 그리고 복지를 전공하는 이 프로그램의 진행 학생들은 어떻게 어르신을 어른답게, 존경하며 공경할 수 있는가에 대한 공부도 같이 했습니다.

이 프로그램의 담당자는 졸저『똥꽃』을 기본 텍스트로 했다면서 신기하게도 오정노인복지관 때처럼 제게 추천사를 써 달라고 연락을 해 온 것입니다.

공동육아 부모들이 그랬듯이 닮음의 부모모심협동조합은 조합원인 자식들이 이처럼 참신한 시범 활동을 놀이처럼 할 것입니다. 제가 연전에 어머니를 소재로 쓰고 연기했던 모노드라마도 참고가 될 것입니다. 어머니랑 내가 출연했으니 엄밀히 말하면 모노드라마가 아니라 어머니 1인을 위한 창작극이라 하겠습니다.

돈도 없어졌다, 머리핀도 없어졌다, 양말도 한 짝을 누가 훔쳐갔다면서 특정인을 번갈아가며 욕하고 도둑으로 몰 뿐만 아니라 구두와 과일과 휴지와 고무신과 반찬까지 이불속에 꽁꽁 묻어두고 손도 못 대게 하시는 우리 어머니를 위한 연극이었습니다.

모두 3막으로 구성되는데 1막은 어머니의 기분을 밝고 좋게 만드는 것이고 2막은 사건의 본질로 들어가는 것입니다. 2막이 실패하지 않기 위해서는 1막이 중요합니다. 3막은 대단원이자 반전입니다.

제1막 – 호박잎 벗기기. 그리고 감자 껍질 까기

나 : 어무이 얼렁 일나요. 어무이. 일나요.

(누운 채 고개를 들락말락 움직이며)

어머니 : 와? 와카노?

나 : 어무이 이거 쫌 해 줘요. 감자 좀 까 줘요. (준비 했던 감자를 쓱 내 민다.)

어머니 : 식전 아침에 감자부터 처 묵는 놈이 어댓따 카노. 니나 까 무거라. (짐짓 목소리를 높여)

나 : 뭉는기 아이라요. 감자 껍데기 좀 까 줘요.

어머니 : 감자는 낮에 삶아 뭉능다.

나 : 이거 쫌 봐요. 감자 껍데기 쫌 까 줘요. (벌떡 일어나며)

어머니 : 또 껍데기도 안 까고 삶을라캤나? 그라믄 매바. 껍데기 까야 안 맵지! 이리줘!

(감자 껍질 벗기는 일임을 알고 반색을 하시는 어머니. 칼을 잡고 사부작 사부작 감자 겉껍질만 긁어 벗기기 시작한다. 의미 있는 집안일을 하실 때 어머니는 정신이 맑아지신다.)

어머니 : 입숙까락이 요새는 엄쓰. 칼로 백끼믄 엄지 송까락이 아파. 입숙

까락으로 닥닥 긁어야 하는데.

나 : 입숙까락이 먼데요?

어머니 : 입숙까락 각꼬 감자 긁능기라.

나 : 그걸로 긁으면 잘 긁혀요?

어머니 : 내사 마. 감자 잘 긁는닥꼬 이집 저집 불리 안 댕깃나.

   제2막 – "어무니 여깃네!"

(기분이 한창 좋아지신 어머니 앞에 나는 장독간에서 따 온 호박잎을 몇 장

놓는다. 어머니는 호박잎 국밥을 좋아하신다. 그래서 호박잎을 준비했다.)

나 : 호박 이파리 좀 백끼 줘요.

어머니 : 여개 놔라. 수제비에 덤붕덤붕 찌저 너믄 마신능기라.

(준비했던 봉투를 쳐들며)

나 : 어무이. 여깃네!

(감자를 긁다 비스듬이 쳐다본다)

어머니 : 머이?

나 : 어무이 이것 봐요. 이 봉지 속에 다 있네!

어머니 : 머시?

(아들한테서 봉지를 받아들고 들여다본다. 얼굴에 흐뭇한 웃음이 번진다.)

나 : 머가 마이 들었네요. 그건 머시라요?

어머니 : 아이가! 이기 머시고? 아이가!!

(어머니는 탄성을 지른다)

나 : 건강보험증이네요.

어머니 : 이거 각꼬가믄 돈도 안 받고 병원에서 약도 주능기라. 누가 여따 뒀노?

나 : 쥐포도 있네요.

어머니 : 한방 파스도 두 장이나 있다. 머시 짜드라 이리도 많노?

(봉투 속에는 어머니 좋아하는 머리핀과 빗, 고무줄까지 들어 있었다)

나 : 어무이! 돈요. 돈 여깃네요!

어머니 : 머? 그기 돈이가? 올매고?

나 : 어무이. 이만 원요. 그 돈 여깃네요.

(돈을 본 어머니는 파안대소를 한다)

어머니 : 감자 깐닥꼬 품삯 주능갑네.

나 : 하하하… 그러게요.

어머니 : 누가 여개 돈을 넣어 놨으꼬?

나 : 이거는 어무이 돈 같은데요?

어머니 : 내 돈이 와 여개 있노?

나 : 몰라요.

어머니 : 은조 그년이 돈 싱카 간 줄 알았디. 이 돈이 그 돈잉가?

(어머니는 돈 2만 원을 몇 번씩 세어보며 감동의 재회를 즐기신다)

나 : 은조 도둑 년 아이라요.

어머니 : 눈 뜬 봉사가 따로 없어. 돈 엿따 놔 두고 내가 백찌 넘 도둑년 맹글뿐 했구마.

나 : 어무이 돈 맞죠?

 제3막 - 제 자리 찾아 간 돈.

어머니 : 이 돈 머할꼬? 너 하고 나 하고 하나씩 각꼬 있자.

나 : 어무이 돈인데요. 어무이 하세요.

어머니 : 항개씩 나눠 가져야지. 혼자 가지믄 돼지라. 자. 이걸로 양말 항 개 사 신어라.

(일단 2만 원 중에서 만 원을 받아 지갑 속에 넣는다)

나 : 고마워요. 어무이.

어머니 : 지갑 그거 이리 줘라.

나 : 왜요?

어머니 : 이 돈. 이것도 그따 넣어 놓자. 그래야 누가 안 싱카가지.

나 : 돈 싱카 가는 사람 없어요. 어머니 주머니에 두세요.

어머니 : 내가 무슨 필요가 인노. 돈은 니가 필요하지.

(어머니는 당신의 몫 만 원을 내 지갑에 넣는다. 이렇게 돈 2만 원은 원래

있던 내 지갑 제 자리로 돌아왔다.)

나 : 어무이. 인자 손님들이 쥐포랑 한방 파스랑 돈이랑 싱카 갔다꼬 카지 마요이?

어머니 : 인자 카능가. 백지 넘들 의심하능기 아이라.

나 : 그럼요. 우리 집에 오시는 손님들 너무 꺼 손 안대요.

어머니 : 사람 의심하믄 저도 의심 받능기라.

나 : 맞아요. 맞아요.

어머니 : 하모. 서로 믿고 살아야제.

여기까지입니다. 당시에는 나 혼자라서 이런 상황들을 다 기록 할 수 없었습니다. 만약에 닦음의 부모모심협동조합에서 조합원의 손주 손녀들이나 문학을 전공하는 외부 학생들과 연계하여 움직이는 박물 관이라 칭하기도 하는 연로하신 어르신들과 우리 스스로를 치유하는 드라마를 생활 속에서 구현해도 좋을 것입니다.

이처럼 나와 너가 구분되지 않고 하나로 연결되는 본래의 삶을 시 범적으로라도 살아보는 시도를 치매 부모, 노쇠한 부모들과 시작해 보고자 하는 것입니다.

노동과 자본(관리)가 극도로 분리됨으로 해서 이른바 돌봄 노동자 (감정 노동자)들은 힘든 일상에 떨어집니다. 아무리 숭고하고 거룩한 의미를 부여해도 노동의 분리는 모순을 배태합니다. 늘 생글생글 웃고 상냥한 말투와 단정한 행동거지를 보여야 하는 것은 고문입니다.

의례화 되고 영리화 된 민간 노인요양시설과 노인병원, 다음은 장례식장이 기다리는 노년의 삶은 떠올리기만 해도 아찔합니다.

'자식협동 모심의 집'도 좋고 '닦음의 부모모심협동조합'도 좋습니다. 우리 본래의 삶을 회복하는 쪽으로 한 걸음 내딛어 보면 좋겠습니다.

2

어린이 · 어르신 · 장애인
돌봄과 의료의 연결고리,
주치의

제1장

어린이 돌봄과 주치의제

【제1절】

육아공동체에서 주치의 서비스

이경란 (공동육아와 공동체교육 사무총장)

"자연과 더불어 공동체적 삶을 배워 나가는 것을 가장 중요한 교육이념으로 삼습니다. 아이들을 위한 아이들에 의한 아이들의 공간입니다. 아이들, 교육, 더불어 사는 삶에 대해 진지하게 고민하고 헌신하는 교사들과 우리 아이뿐만 아니라 이웃의 아이들까지 건강하고 행복하게 자랄 수 있도록 실천하는 부모들이 힘과 땀을 모아 일구어 가는 곳입니다."

성북공동육아사회적협동조합이 운영하는 '행복한우리어린이집'을 소개하는 글의 일부다. 대표적인 육아공동체인 공동육아사회적협동조합과 공동육아어린이집의 핵심을 잘 드러내는 문구다. 공동육아어린이집은 일상생활 속에서 아이들이 자연친화적인 삶의 방식과 공동체적 삶을 익히며 자유롭게 살아가는 곳이다. 아이와 함께 살아가는 교사와 부모들도 협동조합을 운영하고 어린이집 생활을 함께해 나가면서 민주적이고 공동체적이며 생태적인 삶의 방식을 익혀간다. '우리 아이 함께 키우기, 더불어 사는 세상 만들기'라는 공동육아의 비전을 실제 삶 속에서 실현해 가는 현장이기도 하다.

공동육아어린이집은 전국에 74곳이 운영 중이며, 방과후는 17군데가 그리고 지역아동센터는 6군데, 대안학교 1군데가 연대활동을 하고 있다. 공동육아어린이집 중 대부분이 공동육아(사회적협동)조합이 운영한다. 영유아보육법의 어린이집 유형으로는 '협동어린이집'에 속한다. 1994년 첫 공동육아협동조합이 서울의 마포지역에서 설립되었으며, 부모와 교사가 운영하는 민주적이고 공동체적인 협동조합 운영체로서 자리잡았다. 각 협동조합들은 독립적으로 어린이집을 운영하였고, 아이들이 커가는 데 따라 초등방과후를 만들기도 했다.

2012년 협동조합기본법이 제정되자 자율적으로 활동해 온 공동육아협동조합들은 제도에 편입되지 않으면 그 성과를 상실할 상황에 처했다. 이들은 치열한 논의를 거쳐, 2013~16년 사이 35곳이 사회적협동조합으로 조직을 전환하였다. 사회적협동조합으로 전환을 논의하면서 공동육아협동조합의 조합원들인 부모와 교사들은 '왜 사회적협동조합으로 전환해야 하는가' 나아가 '공동육아어린이집과 공동육아협동조합의 사회적 의미와 역할은 무엇인가'를 다시 살펴보는 기회를 가졌다.

이들은 사회적협동조합으로의 전환을 논의하면서, 공동육아협동조합 정관에 쓰여 있는 "본 조합은 조합원간의 동등한 의무와 권리에 기초한 협동조합의 틀 안에서 공동육아를 위해 함께 출자, 설립, 운영함으로써 부모 조합원들이 서로의 가치관을 공유하고, 성·지역·계층·신체나 정신의 장애 등에 따른 사회 문화적 차별과 불평등을 극복하며, 우리 아이들이 함께 자라나는 열려 있는 삶의 어린이집을 만들어 나가는 역할을 한다"라는, 아이를 함께 키우면서 더 많은 아이들과 부모가 행복하게 살 수 있는 세상, 지역사회를 일궈가자는 본래 목적을 더 잘 실현하는 방법으로 조직전환을 결정하였다.

공동육아협동조합 어린이집이 만들어진지 20여 년이 되었는데, 그동안에도 공동육아협동조합은 어린이집의 생활에만 갇히지 않고, 더 많은 아이들, 어른들과 더불어 사는 길을 열어가기 위해 노력했다. 공동육아어린이집은 지역의 협동조합이나 시민단체들과 연대하여 마을을 사람이 살만한 세상으로 바꿔가는 거점 역할을 하였다. 특히 이러한 지향에 관심을 가진 부모와 교사들이 마을 속으로 꾸준히 유입되고 어울려 생활 할 수 있는 장을 마련했고, 이곳에서 함께 살아가는 법을 몸으로 익히는 교육장의 역할을 했다.

공동육아어린이집이 처음 만들어진 서울의 마포를 비롯해서 성북, 노원, 은평, 광진, 강동, 강북, 고양파주, 과천, 원주, 인천, 광주 등 마을활동이 활발하게 이루어지는 곳에는 어디서나 공동육아어린이집이 있으며, 부모들은 어린이집을 졸업한 이후에도 마을을 일구는 다양한 활동에 참여하여 어린이집 활동을 통해 익힌 공동체 역량을 지역사회로 확산하는 역할을 했다.

어린이집 자체의 운영원칙도 지역의 협동운동이나 마을 만들기 활동과 긴밀하게 연결되어 있다. 모든 공동육아어린이집은 친환경 먹거리 급식을 실시하여 지역 생활협동조합의 조합원이며 모범적인 생활협동조합의 급식 어린이집이다. 부모와 교사들, 졸업한 부모들도 친환경 먹거리의 안정적 공급이 왜 필요한지를 잘 알고 실천하는 생협 조합원들이라서 생협이 지역 속에 자리잡게 하는 데 주요한 역할을 한다.

대표적인 예로 마포의 성미산마을을 들 수 있다. 이곳 2개의 공동육아어린이집과 2개의 방과후가 자리를 잡으면서 부모와 교사들이 주축이 되어 생활협동조합을 만들었다. 그 생협은 아이들을 함께 키우는 사람들이 만들었기 때문에 먹거리만이 아니라 아이들이 잘 자랄 수 있는 '마을'을 만들어가는 것을 주요한 목적으로 삼은 첫 생협이었다. 그리고 부모와 교사들은 아이들이 매일 나들이를 가는 마을 뒷산을 지키기 위해 지역주민들과 함께 산을 지키는 활동을 해 나갔다. 아이들이 커가면서 필요해지는 마을학교활동이나, 생활의 필요를 충족하기 위해 만든 반찬가게, 카센터, 비누작업장, 카페 등의 사업체 등은 믿을 수 있는 협동사업체가 삶을 풍요롭게 만든다는 경험을 하게 했다. 아이를 함께 키우면서 서로에 대한 믿음이 쌓였기에 가능한 확장이었다.

어린이집 주치의제도와 공동육아어린이집

공동육아어린이집 사람들은 아이들을 비롯한 교사들, 그리고 가족들의 건강문제 또한 생명을 존중하고 상생하는 협동적인 관계 속에서 해결해야 한다는 문제의식을 줄곧 갖고 있었다. 어린이집 부모들은 언제나 항생제를 함부로 주지 않는 소아과나 사람의 몸과 건강을 총체적으로 이해할 수 있고 건강한 약재를 쓰는 한의원, 적절한 치료와 가격으로 운영되는 치과, 제대로 된 정보와 대화를 통해서 적절한 치료를 하는 의사에 대한 정보를 공유하고 있었다. 또한 어린이집 부모 중에 의사가 있으면 의료에 대한 정보나 어린이집 아이들을 검진해 주는 등의 활동도 다반사였다.

아이들이 주로 바깥에 나가 활동하고 모래놀이나 흙을 만지고 살아가는 공동육아어린이집은 일반적으로 확산되는 위생논리나 치료중심의 병의원 활동을 반기지 않았다. 어린이집에서는 생명들이 어우러져 살면서 균형을 찾고, 건강한 먹거리를 먹고 많이 움직이며 노는 아이들이 건강하다는 신념을 갖고 있다. 이는 꾸준하게 부모와 교사들이 놀이나 먹거리, 아이들의 건강에 대해서 논의하고 합의해 왔기 때문이었다. 그런 관심이 있었기 때문에 공동육아어린이집을 경험한 부모들은 지역의 의료사회적협동조합(또는 생협) 설립에 주도적으로 나서거나 조합원으로 가입하는 사람들이 많다. 정부가 추진하는 어린이집 주치의 사업을 받아들이면서도 이러한 입장이 관철되는 주치의를 찾을 수밖에 없었다.

어린이집 주치의제도는 지역사회의 병원 등 의료기관이나 보건소와 어린이집이 협약을 맺도록 하였다. 주치의가 된 병의원이 재능기부방식으로 어린이집을 일정 주기로 방문해서 아이들이 건강상태를 진찰하거나 각종 질병예방교육 등을 실시해서 영아나 유아들의 건강을 지키며 증진하기 위해 만든 제도다. 어린이집과 의료기관이 일 대 일 연계협약을 맺든가 1개 의료기관이 여러 어린이집과 협약을 맺을 수도 있다. 어린이집에서는 부모의 의견을 수렴하고 접근성을 고려하여 의료기관(주치의)를 선정하여 업무협약을 체결하도록 하였다. 2012년 이 제도가 실시되면서 각 지자체들이 연계되어 지역의 국공립어린이집연합회나 민간어린이집연합회와 같은 연합회 단위와 큰 병원들이 협약을 맺는 사례들이 많이 등장했다. 그렇지만 아직 이 제도가 정착되었다고 보기는 어렵다.

협약을 맺으면 의료기관은 어린이집 안전사고 발생 대비 응급조치 요령 등의 교육과 정보를 제공하며, 의료법 등 관계법령에서 정하고 있는 범위 내에서 주기적으로 방문, 진찰하고 질병예방교육을 실시하도록 하였다. 그리고 질병, 사고 예방을 위해서 영유아, 보육교직원 교육 및 건강 관련 각종 자료를 제공하는 것으로 되어 있다. 그래서 다수가 한 병원과 협약을 맺는 경우는 원장을 대상으로 하는 대규모 집체교육이 실시되기도 한다. 하루의 대부분을 어린이집에서 생활하는 아이와 교사들에게 믿을 수 있는 의료기관이 지속적으로 건강관리를 해 줄 수 있는 방법이 제도적으로 마련되었다는 점에서는 반가운 점이다.

나아가 서울시는 민간어린이집의 건강한 운영을 장려하기 위해 실시하는 '서울형어린이집'의 기준사항으로 어린이집 주치의사업을 넣었다. 서울형 어린이집의 주치의는 정부가 실행하는 주치의제도보다 좀 더 구체적이며 관리기능을 더했다. 서울형주치의는 전염병 발생, 응급환자 및 안전사고 발생시 신속한 대처, 영유아에 대한 정기 건강검진 및 진료서비스 제공, 부모에게 영유아 건강정보 제공을 실시하도록 했고, 구 단위 의사회와 협력하여 서울형어린이집 주치의 참여 의료기관 풀(pool)을 구성하고 공인 시설장에게 안내하여 실현가능성을 높였고, 반기별 활동실적을 보고하도록 하여 의무적으로 실행하도록 관리하기도 한다.

공동육아어린이집이 가운데 주치의제도를 도입한 곳들은 몇 가지 유형으로 나눌 수 있다. 첫째는 지역의 의료사회적협동조합 병의원과 주치의 관계를 맺고 있는 곳이다. 이런 어린이집은 지역사회의 협동사회경제운동과 긴밀히 연대하여 지역활동에 적극적으로 참여하고 있었다. 둘째는 어린이집 부모가 운영하는 병의원과 주치의 관계를 맺고 있는 곳이다. 이곳은 부모이기 때문에 아이들이나 교사들과 좀 더 친밀하게 주치의 활동을 하고 있다. 셋째는 지역 어린이집연합회에서 추천한 병의원과 주치의 관계를 맺는 경우였다. 이럴 경우는 일반적인 수준의 주치의 관계를 맺긴 하지만, 여럿 중 하나이고 상대적으로 소규모인 공동육아어린이집은 주치의 병원과 긴밀한 협력관계를 맺기 어려워 보였다. 하지만 많은 어린이집이 주치의제도를 실행하지 않는다.

전반적으로 본다면, 어린이집 주치의사업은 그 의미에도 불구하고 보육계 속에 잘 실행되고 있다고 보기 어렵다. 그렇지만 이를 잘 활용한다면 어린이들의 건강, 나아가 지역사회 속에서 주치의제도가 자연스럽게 자리잡을 수 있으리라는 가능성을 엿볼 수 있었다. 예를 들어 공동육아어린이집 가운데 서울형어린이집으로 인증된 곳 또는 이를 계기로 어린이집의 제도를 살펴봤던 곳들은 어린이집 주치의제도를 도입하고 있었다.

이 글의 끝에서는 공동육아협동조합들의 주치의 상황을 점검하면서 그 중 비교적 주치의 활동이 잘 운영되고 있는 3곳의 사례를 통해 어린이집 주치의사업의 현실과 새로운 가능성을 살펴보고자 한다. 더 나아가 주치의 사업이 협동조합 어린이집 또는 육아공동체와 지역사회를 연계하고자 하는 어린이집으로 정착하기 위해서는 어떤 부분이 필요한가를 검토할 수 있는 기초작업이 되리라고 본다.

어린이집 주치의제도에 대한 제안

공동육아사회적협동조합이 운영하는 공동육아어린이집의 사례를 통해서 몇 가지 제안이 가능하리라고 본다. 전반적으로 보아 주치의제도는 자리잡지 못하고 있다. 현재 이 제도를 활용하는 어린이집도 서울형어린이집을 인증받기 위해 시작했기 때문에 충분한 고려와 방안을 마련한 것은 아니었다. 그렇지만 실행하면서 느끼는 좋은 점이 많았다. 세 어린이집 공통적으로 주치의제도가 유용하며 의미 있다고 보고 있었다.

우선 어린이집은 질병과 건강문제에 대해 수월하게 상담할 수 있는 상대가 생겼다. 개인적인 친분이 아니라 주치의제도로 협약되어 있어서 공식적인 질의가 가능했기 때문이다. 이런 공식성은 어떤 어려움이 생겨도 도움을 바로 받을 수 있다는 안심으로 이어졌다. 그리고 여기서 신뢰관계가 쌓이면 각 가정과 교사 개인까지 주치의 관계로 이어질 수 있었다. 가정과 개인의 주치의가 실현될 가능성이 열린 것이다.

그리고 어린이집에서 주치의를 선정하는 원칙이 있었다. 세 곳 모두 지역사회 안에 있으면서, 어린이집의 운영과 교육방향 및 건강에 대한 원칙을 아는 곳을 선정하였다. 과잉진료나 항생제 문제 등에 관해 같은 입장을 지닌 병원, 협동조합의 가치를 이해하고 그 구성원의 특징을 아는 병의원이었다. 부모든 의료사협이든 주치의의 의료관과 건강관을 공유하기 때문에 주치의로 선정했고, 지속적으로 더 긴밀한 관계를 맺을 계획도 함께 세울 수 있었다. 이 제도는 공식적으로는 병의원의 재능기부라서 일방적으로 어린이집이 혜택을 받고 병원은 도움을 주는 역할로 되어 있지만, 실제 이 제도가 잘 실행될 경우 병원은 안정적인 고객을 확보할 수 있는 활동이며, 병의원의 의료관과 건강관을 더 많은 사람들에게 알릴 수 있는 기회가 된다. 서로 도움이 되는 관계를 형성할 때 주치의제도는 자리를 잡을 수 있을 것이다. 이런 장점이 있긴 하지만 여전히 보완해야 할 점들은 많이 나타났다.

첫째, 1년의 계획을 함께 수립하는 것만 아니라 융통성 있게 실현하는 것이 중요했다. 어린이집의 건강관리를 체계적으로 지원한다는 목적을 갖고 1년 계획을 세우긴 하나, 어린이집에서 병원을 방문하기로 한 것이 실행되지 않았다면, 주치의가 어린이집을 방문하는 것으로 대체하는 것도 고려할 수 있었다. 아직 그럴 정도로 긴밀한 대화가 이루어지지 못하고 있음을 보여주는 상황이다. 시행된지 얼마 되지 않기 때문에 나타나는 현상이라 볼 수 있으므로 다양한 방식의 주치의 관계를 찾는 것이 필요하리라고 본다.

둘째 의료기관의 재능기부로 이루어지는 제도이기 때문에 여러 어린이집과 한 곳의 병원이 주치의 관계를 맺는 방식으로는 제대로 된 주치의 활동을 하는 것은 어려워 보인다. 이 사례들 외의 사례와 비교적 긴밀하게 진행된 위 사례의 경우를 비교하면 분명하다. 지역의 연합회와 주치의 제도를 맺은 병원에서는 대규모 강의형식으로 원장교육을 실시하는 등 시행하기로 한 교육을 수행하기는 하나, 개별 어린이집이 주치의와 긴밀한 상담을 하거나 각 어린이집의 건강활동에 참여하기는 어려웠다. 어린이집의 특성상 어린이집에 방문하여 교육을 실행하고, 일상적인 상담과 자문을 받을 수 있는 방안이 마련되어야 할 것이다.

셋째, 의료사협의 경우는 의원의 규모가 작기 때문에 왕진이나 어린이집 방문이 수월하지 않았다. 지역내 협동과 연대라는 측면에서 의료사협과 공동육아사회적협동조합의 주치의 관계 형성은 장려할 일이고, 이들의 협력관계가 지역의 상호돌봄관계를 확장시켜 갈 것임은 분명하다. 그러나 의료사협 내의 준비정도와 협력방법에 대해 서로 이해하는 정도에 따라서 좌우되리라고 본다.

넷째, 한 명의 의사와 주치의 관계를 맺으려면 한의사나 가정의학과 전문의일 때 더 효과적이었다. 의료사협은 한의사나 가정의학과 전문의와 치과가 같이 있는 경우도 있어 여러 분야의 건강검진과 상담이 이루어질 수 있을 것이다.

〈육아공동체 사례 1〉
성북공동육아사회적협동조합
행복한우리어린이집

행복한우리어린이집은 어린이집을 "'우리 아이에서 이웃의 아이로까지' 관심을 넓히고, '우리 가정에서 마을 공동체로' 실천을 확장하면서, 아이와 어른 모두가 행복하게 성장할 수 있도록 다함께 노력하는 곳"으로 정의한다.

2001년 6월, 11가구가 공동육아협동조합을 결성하기로 하고, 어린이집 공간을 구입하여 2002년 초 개원하였다. 지금은 21가구, 26명의 아이들이 7명의 교사와 함께 살아가고 있다. 어린이집은 성북구 정릉동의 북악산 자락에 자리잡고 있으며 마당과 모래놀이터가 있는 2층짜리 단독주택이다. 아이들에게 '자연으로 열려 있어 바깥놀이와 나들이가 생활 속에 녹아들 수 있으며, 작더라도 텃밭에서 생명들을 만날 수 있는 생태적인 일상을' 주고 싶어 하는 성북공동육아사회적협동조합의 지향을 담은 공간이다. 그 덕에 아이들은 매일 근처에 있는 정릉이나 북악산 등으로 나들이를 다니며, 직접 텃밭에서 키운 채소로 요리해 먹기도 하고, 하원하기 전 한 시간 동안 마당과 모래놀이터에서 놀이에 몰입하며 에너지를 맘껏 발산하기도 한다.

공동육아어린이집은 부모들과 교사들이 협동조합(현재는 사회적협동조합 또는 조합)을 구성하여 운영한다. 대개 부모들이 출자금을 내어 어린이집 공간을 마련하고, 교사들은 교육활동 자체를 출자로 삼거나 교사출자금을 내어 조합원으로 참여한다. 부모와 교사가 함께 운영하는 어린이집이다. 그렇기 때문에 부모들은 어린이집 운영에 대해 자세히 알고 조합원이자 부모의 자격으로 다양하게 참여한다. 어린이집 교육과정과 1년 계획 및 재정은 년 2회의 총회에서 공유하며, 교육, 홍보, 재정, 시설, 운영 소위원회에 참여하여 조합과 어린이집 운영을 해 나간다. 매월 열리는 아이들의 연령별 방모임에서 교사와 부모들이 모여 아이들의 한달 동안의 생활을 주고받으며 아이들이 어떻게 생활하고 있는지 알아가거나, 서로 아이들의 상황이나 양육정보를 함께 나누기도 한다. 공동육아어린이집은 모든 부모들이 직접 아이들과 함께 등하원 하고 있어(셔틀버스를 운행하지 않는다) 부모와 교사들이 오고가며 자주 대화를 나눌 수 있어 서로 잘 알고 지낸다.

 행복한우리어린이집의 부모들은 모든 아이들과 부모들을 잘 알고 지내며, 이웃이자 친구로 살아간다. 아이를 함께 키우는 문화를 유지하기 위해 부모들은 방과후를 만들어 초등과정까지 함께 키우는 활동을 이어나갔다. 또한 육아에 해박해진 아빠들이 모여 팟캐스트를 운영하기도 했고, 어린이집을 졸업한 부모들은 마을활동을 해 나가는 등 어린이집에서 시작한 관계가 지역사회를 변화시키는 것으로 나아가고 있다. 이런 분위기에서 어린이집 주치의제도를 실시해야 할 때

이들은 먼저 부모 가운데에서 의사를 찾았다. 행복한우리어린이집의 주치의는 현 부모조합원이 운영하는 한의원이다.

이 한의원과 주치의 협약을 한 후 어린이집에서는 만 5세 아이들의 교육계획 속에 주치의를 방문하는 계획을 세웠다. 그렇지만 아이들과 주치의 한의원을 방문하려는 계획을 실행하려 할 때마다 메르스 등의 상황이 발생하여 방문을 취소할 수밖에 없었다. 2년 연속 잡았던 계획을 포기하게 되면서 앞으로는 주치의가 직접 어린이집에 방문하여 건강교육을 실시하는 것을 계획하려 하고 있다.

방문계획은 원만하게 진행되지 않았지만 행복한우리어린이집의 아이들과 교사, 부모들은 주치의와 일상적으로 상담하고 병원을 이용한다. 특히 어린이집 원장은 주치의 협약을 맺고 있으니 마음 놓고 아이들의 질병이나 건강상태, 대처방안들을 문의할 수 있는 것이 가장 큰 장점이라 말한다. 아무리 어린이집 부모라 하더라도 협약관계를 맺지 않았다면 수시로 상담하는 일이 업무를 방해한다는 마음이 들 수 있었을텐데, 협약을 맺고 나니 당당하게 연락할 수 있다는 게 가장 큰 장점이라 한다. 지난 7월 수족구병이 돌았을 때도 주치의가 전달해주는 지침을 부모들에게 공지하고 상황상황마다 상의하면서 아이들을 돌볼 수 있었다고 한다.

주치의는 2015년에 교육이사를 맡아 활동하기도 해서 어린이집의 운영 및 교육계획, 부모들의 상황과 아이들을 다 파악하고 있고 부모들의 만남도 잦아 서로 친밀해져 있었다. 그러니 부모들도 아이가 아프거나 가족들의 건강을 챙겨야 할 상황이면 주치의에게 상의하는 일이 빈번하다고 한다. 아이들도 아파서 병원에 가도 주치의가 주는 쓴 약을 꾹 참고 잘 받아먹는 모습을 보인다. 아이들도 믿을 수 있는 사람이라고 느끼고 있음을 잘 알 수 있었다고 한다.

어린이집에 아이를 보내는 부모가 주치의인 경우는 현재진행중인 관계가 긴밀하기 때문에 주치의 운영이 수월할 수 있다는 장점이 있다고 보인다. 그런데 아이가 어린이집을 졸업하였을 경우는 어떻게 될지에 대한 논의는 없는 상태다. 사회적협동조합으로 조직전환이 되었고, 졸업하여도 조합원으로 지속할 수 있는 상황이 된다면 새로운 관계 맺기를 구상해 볼 수 있지 않을까.

〈육아공동체 사례 2〉
노원공동육아사회적협동조합
통통어린이집

노원구 상계동에 위치한 노원공동육아사회적협동조합(이하 노원공사협)이 운영하는 통통어린이집은 23가구의 가족들이 모여 있다. 5명의 교사가 29명의 아이들을 돌본다. 스스로 '산전수전과 고진감래' 라 할 정도로 조합은 여러 차례 위기를 넘으며 20년을 살아왔다. 1997년 처음 어린이집을 개원하고 2년간 지역사회 속에서 다양한 활동을 벌이면서 협동조합 어린이집으로서 안정적으로 자리잡았다. 그러나 곧바로 닥친 IMF사태로 인해 조합원들이 탈퇴하면서 1차 위기를 남은 조합원과 교사들이 애써 유지하면서 고비를 넘겼다. 이후 적극적인 홍보로 새로 조합원들이 들어왔으나 기존 조합원들과 어린이집의 운영 방향을 둘러싸고 갈등이 벌어지면서 위기가 닥치기도 했다. 전세를 들어 있던 집주인이 집을 팔아버려 새로운 어린이집 터전을 찾기 위해 고군분투하는 등 그런 산전수전과 고진감래의 과정을 거쳐 지금은 자기 소유의 건물에서 어린이집을 운영하기에 이르렀다. 20년 가까이 그런 과정을 거치고도 노원공동육아협동조합은 질긴 생명력으로 현재에 이르렀다.

부모들이 아이를 함께 키우자는 마음을 먹고, 함께하는 교사들과 협력해서 어린이집을 유지하기 위한 힘겨운 과정은 공동육아협동조합을 경험해보지 못한 사람은 이해하지 못할 지도 모른다. 굳이 어린이집 하나를 유지하기 위해서 그 많은 회의와 발품과 마음씀을 경험해야 하는 걸까? 많은 협동조합이 경험하듯 협동조합을 만들고 운영하는 과정은 쉽지 않았다. 참여하는 모든 사람들이 한사람 한사람 조합원으로서 자신의 필요와 열망을 이곳에 담고 싶어 하기 때문이다. 당연하게 의견이 충돌하거나, 개인의 사정 때문에 전체와 함께하지 못하는 경우도 생기기도 한다. IMF와 같이 외부적 충격과 개인사정 때문에 조합이 위기에 처할 수도 있다. 그럼에도 불구하고 협동조합이 오랜 시간 유지되는 이유는 그 위기를 넘어서는 과정에서 경험하는 진정한 민주주의와 사람에 대한 신뢰, 그 협동조합이 운영하는 사업체(어린이집)가 갖는 의미를 구성원들이 잘 알기 때문이다. 협동조합의 정의와 가치와 원칙이 녹아들어 있고, 사람과 생명의 소중함을 존중하고 서로 협력하고 연대하는 공동체문화를 하루하루 사람들이 만나며 살아가는 어린이집에서 실현할 수 있다고 믿기 때문에 어려움 속에서도 어린이집을 지켜갈 수 있었다. 나아가 노원공사협은 어린이집과 방과후, 그리고 마을학교까지 아이들이 커가는 과정, 그리고 어른들이 다양하게 어우러질 수 있는 지역을 일궈내는 중심이 되어가고 있다. 2015년 사회적협동조합으로 조직전환을 하면서 조직의 운영체계는 더욱 안정감이 생겼다.

그걸 이루어낸 지금 통통어린이집을 구성하는 부모와 교사 조합원들은 자신감이 넘친다.

2016년 2월 노원사회적경제지원센터에서 주최한 노원지역 돌봄공동체 교육이 있었다. 노원지역에서 일어나는 다양한 육아공동체들이 한자리에 모였다. 통통어린이집과 같은 공동육아사회적협동조합, 지역의 원장들이 만들어 구청직장어린이집을 위탁하는 보육사회적협동조합, 서울시 공동육아활성화사업의 지원을 받은 품앗이육아공동체 등 노원지역의 공동체적 보육과 돌봄의 문화를 만들어 가려는 주역들이었다. 그 자리에서 대표 교사인 옥수수(공동육아에서는 별명을 사용한다)는 어린이집의 생태적이고 공동체적인 교육활동과 문화를 설명하면서, 어린이집만 아니라 초등공간인 방과후의 활동, 나아가 지역에서 조합원들이 벌이는 문화활동을 너무나 자연스럽게 안내했다. 어린이집 교사가 부모들과 교사의 영역과 역할을 구분하기보다 한 명의 조합원으로서 자기의 활동처럼 이야기 할 수 있기까지, 이들이 서로를 믿고 함께해 온 과정이 만만치 않았음을 온몸으로 보여 주었다.

노원지역은 공동육아협동조합만이 아니라 다양한 협동사회경제 영역이 상대적으로 발전했고, 공동육아어린이집도 그 속에서 적극적으로 연대활동을 벌이고 있는 대표적인 곳이다. 통통어린이집도 2014년부터 노원지역의 함께걸음의료복지사회적협동조합과 주치의협약을 맺었다. 그동안 부모대상 건강교육, 어린이집 아이와 교사 대상의 치과 왕진, 노원공사협이 펼치는 마을행사의 의료사협 부스운영 등을 진행하였다.

이중 부모대상 건강교육은 2014년과 2015년 두 해에 걸쳐 진행되었고 2016년에는 의료사협 원장 교체로 인해 실시되지 못했다. 교육 주제는 '오염된 세상에서 내 몸을 관리하기 위한 양생법', '아토피 관리', '연령에 맞게 가정에서 아이 건강관리법' 이었는데 부모들의 호응이 높았다. 다만 강의시간이 의료사협의 외부 왕진시간을 빼서 하도록 되어 있어 맞벌이 부모들이 참석하기 어려운 4시 30분 경에 잡혀 있었다. 동영상으로 촬영하여 공유하기도 했으나, 직접 이야기를 나누지 못하는 부모들은 많이 아쉬워했다.

계획은 했으나 실행되지 못한 사업도 있었다. 의료사협 치과에서 어린이집으로 왕진하여 아이와 교사들의 치아검진을 계획했는데, 원장 1인 체제로 운영되는 치과의 사정상 왕진검진을 실행하지 못했다. 노원공사협의 마을행사의 장터부스에서 진맥 등을 하는 의료사협 부스 운영계획도 성사되지 못했다. 계획을 세우고도 실행되지 못한 이유는 의료사협 의료진의 수가 적어서 진료활동과 의료사협의 지역사회연계사업 등을 병행하기 어려운 현실때문이었다. 그래서 노원공사협은 2017년 초에 의료사협과 다시 주치의협약을 할 때 서로의 일정을 맞춰 1년 계획으로 교육, 검진, 마을장터 등을 같이 세우고 실행하려고 계획하고 있다.

노원지역이 다양한 협동조합들간의 연대활동이 활발하고, 노원공사협 조합원들은 오랜 지역활동 경험이 있어 어린이집 부모나 교사 중에 의료사협 조합원들도 제법 있었다. 이들은 어린이집의 활동과 별개로 개별적으로 의료사협의 한의원과 치과를 이용하였다. 그렇지만 어린이집 주치의로서 각 가정이 의료사협 조합원으로 가입하기에 충분할 정도로 어린이집 주치의활동이 활성화되었다고 보기는 어렵다. 그럼에도 불구하고 노원지역은 다른 어느 지역보다 주치의제를 통한 협동조합간 연대가 강화될 수 있는 기초가 튼튼한 곳이라고 할 수 있다. 다만 기관 대 기관의 협약이기 때문에 개별 아이들에 대한 이해가 떨어질 수 있다는 점은 보완할 부분이다.

〈육아공동체 사례 3〉

마포공동육아사회적협동조합
참나무어린이집

참나무어린이집은 마포구 성산동에 자리잡고 있다. 이 지역은 성미산마을에 속해 있기는 하나, 마을의 중심지역에서 약간 벗어나 위치하고 있다. 마을의 중심지역에 있는 우리어린이집과 성미산어린이집에 들어가고자 마을로 이주했던 대기자들이 힘을 모아 참나무어린이집을 만들었다. 현재 34가구의 37명의 아이들과 11명의 어른들과 조합 소유의 터전에서 생활한다. 이들은 참나무어린이집에서 시작하여 방과후와 작은도서관을 만드는 등 새로운 마을의 중심을 만들어 가고 있다.

참나무어린이집은 공동체 생활과 자연친화적인 환경 속에서 몸과 마음이 건강한 아이들을 함께 키우고자 하는 사람들이 모인 공동육아어린이집이라고 스스로를 설명한다. 이런 공동육아어린이집의 모습을 잘 보여 주는 것이 하루생활흐름이다. 대부분의 공동육아어린이집은 아이들이 하루 종일 안심하고 즐겁게 지낼 수 있는 종일보육현장을 만들어 내고자 노력하고 있다. 부모들이 일을 하러 나가는 가정의 경우 아이들의 종일보육이 안정적으로 보장되지 않으면 부모와 아이 모두 생활의 리듬이 엉키고 만다. 부모는 일터에서 하루 종일 아이가 어린이집을 중간에 나와서 다른 곳으로 이동할 수 있도록 사람과 장소를 따로 챙겨야 하기 때문에 일에 집중하기 어렵고 비용도 이중부담이 된다. 어린 아이일수록 양육자와의 애착관계가 중요하므로 어린이집에서 하루 종일 만나는 교사들과 깊은 애착관계를 형성하는 것이 필요하다. 공동육아어린이집은 '교육기관' 이기보다는 아이를 돌보는 곳이자 제2의 가정으로서 역할을 해야 한다고 본다.

그래서 아이들의 생체리듬의 긴장과 이완을 안정적으로 유지하고, 책상머리 교육보다 생활 속에서 아이들의 전인적 성장을 담은 하루생활리듬을 강조한다. 그 속에서 자연스럽게 자신과 타인을 탐색하고 세상을 배워 갈 수 있기 때문이다. 그렇기 때문에 교육과정에 대한 설명과 더불어 하루생활의 흐름이 어떠한지 자세하게 설명하는 것이 특징이다. 참나무어린이집의 하루 생활은 다음과 같다.

참나무어린이집의 하루 흐름

	시 간	활 동
오 전	7시30분~10시	등원과 자유놀이
	10시	아침 열기, 서로 인사하고 하루 계획을 나눕니다.
	10시 20분~12시	나들이, 성미산, 안산, 놀이터, 인근 학교 운동장, 공원 등으로 나들이 갑니다.
	12시~2시	점심 및 자유 놀이, 모든 음식은 영양교사(맛단지)가 생협 유기농 재료로 맛있게 요리합니다.
오 후	2시~4시	낮잠, 7세는 낮잠을 자지 않고 나들이를 가기도 합니다.
	4시	기상 및 간식
	4시 30분~6시	오후 활동, 전통 놀이, 그림 그리기, 찰흙 놀이, 노래 배우기, 종이 접기 등을 합니다.
	6시~7시	하원

아이들의 오전활동은 '나들이'가 핵심이다. 나들이는 1990년대 중반 공동육아어린이집이 처음 만들어졌을 때부터 하루생활의 중심에 놓여 있는 활동이다. 인구의 90% 가까이가 도시에서 살고 있고, 아파트에서 태어나고 자라는 아이들은 절대적으로 몸을 움직이는 활동이 부족하고 흙과 자연, 마을과 이웃을 만나고 경험하기 어렵다. 이런 환경의 문제를 어린이집 활동으로 풀어갈 수 있다. 공동육아어린이집은 도시에서의 삶이 갖는 불균형을 보완하고 아이들이 일상적으로 몸을 많이 움직여 균형 잡힌 성장을 할 수 있도록 나들이를 하루활동의 중심에 두었다.

일상 나들이 장소는 편도 30분 내외의 걸어서 갈 수 있는 주변 야산이나 공원, 놀이터 등 몇몇 정해진 장소를 반복적으로 나간다. 아이들은 어린이집에서 나들이 장소까지 가는 길을 익혀가면서 가는 길에 있는 집들과 사물들, 꽃과 나무들, 동물들과 동네 사람들을 하나씩 하나씩 탐색할 수 있는 여유가 생겨간다. 그러면 아이들은 익숙한 공간 속에서 편안하게 세상을 탐색하고 나들이 목표장소를 가는 과정과 그곳에서 하는 모든 활동을 놀이로 즐길 수 있다. 아이들은 커가면서 동네 곳곳을 충분히 탐색하고 동네 어른들과 친해지며 마을이 어떻게 구성되어 있는지, 계절의 변화에 따라서 얼마나 춥고 얼마나 더운지 옷은 어떻게 입어야 하는지를 스스로 깨닫게 된다. 계절의 변화, 자연의 변화, 자신의 몸과 느낌의 변화를 익히고 반응하고 즐기는 아이들로 성장할 수 있도록 하는 것, 그것이 나들이의 교육적 목적이기도 하다. 이런 일상 나들이와 더불어 월간 계획에 따라 이루어지는 긴나들이(조금 먼 곳으로 가는 나들이)와 연간으로 계획되는 들살이(캠프) 등을 통해 좀 더 넉넉한 시간을 가지고 놀이 환경을 확장하거나 특성화된 나들이로 경험을 확장하기도 한다. 나들이 경험은 오후 활동 속에서 다양하게 갈무리된다.

공동육아어린이집에서는 계획상에는 별 것 아닌 것처럼 보이는 '자유놀이'가 하루흐름에서 중요한 위치를 차지한다. 아이들은 어린이집에 도착해서 아침모둠 전까지, 점심식사 후 낮잠준비 전까지, 오후 간식이나 오후 활동 후 하원하기 전까지 자유롭게 논다. 날씨에 따라서, 교사가 배치될 수 있는 여건에 따라 실내와 실외(마당)에서 다양하게 이루어진다. 나들이를 간 장소에서도 상당 부분 자유롭게 놀기 때문에 '놀이' 특히 아이들이 자발적으로 구성하는 자유놀이가 공동육아 하루생활흐름에서 가장 중요한 요소라 할 수 있다. 아이들은 놀면서 큰다. 누구랑 놀지? 무엇을 하고 놀지? 이 놀이를 하려면 무엇이 있어야 하지? 놀이에서 어떤 역할을 하지? 같이 놀고 싶은 아이들과 함께 놀기 위해서 나는 무엇을 양보해야 하지? 놀이 하나를 하기 위해서 아이들은 끊임없이 생각하고 친구들과 협의하고 계획을 세우고 준비물을 챙기고 몸과 마음을 완전히 열어 놀이에 빠진다. 무엇인가에 몰입하는 집중적인 경험을 하는 시간이 자유놀이시간이다. 또한 아이들은 놀이를 진화시켜 다양하게 창조해 나간다. 줄을 가지고 매달리기 놀이를 하다가, 소꿉놀이할 때 집과 그릇들의 모습으로 변형시키기도 하고, 칙칙폭폭 기차놀이로 바꾸기도 한다.

공동육아어린이집은 오전에는 동네 나들이를 다니고, 자신이 하고 싶은 놀이에 푹 빠지고 안전한 먹거리로 지은 밥을 먹을 수 있다. 아이들의 생체리듬에 따라 몸으로 충분히 놀고, 휴식하고, 필요한 만큼의 영양분과 계절에 맞는 음식을 섭취할 수 있다. 아이들은 놀면서 자연과 사물들을 배우며 사람과 사람이 어떻게 어우러져 살아가는지를 배워간다. 꽉 짜여진 시간표에 따라서 정해진 교과학습을 배우는 것이 아니라 생활 속에서 자신이 스스로 체험하면서 세상을 배워 나가는 것을 지향한다.

참나무어린이집은 한의원을 운영하는 아빠와 주치의 협약을 맺었다. 어린이집과 인근에서 한의원을 운영하는 아빠인데, 아마(아빠와 엄마의 준말) 재능연계의 하나로 주치의 관계를 갖게 되었다. 다양한 직업을 가진 부모들이 어린이집의 여러 활동에 참여할 수 있는 방법의 하나로 활용되었다. 행복한우리어린이집과 마찬가지로 아이들의 하루생활흐름과 1년의 교육계획을 공유하는 부모가 주치의일 때 갖는 장점은 친밀감이 높고 서로 만나는 시간을 일상적으로 계획하고 실행하기 쉽다는 점이다. 주치의는 상하반기에 한 번씩 어린이집을 방문하여 아이들과 교사들에게 안전과 건강에 관한 교육을 진행해 주었다. 어린이집에 늘 방문하는 아빠이기 때문에 아이들은 주치의의 말을 잘 따라 교육이 수월했다. 주치의 또한 바깥에서 많이 노는 아이들의 특성이나 흙과 모래를 많이 만지는 아이들의 특성들을 잘 이해하고 있어 교육을 할 때 좀 더 효과적이다. 년 1회 부모교육도 하였는데 부모들이 주치의의 의료관을 잘 알고 있기도 해서 교육효과도 좋았고, 부모들과 건강에 관한 자문관계를 만들어 낼 수 있었다. 어린이집 원장은 유행성 질병 등이 발생하면 주치의와 언제든지 상담하고 건강에 관련된 사항은 수시로 상의한다. 주치의는 가끔씩 발생하는 유행성 질병이나 건강과 관련된 이슈가 제기되면 어린이집 홈페이지에 글을 실어 어린이집과 부모들이 적절한 조치를 취할 수 있도록 도움을 주기도 한다.

아픈 아이 돌봄과 주치의

박봉희 (한국의료복지사회적협동조합연합회 교육연구센터장)

"직장 맘은 아이가 아프면 눈물이 날만큼 서러워져요. 직장에서도 눈치 보이고, 아이 걱정에 마음이 불편하고, 도와줄 곳 하나 없는 자신의 상황이 너무 힘겨워서 산후 우울증보다 심한 우울증에 걸릴 지경이에요"[3]

'요람에서 무덤까지, 한 아이를 키우기 위해선 온 마을이 필요하다'

그러나 현실은 어떤가. 골목에서 노는 아이들이 사라지고 마을 공동체가 사라진지 오래다. 여성의 사회진출 및 맞벌이 부부의 증가, 급속한 핵가족 화에 따른 사회 구조적 변화가 지속되면서 보육시설에 대한 육아 의존도가 상당한 비중을 차지하고 있다. 게다가 국공립 보육시설의 비중이 민간 보육시설에 비하여 현저히 낮다. 저출산 고령사회, 여성의 사회진출 저하 문제를 해결하는 것은 한국사회 선진화 과정에서 시급한 과제다. 특히 보육, 돌봄 분야는 시장에서 해결할 대안이 없다. 사회서비스로서 정부와 시민사회, 사회적 경제 조직에서 함께 풀어가야 할 과제이다.

건강한 아이들이 마을내에서 키워져야 한다. 또 아플 때는 함께 돌보는 시스템을 만드는 것, 아픈 아이를 돌봐 줄 수 있는 주치의가 가까운 동네에 있다면 어떨까. 아픈 아이 돌봄에 있어 무엇이 준비되어야 하는가. 아픈 아

---

3) 한정아, 「병아보육의 필요성과 맞벌이 부모의 현실」, 2014.

이 돌봄 주체는 누구여야 하는가.

일, 가정 양립의 현실 인식

여성들의 다양한 사회참여 증가로 정규직 이외에 시간제나 프리랜서, 자영업 등과 같은 다양한 형태의 일자리도 증가하였다. 뿐만 아니라 전업주부들의 사회활동 욕구 증가와 육아 스트레스, 긴급한 상황 발생 등으로 종일제 보육을 이용하지 않는 아동이라 하더라도 비정기적인 일시보육의 수요는 나날이 증가하고 있다.

1991년 영유아보육법이 제정될 당시, 아동보육은 누구의 책임인지가 상당히 뜨거운 이슈였다. 결과적으로는 보육의 1차 책임자를 부모라고 명시했었다. 그러나 그 후 15년이 지난 2005년 1월 영유아보육법이 개정되면서 이 문항은 제외되었다. 보육사업 대상을 확대하면서 국가 책임을 더 강조하고자 하는 의도가 들어간 것이다. 보육사업의 중요성을 인지하고 이 사업의 주 책임자가 국가여야 한다고 판단하게 된 것이다. 이제 문제는 국가와 부모가 분담하는 보육비용의 비율 차이일 뿐이다(이순형 외, 2011). 아동보육의 개념은 시대 흐름에 따라 가족책임에서 국가책임으로 패러다임이 변화해 왔다. 특히 한국은 OECD 가입국 중에서 가장 빠른 출산율 저하 속도를 보이고 있다. 급격한 저출산이 지속되는 상황에서 예비시민인 아동의 급속한 감소는 보다 더 적극적인 정부 지원과 책임을 요구하고 있다.

여성의 사회진출이 증가하면서 직장에 다니며 자녀양육을 병행하는 부모가 가장 어려워하는 일 중 하나가 아동이 전염성 질환 등으로 아픈 경우이다. 이 경우는 일상적으로 이용하는 어린이집이나 보육시설에서도 다른 아동에게 전염될 위험이 있어 수용이 어려워 '아픈 아이 돌봄 서비스'가 따로 필요하다. 아이가 이렇게 갑자기 아픈 경우 대부분의 맞벌이 부모들은 아이를 맡길 곳이 없어 난감해 한다. 직장을 나가지 않을 수 없기에 결국엔 고비용의 개인 베이비 시터나 노부모, 친인척을 동원할 수밖에 없다(김젤나, 최윤진, 2015).

스웨덴 보육제도의 변화 [4]

스웨덴은 보육제도 선두 주자로 1970년대 초부터 아동의 양육과 보육이 사회적 책임이라는 아동관을 정립하였다. 1854년 최초의 탁아소가 설립되었으나 수적으로 많지 않았다. 초기 단계에서 아동보육은 아동보호 자체가 목적이기 보다는 가난한 여성의 자녀를 보호하는 것이 주목적이었다. 1949년 스웨덴 국가 아동보육위원회가 설립되어 홀어머니 보육이라는 사회적 문제를 해결하기 위해 지원하였고 이로 인해 아동보육 체계 확대가 이루어지기 시작하였다. 1904년부터 1930년대에 이르기까지 빈곤 아동을 대상으로 보육 서비스를 제공하기 시작했으며 이는 사회운동의 한 형태로서 산업사회에서 계급 갈등을 완화하는 역할을 하였다.

1968년 스웨덴 국가 아동보육위원회는 아동보육 정책의 원칙을 선별성 원칙에서 보편성 원칙으로 전환해야 한다고 제시했고 이에 따라 아동보육

---

4) 불이마을협동조합, 「아픈 아이 돌봄 서비스 활성화 방안 연구보고서」, 2015.

기관을 유아학교로 개정하였다. 프로그램도 홀어머니 경제활동을 지원하는 것에서 아동의 자아존중감과 독립성을 향상하는 것으로 전환하였다. 1975년 유아학교법에서는 아동보육에 있어서 지방정부의 임무를 분명히 규정하였으며, 모든 6세 아동에게 최소 525시간 보육 서비스를 제공하는 것이었다. 1992년 스웨덴 국회는, 1.5~6세의 모든 아동은 부모가 일을 하거나 학업을 하는 동안 공적 아동 보육 서비스를 받을 권리가 있다는 데 동의하였다. 그러나 1990년 대 베이비붐으로 인해 아동보육 및 교육에 대한 비용 증가로 정부 부담이 커졌고 각 기관마다 아동대기자가 늘어남에 따라 1995년 1월 교육과 보육에 대한 지방정부 의무조항을 보다 분명하게 하는 법안을 통과시켰다. 지방정부의 의무를, 보육요구를 충족시키는 계획에서 보육 서비스를 제공하는 것으로 의무를 강화하였다.

일본의 아픈 아이 돌봄 서비스

일본의 보육서비스는 저출산 문제와 긴밀한 관계 속에서 발달되어 왔다. 일본은 저출산의 주요한 대응책으로 '보육의 국가지원'이라는 명분 아래 1994년 엔젤플랜을 시작으로 1998년 아동복지법 개정, 1999년 신엔젤플랜, 2003년 차세대육성계획에 이르기까지 보육서비스 확충을 위해 노력해 왔다. 한편으로는 기존의 보육시설을 확대, 증축하여 영아보육을 활성화하고, 보육 시간을 연장하였다. 다른 한편으로는 일시보육, 휴일보육을 확충하는 등 보육 서비스 확충과 함께 다양화를 모색하였다(홍승아 외, 2010).

일본은 1994년에 책정된 엔젤플랜—미래의 자녀 양육 지원을 위한 기본 방향 정책—중에서 다양한 보육서비스인 연장보육, 일시보육, 특정보육, 휴일보육, 야간 연장보육 등을 제공하기 위해 '영유아 건강지원 일시 돌보미 사업' 서비스 형태로 아픈 아이 돌봄 서비스가 시작되었다. 아픈 아이 돌봄 사업은 처음에는 의료기관형 등 시설형으로 시작되었다가 플로렌스와 같은 사회적 기업5)이 운영하는 자택 방문형으로 다양화 되었다. 서비스 유형의 형태가 발전하여 아이 발병 상태에 따른 대응을 달리하는 것으로 발전된다.

일본의 아픈 아이 돌봄 시설 유형 중에서 대표적인 모델 3가지를 살펴보고자 한다. 우선 사회적기업 모델 '플로렌스', 두 번째는 의료생활협동조합 모델로서 '산타마 의료생협', 세 번째는 '아픈 아이 돌봄센터 모델' 이다.

① 사회적기업 모델 – 플로렌스

플로렌스를 창업한 고마자키 히로키는 아픈 아이를 돌보다 회사에서 해고된 한 어머니의 사례를 보면서 '아픈 아이 돌봄 사업' 을 착안한다. 당시 일본에서는 지자체 지원을 받아 아픈 아이 돌봄 서비스를 시행하는 소아과 병원이 있었지만 대개 적자상태로 유지되어 병원장의 의지가 없이는 유지할 수 없는 모델이었다. 일본은 한국과 마찬가지로 전통적 마을 공동체가 해체되어 마을 구성원들이 서로의 아이를 돌보아 주는 관계가 형성되기 힘들다. 고마자키는 자신이 어렸을 때 자신을 돌봐 주었던 이웃집 아주머니 같은 육아 경험이 풍부한 어른들을 대상으로 '어린이 구조대원' 을 모집하

---

5) 고마자키 히로키, 『젊은 사회적 기업가의 꿈』, 에이지21.

고 아픈 아이 집을 방문하여 서비스 하는 모델을 만들어 냈다.

플로렌스 사업 모델은 회원제를 기반으로 보험공제형 방식으로 사업을 진행한다. 아픈 아이 돌봄 같이 공공성의 영역에서 가장 문제가 되는 수익적 기반을 보험성 모델이라는 형태로 구축하였다.

② 의료생활협동조합 모델 – 산타마 의료생협

산타마 의료생협은 1970년대 밤에도 진료해 주는 의료기관의 절실한 필요성을 스스로의 힘으로 해결하고자 코구분지 클리닉을 개설한다. 저출산 사회에서 '출생·성장·간호하는 안심마을 만들기'를 목표로 아픈 아이 돌봄과를 개설하고 동시에 육아지원 활동을 넓혀오고 있다. 1990년대 이후 고령화 사회의 도입기를 대처하기 위해 '재택케어를 지원하는 고령화 지원 활동'에도 힘을 쏟고 있다.

산타마 의료생협의 아픈 아이 돌봄 서비스는 아픈 아이 돌봄실 운영을 통해 질병이나 부상으로 보육원, 유치원, 초등학교 등에서 집단생활을 할 수 없는 아이를 맡아주고 있다. 돌보미, 간호사, 의사가 협업하여 시설을 운영하고 있으며 2003년 시작시에는 발병 후 일정기간 치료를 요하는 아이(병후아, 病後兒) 중심으로 시작되었다. 2009년부터 급작스럽게 발병한 아이(병아, 病兒)의 치료서비스로 전환하였다. 산타마 의료생협 아픈 아이 돌봄실은 6인실(격리 시설)을 운영하고 있다. 돌보미 2명, 간호사 1명의 보육 스텝을 두고 생후 6개월에서 초등 3학년 연령대까지의 질병이나 부상으로 보육원, 유치원, 초등학교에 등교할 수 없는 어린이를 대상으로 하고 있다. 홍역, 수두, 풍진, 독감 등 전염병이 심하게 유행할 시 아픈 아이 돌봄 서비스를 일시 중단하기도 한다. 산타마 의료생협은 유연하고 건강한 양육을 위하여 아동의 권리와 일하는 부모의 권리를 지키는 운영을 목표로 돌보미와 간호사가 서로 전문성을 발휘하여 협력해 나가고 병아를 돌보는 '보육간호'를 지향한다.

③ 아픈 아이 돌봄센터 모델 – 호사카병원과 오사카병원 부속 아픈 아이 돌봄원

분큐구에 있는 호사카 어린이병원(Hosaka children hospital)에서 아픈 아이를 위한 어린이집을 병설, 운영하고 있다. 생후 4개월부터 초등 3학년 아동을 대상으로 하고 있으며 1일 6명이 정원이다. 1회 신청 시 최대 7일까지 이용 가능하며 하루 이용료는 3,000엔이며 아이가 먹을 음식과 음료, 기저귀 등은 이용자가 준비한다. 병원 센터 시설형은 지자체의 재정 보조로 운영되고 있다.

오사카병원 부속 병아 보육원도 호사카병원 운영 사례와 거의 같으나 오사카병원 부속 아픈 아이 돌봄원은 호사카 병원과 달리 발병 후 일정 기간 치료를 요하는 병후아만 대상으로 하지 않고 급작스런 발병아인 병아까지를 대상으로 한다. 보육시설 어린이집에서 아이를 데려오는 서비스를 시행하고 있다. 일하는 부모와 병아의 화상통화를 통해 아이 상태를 원격에서

살필 수 있는 서비스도 제공하고 있다. 생활보호 대상자 이용료 감면제도
가 있다. 그 외 나머지 현황은 호사카병원과 비슷하다.

한국의 아픈 아이 돌봄사업 진행과정

'아픈 아이 돌봄 서비스'란 아이가 감기 등 질병에 걸려 보육·교육 기관
에 머물기 힘든 경우, 부모를 대신하여 이들을 돌봐 주는 서비스다. 특히 발
병에 스스로 대처하지 못하여 돌봄이 필요한 초등학생 연령대 이하 자녀를
둔 가정에서는 반드시 필요한 서비스라 할 수 있다. 맞벌이, 한부모 가정 부
모들은 아이가 아플 때마다 부득이 휴가를 내는 수밖에 없다. 그마저도 남
은 연차가 없거나 휴가를 낼 상황이 안 되는 경우는 딱히 다른 대안이 없어
애를 태우기 일쑤다.

물론 1차적으로 아이가 아픈 경우 자신에게 보장된 월차나 휴가, 조퇴 등
을 아무런 압박 없이 사용할 수 있는 노동조건 마련이 선행되어야 한다. 2
차적으로 상황이 도저히 허락하지 않을 경우 부모를 대신해 아픈 아이를 돌
봐주는 서비스가 필요하다. 이러한 서비스는 보육 복지의 일부분으로 공공
적 서비스 성격을 가져야 함이 마땅하다. 하지만 '아픈 아이 돌봄 서비스'
는 우리나라에서 아직 보편화되어 있지 못하다.

한국에서 아픈 아이 돌봄사업이 처음 시행된 것은 2007년부터 2009년 3
억 6,000만 원의 시 예산이 투입되어 17개월간 운영하다 중단된 안성시 안
성간호보육센터였다. 두 번째 시도는 2013년 수원시 여성일자리 창출 사업

지원으로 수원의료복지사회적협동조합에서 '새날간호보육센터' 시범사업을 진행하다 중단된 사례다. 아기가 감기, 발열로 보육시설에 맡기기 어려울 때 자택을 방문하여 돌봐 주는 방문형 서비스로 홍보되었다. 시범사업이 자리를 잡아나가는 시점, 일자리 지원이 중단되면서 동시에 사업이 종결되었다. 지역사회 필요에 의한 시범적 성격의 사업이 채 정착되기 전에 시 예산이 끊기면서 의미 있는 돌봄 사업이 중단된 사례는 차후 객관적 평가가 이뤄져야 할 부분이다.

2013년 서울시는 보건의료 분야 협동조합 설립지원모델 아이템을 찾고 있었다. 한국의료사협연합회는 일본의 플로렌스 사례를 접하고 서울시에 정책 제안을 하면서 동시에 지역 협동조합에 참여하는 몇몇 엄마들에게 제안했다. 아픈 아이 돌봄 이슈는 생각보다 큰 반향을 일으켰다. 보라매 인근 동작구, 관악구, 영등포구 엄마들과 몇 차례 준비를 통해 보건의료협동조합 설립을 위한 연구 과제로 서울시에 제출하였고, 선정되었다. 과제는 아픈 아이 돌봄과 마음건강심리상담 분야 협동조합 설립을 모색하고 모델링하는 것이었다. 지역사회 현장에서 필요한 의제와 서울시 보건의료정책이 만나는 결실이었다.

당시 연구과제는 아픈 아이 돌봄사업의 필요성과 수요 파악, 발기인 주체 발굴에 중심을 두었다. 돌봄 사업의 필요성과 수요파악을 위해 보라매 인근 주변의 주부들 300명을 대상으로 기초설문조사[6]를 했다. 수요조사 결과는 다음과 같다.

'응답자 대부분(99.3%)은 맞춤형 간호 보육 서비스의 필요성에 동의하였

---

6) 한국의료사협연합회, 「서울시 보건의료협동조합설립지원 결과 보고서」, 2014.

으며, 협동조합 형식으로 서비스가 제공된다면 이용할 의향이 있거나 (54.3%) 더 알아보고 판단하겠다고 응답했다(44.7%). 간호 보육 서비스에 기대하는 서비스 1순위로는 보호자로 병의원에 동행해 주는 것이 40.3%로 가장 많았고, 1순위와 2순위를 합쳐 아이가 즐길 수 있는 놀이와 교육이 25.8%로 나타났다.'

응답자들 대부분이 아이를 편안하게 돌봐 주고 보호해 주는 서비스를 기대한다는 것을 알 수 있다.

그러나 현실은 어떤가.

취업 중인 응답자의 경우에 자녀가 아플 때 직장에 휴가를 내는 것이 가끔 가능하거나(46.1%) 거의 혹은 전혀 가능하지 않다고(33.7%) 답한 경우가 많았는데, 그럼에도 불구하고 아이가 아플 때 보육 시설에 보낸 적이 없다는 응답이 63.7%에 달하였다. 그 간극을 메우고 있는 존재는 대체로 조부모였다.

아픈 아이 돌봄 1차 연구 과제를 진행하는 과정에서 안성시(공공)와 수원의료사협(민간)의 시도와 실패 사례에서 시사점을 찾으려 했다. 일본 연수를 통해 아픈 아이 돌봄 필요성을 느끼는 수요자 중심의 커뮤니티가 형성되었다. 그 과정 자체가 주체들을 세워가는 과정이었으며, 서로간의 신뢰가 쌓이고 시범사업 성격인 돌봄 품앗이를 경험하면서 당사자 의식으로 성장해 갔다.

2014년 1월 19일 100여 명이 넘는 발기인들로 아픈 아이 협동조합 발기인대회를 마쳤다. 아픈 아이 돌봄 사업 필요성에 대한 수요자들의 높은 욕구를 확인하는 자리였다. 아픈 아이 돌봄 문제는 혼자 해결할 수 없으며, 공동 해결방식으로 다음과 같은 비전과 단계별 목표와 실천전략을 세웠다.

비 전	• 마을이 건강하고 엄마가 행복한 힐링 공동체 • 아이들이 안전하게, 건강하게 자라는 마을공동체 • 사회가 책임질 수 없는 직장 엄마들의 희망공동체 • 마을이 책임지는 공동 돌봄의 행복공동체
단계별 목 표	• 아픈 아이 돌봄 제도화 할 수 있도록 시범사업을 운영한다. – 우리가 만드는 첫 번째 아픈 아이 돌봄협동조합 – 돌봄의 수요자와 공급자가 함께 만드는 협동조합 – 시간제약이 없는 돌봄 서비스 협동조합
	• 아픈 아이 돌봄 긴급(돌보미, 시설, 병원 등) 시스템을 만든다 – 돌보미 교육 및 운영 매뉴얼 작성 – 돌봄 및 아픈 아이 돌봄 관련 네트워크 구성 – 마을의 돌봄 관련 자원조사 실시 – 긴급 돌봄의 간편화 실현
	• 엄마들의 건강문화를 마련한다. – 아이와 부모의 건강교육(정신, 신체) – 아는 사람에게 신뢰도가 높듯이 상호이해 교육 – 수요자와 공급자의 상호 교류의 장 마련
실 천 전 략	• 시작은 건강을 위해서 이후엔 지역을 바꾸는 마을 모임을 마련한다. – 건강 부모커뮤니티(정보 및 자원 공유 등) 구성 – 재능 나눔 양육품앗이(건강보육돌봄, 시간제 돌봄, 긴급돌봄)가 가능한 소모임 진행 – 보육시설, 학교 또는 공공기관에 초등 방과후 교실 개설 • 지방선거를 맞이하여 선출직 후보자에게 정책제안을 한다. – 아픈 아이 돌봄 현실화를 위한 정책 마련 및 토론회 개최 – 선출직 후보자와의 서약식 및 협약식

아픈 아이 돌봄 주치의

한국사회에서 아직 제도화되지 않은 주치의를 여기에서 논한다는 것은 어려운 일이다. 주치의는 병에 걸렸을 때 뿐 아니라 건강할 때에도 자신의 건강상태에 대한 평가와 상담, 적절한 관리방안, 건강증진의 대책을 언제나 믿고 조언을 구할 수 있는 의사라고 개념을 지을 수 있다(감신, 2008). 사실 주치의에 대한 정부의 시도나 제도 설계 역시 모두 다르다. 동상이몽이고 아직 미완성의 과제로 남았다. 우리나라에서 전국민의료보험이 정착된 이후 전국민주치의 제도를 도입하자는 논의는 20여 년 전부터 있어 왔다.[7]

1997년 김대중 대선후보의 공약에 주치의 등록제 시행이 포함되면서 1998년 복지부는 '21세기 보건의료발전 종합계획' 공청회에서 주치의제도 도입방안을 발표하고, 1999년에는 대한가정의학회에서 주치의제도 시행제안을 했지만 국민적 관심과 지지를 얻지 못하고 주치의제도가 정착하지 못했다. 그 이후에는 일부 개원의를 중심으로 간헐적인 실험이 지속되고 있다(정형진 외, 2007).[8]

2008년 '건강사회를위한치과의사회'에서 지역아동 및 청소년 주치의 시도 등 민간영역에서 자발적인 실험이 지속되고 있는 실정이다. 의료협동조합 역시 민간영역에서 그러한 실험들을 하고 있는데, 현장에서 우선 고민해 왔던 문제의식을 공유하면서 아픈 아이 돌봄 주치의의 밑그림을 그려보고자 한다.

"주말 진료를 하던 28년 전, 우리가 건강하기 위해서 무엇이 필요할까? 의료인을 만날 수 있어야 하고, 진료를 할 수 있어야 한다. 이 동네에 의사가 와서 진료를 하고, 약을 먹을 수 있게 해야 한다. 그렇게 안성 고삼면에서 주말진료가 시작했다. 상시적인 진료가 가능한 의료기관을 만들자 해서

7) 강대곤, 『참 좋은 의료공동체를 소개합니다』, 2015.
8) 서울장애우권익문제연구소, 「장애인 건강증진 및 주치의제도에 관한 연구」, 2016.

최초의 농민을 위한 한의원을 개설한 것이 의료협동조합의 출발이었다. 아플 때 치료하고, 병이 생기기 전에 예방이 필요하지 않나 해서 건강검진, 건강교육이 시작했다. 의료협동조합을 만들었는데 시민들에게 우리를 어떻게 설명하고 조합원으로 가입하도록 설득할 수 있을까?

'우리에게 주치의가 생기는 거잖아. 나의 건강문제를 알고 있고 언제든지 상담하거나 진료 받을 수 있는 의사가 생기는 거라고 설명하면 이해되지 않을까?' 그때부터 의료협동조합 의사들은 조합원과 시민의 주치의로 알려지게 됐다. 그래서 주치의라면 환자와 충분히 이야기를 나눌 수 있어야 하고 자주 만날 수 있어야 한다. 병원에 갈 수 없는 시간에 전화로 상담할 수 있고, 거동이 불편하면 의사가 왕진을 하거나 간호사가 방문해 줄 수 있어야 한다. 필요한 건강검진을 주기적으로 받고 그 결과에 따라 주치의가 조언을 하고 그때마다 건강교육을 해주는 것이 이상적이다. 의료협동조합에서 생각하고 실천하는 주치의는 환자에게 건강상의 문제가 생겼을 때 최초로 만나는 의사의 역할, 결국 가까운 곳에 존재하는 단골의사다."[9]

아픈 아이 돌봄 전문가 과정

"아이는 엄마가 혼자 키우는 게 아니라고 생각해요. 마을과 지역, 그리고 사회가 함께 아이를 키워야 하는 거 아닌가요. 말로는 저출산 문제가 대단히 심각하다고 떠들면서도 책임을 오로지 결혼과 출산을 미루거나 아이를 많이 낳지 않는 여성에게만 전가시키고 있잖아요. 직장맘은 무쇠강철이 아

9) 강대곤, 『참 좋은 의료공동체를 소개합니다』, 2015.

니고, 당연히 사회가 책임져야 할 몫을 혼자 짊어져야 하는 헌신을 강요당할 이유가 없어요. 맞벌이 부부가 자급자족하면서 일도 잘하고 아이도 잘 키우면서 직장과 지역 및 사회에 기여할 것을 기대할 수는 없잖아요. 어려울 때 힘이 되어주고 도와줘야죠"

– 보라매 공원 인근 직장맘들의 목소리

아픈 아이 돌봄 협동조합 발기인대회 이후 보라매공원 인근 3개 지역의 부모커뮤니티를 조직하고 운영위원회를 구성하였다. 아이와 부모의 건강 교육을 일상화하면서 수요자들의 신뢰와 상호 이해를 높여 갔다. 다음 전략은 서비스를 제공하기 위한 공급자인 돌보미 전문가를 양성해야 하는 과제가 남았다. 마침 2015년 서울시 사회적경제 지원사업과 연계하여 한국의료사협연합회는 '아픈 아이 돌봄 전문가 양성' 교육과정을 설계하였다. 전문의(소아과, 가정의학과), 간호사, 아동심리학자, 놀이전문가, 상담심리사들과 YMCA 아가야, 행복한돌봄협동조합이 함께 교안을 마련하고 8회차 40시간의 교육과정[10]을 진행하였다. 내용준비를 마치고 새로운 고민에 빠졌다. 누가 돌봄의 주체여야 하는가. 교육과정 대상자는 누구여야 하는가. 결국 아픈 아이 돌봄 전문가 교육과정 대상은 간호사, 간호조무사, 유치원교사, 보육교사, 베이비시터 활동 유경험자를 우선으로 결정했다. 한편 현재 양육중인 부모나 손자녀를 돌보는 조부모도 교육대상자로 개방하자고 결정했다. 아픈 아이 돌봄 전문가란 주체에 대한 우리의 고민이 플로랜스가 공급자(어린이 구조대원, 육아 경험이 풍부한 어른)를 중심으로 설계했

---

10) 서울시 사회적경제 아카데미 분야별 교육사업, 아픈 아이 돌봄 전문가 교육과정, 2015.

던 문제의식과 크게 다르지 않았던 것이다.

결론

'일본 보육시설에서는 등원 시 입구에서 아이들의 체온을 재고, 우리나라에서는 약통을 전달한다' [11]

일년 내내 등원과 함께 보육교사가 확인하는 것은 투약의뢰서와 아이들의 약봉지. 한 아이가 감기에 걸려 등원하면 보육시설의 모든 아이들이 감기에 전염되는 우리나라 보육시설의 현주소다. '아픈 아이 돌봄 서비스'와 같은 긴급 돌봄 시스템을 마련하는 것은 '일과 육아의 양립이 가능한 사회' 실현을 위한 상징적이고 의미 있는 첫걸음이 될 것이다.

이제 더 이상 저출산, 고령화 문제를 개인에게 떠맡겨서는 안 된다. 스웨덴이나 일본의 사례에서 보듯이 아동보육서비스는 보편적 성격이며, 지자체 지원 시스템이 전제되는 공공적 성격을 가진다. '영유아 건강지원 일시 돌보미사업'과 더불어 아픈 아이 돌봄 서비스가 시작되었던 일본의 사례처럼 우리나라도 미래의 자녀양육을 위한 기본 정책과 같은 종합적인 대책 마련이 시급하다.

2007년 안성시의 안성간호보육센터, 수원새날의료사협의 아픈 아이 돌봄 시범사업, 서울시의 연구과제 등 꾸준히 제기되고 있는 아픈 아이 돌봄 사업 지원시스템 마련은 국가, 지자체 차원에서 논의 · 활성화되어야 하는 과제다. 이제 더 이상 미룰 수 없다.

---

11) 한정아, 맞벌이 가정을 위한 병아보육 와글와글 집담회, 2014.

아픈 아이 돌봄 주치의는 어떤 사람이면 좋을까요? 현장의 엄마들에게 물었다.

"아이가 안과를 다니는데 시력 검사하다가 안경 쓴 상황과 벗은 상태 비교를 하려 했는지 갑자기 아이 안경을 확 벗겨요. 아이가 당황해서 소리 내고 울려고 하니까 다시 안경을 쥐어주면서 '됐어. 조용히 해 조용히 해!' 이래요"

"첫째도 둘째도 친절이지요. 기본적으로 환자에 대한 배려가 없는 의사 샘들이 많아요."

엄마들이 원하는 주치의도 역시 의료협동조합에서 시도해 오고 있는 단골의사와 다르지 않은 셈이다. 서울시의 아픈 아이 돌봄 전문가 과정이나, 일본 플로랜스에서 설계되었던 '육아 경험이 풍부한 어른'이 아픈 아이 돌봄 서비스의 주요한 주체가 될 수 있다. 단 이들을 위한 재교육과정은 반드시 이뤄져 할 것이다.

또 하나 돌봄 주체는 돌보미, 간호사, 의사가 협업하여 시설을 운영하고 있는 산타마의료생협을 주목할 필요가 있다. 어쩌면 아픈 아이 돌봄 주치의란 특정한 직종을 뜻하기보다 협업시스템으로 함께 이뤄져야 하는 것이다.

제2장

어르신 돌봄과 주치의

【제1절】

건강하고 행복한 노인이 사는 그곳

이경진 (안산의료복지사회적협동조합 새안산의원 원장)

안 아픈 데가 없는 어르신

내가 일하고 있는 의원은 안산 구도심에 위치하고 있는데, 주변에 주거지역이 많은 것에 비해 내과나 가정의학과를 주로 진료하는 의원이 별로 없어서 그런지, 고혈압·당뇨병 같은 만성질환을 가지고 있는 어르신들이 많이 오신다. 한 달에 한 번씩 고혈압약 타러 의원에 오시는데, 사실은 고혈압약만이 목적이 아닌 경우가 많다. 원래 드시던 약을 처방하고서, "어르신, 다른 아픈 데는 더 없으세요?" 라고 여쭤보면 어르신은 "없기는, 안 아픈 데가 없이 온 몸이 다 아프지!" 라고 하시며, 상의할 다른 건강 주제 꾸러미를 이어서 풀어 놓으신다.

 어르신을 힘들게 하는 주제는 노인의학을 다룬 책의 두께만큼이나 다양한데, 진료실에서 듣는 어르신들의 이야기는 책에 다 담겨지지 않은 것들도 있는 듯하다. 허리, 무릎이 점점 더 아파서 이제는 걷기도 힘들고 의원에도 자주 오기 힘들어서 걱정이라는 할머니. 얼마 전에 갑자기 아파서 큰 병원에 입원했다가 며칠 전에 퇴원했는데, 퇴원할 때 받은 약이 어떤 약인지 잘 몰라서 나에게 다시 물어보시는 할아버지. 남편이 투병 끝에 돌아가시고 혼자 남은 이후로 우울한 마음이 가시지 않는 할머니. 조경사로 평생 일하셨던 어떤 할아버지는 아직 일을 하고 싶은데 이제는 나이가 많아서 써주는 데가 없다며 쓸쓸해 하셨고, 또 다른 할아버지는 혼자서 작은 방에 살고 있는데 월세가 올라서 20년 넘게 살았던 안산을 떠나서 집값이 맞는 다른 도시 어딘가로 이사를 간다고 아쉬운 작별 인사를 하셨다.

 나는 어르신들의 이런저런 이야기를 들으며, 지금 우리 주변의 노인들이 조금 더 건강하고 행복하게 지내기 위해서는 어떤 것들이 더 필요한가에 대해 생각해 보게 된다. 여러 질환의 퇴행성 변화와 악화로 인해 의료기관의 접근성이 점차 떨어지게 되어도, 의료적 돌봄을 지속해서 받을 있는 방법은 무엇이며, 가정·방문 간호서비스 및 재가장기요양서비스와의 연계를 어떻게 더 활성화 시킬 수 있을까? 최대한 2, 3차 병원의 입원치료가 필요한 상황을 줄이기 위한 예방적인 노력을 실효성 있게 하며, 퇴원 이후에 1차 의료기관으로의 연계가 원활이 이루어져서 일상생활 복귀를 돕고, 또한 적절한 약물 복용을 모니터하고 교육하는 좋은 방법은 무엇일까? 우울증을 가지고 있는 노인들이 다시 활기차게 생활을 가꾸어 가게 도와 줄 방법은 무엇이며, 계속 몸을 움직여 일하고 싶은 소망을 지켜 주고, 나이만큼 오랜 시간 익숙한 삶의 방식이 고스란히 남아 있는 곳을 단지 빈곤으로 인해 떠나지 않아도 되는 방법이 무엇인지 생각하게 된다. 물론 이런 생각들은 나의 범위를 넘어서고, 동네의 작은 의원의 범위를 넘어서고, 의료적 돌봄의 범위를 넘어서는 것들과 맞닿아 있다는 것을 안다.

노인건강의 현실

우리나라는 2000년을 기점으로 전체 인구의 7%가 65세 이상의 노인이 차지하면서 고령화사회(Aging society)로 진입하였다. 고령화의 속도는 점차 빨라지고 있는데, 2015년 기준의 고령자 통계를 보면, 우리나라 전체 인구의 13.2%가 노인으로, 고령사회(Aged society)로의 진입을 곧 눈앞에 두고 있다. 평균수명도 점차 늘어나고 있는데, 2000년에는 75.8세였으나, 2011년에는 81.2세로 증가하였다. 그러나 건강수명은 2011년 기준으로 70.7세로 평균수명과 약 10년 정도의 차이가 있다. 건강수명은 질환과 장애 없이 건강하게 생활을 영위하는 기간으로, 세계보건기구(WHO)에서는 이미 건강증진의 최종 목표를 평균수명이 아닌 건강수명의 연장으로 선언한 바 있다. 질환과 장애로 인해 건강하지 못한 상태로 지내는 노인의 수는 고령화의 추세에 따라 함께 증가할 것이며, 이에 따른 의료비 지출은 점차 증가할 것으로 보인다. 2015년 건강보험 진료비를 살펴보면, 노인 진료비는 전체의 36.8%이며, 1인당 평균 진료비는 343만 원으로 전체 1인당 평균 진료비 115만 원보다 약 3배 정도 많은 상태다. 노인의 건강수명을 연장하기 위해서는 만성질환 관리가 중요한 축을 이룬다. 특히 예방적, 지속적, 포괄적인 접근으로 관리하는 체계가 필요하며, 또한 의료기관 및 연계 기관의 서비스 제공적인 측면만 아니라 환자의 자발적인 참여가 함께 이루어져야 만성질환 관리가 잘 될 수 있다. 현실적으로 현재의 우리나라 의료체계에서 질환의 예방에 노력을 기울이고, 다양한 의료적 욕구에 맞는 서비스를 포괄적으로 연계하여 제공하고, 환자의 자기효능감을 고취하고자 노력하는 것은 쉽지 않으며, 특히 민간의료기관에서는 더욱 어렵다.

노인건강을 위한 안산의료사협의 노력

안산의료복지사회적협동조합은 이러한 어려운 상황을 조금이라도 넘어서서 더 건강한 나와 가족과 이웃의 내일을 그려보고자 하는 사람들이 함께 만든 공동체다. 16년 전 안산에서 주민들과 의료진이 함께 힘을 모아 의원과 한의원을 열었고, 현재까지 약 5,000세대의 조합원들이 여러 의료·돌봄 관련 사업소를 운영하고 이용하며 여럿이 함께 건강한 세상을 만들어 가는 꿈을 꾸고 있다.

나도 조합에서 운영하는 의원에서 의사로 일한지가 어느덧 수년이 지나고 있다. 진료실 안에서 어르신들을 만나는 것은 여느 의원에서의 풍경과 크게 다르지 않지만, 가끔은 다른 곳에서는 찾아보기 어려운 장면도 마주치게 된다. 얼마 전 10월의 문턱을 넘어서면서 독감 예방접종을 받기 위해 많은 어르신들이 의원에 다녀가셨다. 그러나 거동이 많이 불편하여 내원하기 어려운 몇몇 환자분들은 가정간호사와 같이 왕진을 나갔다. 어느 빌라 반지하 방에서 혼자 지내시는 어르신을 찾아갔을 때, 조합의 재가요양센터에서 나오신 요양보호사님이 반갑게 우리를 맞아주고, 어르신은 주기적으로 찾아오는 가정간호사와 아픈 곳뿐만 아니라 가족처럼 일상의 대화를 나누고, 조합에서 자원봉사로 꾸려가는 독거노인 밑반찬 배달을 하러 어르신 댁으로 오시는 한 아주머니를 돌아나가는 문 앞에서 마주치게 되었는데, 한 어르신으로 엮어진 여러 사람의 만남으로부터 복합적이고 따뜻한 느낌을 받았다. 이렇게 촘촘히 연결되어 있으면 좋겠다는 생각이 들었다. 한 명의 노인이 조금 더 건강할 수 있도록.

조합에서는 여러 가지 방향으로 노인의 건강 증진에 관심을 가지고 노력하고 있다. 장기요양보험이 시작되기 전부터 요양 돌봄의 필요성을 알고 '길동무' 사업을 진행하여 요양 돌봄에 관한 제도가 마련되는 기틀을 제공하였으며, 이후로 재가요양센터를 운영하며 노인이 건강악화로 인해 일상생활을 영위하기 어려워지는 부분을 돌보아 삶의 질을 향상시켜 주는 일을 하고 있다. 또한 요양원을 개소하여 시설에 입소해야 될 상태의 어르신을 돌보고 있으며, 가정간호사업소에서는 거동이 불편한 노인들이 병원을 이용하기 어려워 건강이 악화되는 것을 막고자 직접 찾아가는 의료서비스를 제공하고 있다. 치과나 한의원, 의원은 노인들의 다양한 만성질환을 치료하고 질환이 악화되지 않도록 건강행태 개선을 위한 교육을 시행한다. 예를 들어 건강실천단 프로그램을 통해 당뇨병에 도움이 되는 현미채식 식단을 접해 보고 꾸준히 운동하는 방법을 배우거나, 구강 관리에 대한 교육을 받는다. 또한 요양원 촉탁의로서 의료적 지원을 하거나 요양보호사들의 업무에 도움이 될 의료적 소양을 교육하기도 한다. 비교적 건강한 노인들은 자체적으로 소그룹을 만들어서 정기적으로 모임을 갖기도 하는데, 함께 춤을 추기도 하고, 혈압이나 혈당을 스스로 체크하면서 건강에 대한 이야기를 나누기도 한다. 마을 곳곳에 가난하게 혼자 살고 있어 끼니를 챙기기 어려운 노인들에게는 조합원들이 자원봉사로 모여 주기적으로 밑반찬을 만들어 배달하고 있으며, 건강한 노인들이 모여 더 어려운 노인을 돕는다는 취지로 만들어진 '노노봉사단'은 어르신 말벗을 위해 찾아가거나 집 청소나 수리 같은 주거개선 봉사도 한다.

노인건강을 위한 노력의 한계

건강한 노인을 지향한다는 것은 신체적 및 정신적 기능의 자립성 유지를 중요하게 생각하는 것이라고 말할 수 있다. 노인이 비교적 건강한 상태라면 현재 기능의 자립성을 더 오래 유지할 수 있도록 돕는 서비스를 제공하며, 어느 시점에서 질환의 악화나 사고로 인해 건강이 악화된다면, 그에 맞는 집중적인 서비스로 전환하고 조금이라도 기능의 자립을 향상시키기 위해 노력하는 것이다. 그러나 현실적으로 우리나라의 노인보건의료체계는 한 개인이 노화하면서 발생되는 다양한 욕구를 종합적이고 연속적으로 충족해 주지 못하고, 통합적인 계획 없이 분절적으로 제공되고 있다. 안산의 료사협에서도 여러 사업소를 통해 의료와 돌봄에 관련된 서비스를 제공하고는 있지만, 아직 부족하고 제한적인 부분이 많이 있다.

조합 요양원에 입소해 있는 한 어르신이 올해 초에 낙상하면서 대퇴골이 골절되었다. 골절 이전에는 거동이 자유롭기 때문에 요양원 내의 프로그램 참여도 활발히 하고 건강 상태도 양호한 편이었다. 그러나 골절로 인해 큰 병원에서 수술을 하고 퇴원하여 재입소한 이후로는 대부분의 시간을 침상에 누워서 지내며, 프로그램 참여도 못하고 식사도 방에서 혼자 드시는 경우가 많아졌다. 없었던 욕창이 생기고 가래가 고이면서 전신 건강상태도 눈에 띄게 악화되었다. 급성기 이후에 오는 회복기에 충분한 재활 훈련을 하여 이전의 기능을 최대한 회복하도록 시간을 가져야 하는데 그러지 못하였던 것이다. 한 연구에 따르면 낙상을 경험한 노인 중에서 재활욕구가 있는 노인이 44% 이상 된다고 한다. 그러나 우리의 현실에서는 골절된 다리를 수술 받고 퇴원한 노인이 적극적으로 재활 훈련을 받을 기회는 적으며, 이는 환자의 경제적인 부담뿐만 아니라, 훈련 기관의 수도 부족하고 서로 유기적으로 연계하여 의뢰하는 시스템이 잘 구축되어 있지 않기 때문이다. 또한 우리의 인식이 노인의 적극적인 기능 유지를 위한 노력과 거리가 먼 것도 하나의 이유일 것이다. 우리는 알게 모르게 장기요양등급이 점차 상향 조정되는 것에만 익숙하며, 신체적·정신적 기능이 호전되어 장기요양등급이 하향 조정되고 시설에서 다시 집에 돌아가 일상생활을 영위하는 것을 잘 상상하지 못하는 듯하다. 실제로 노인의 건강상태가 이전보다 호전되어 장기요양등급이 하향 조정되는 것에 대하여 환자와 가족들이나 시설에 어떠한 보상이 돌아가는 체계가 아니니 더욱 그러할 수밖에 없을 것 같다.

가정간호사업소에서도 노인 돌봄에 있어 아쉬운 부분이 있기는 마찬가지다. 수년간 의원에서 만성폐쇄성폐질환에 대한 진료를 받고 약을 타시던 할아버지가 언제부터인가는 잘 오시지 않아서 마침 오신 할머니께 안부를 여쭈니, 할아버지께서 숨이 많이 차서 더 이상 의원까지 걸어 나올 수가 없게 되었다는 것이다. 할머니는 간호사와 의사가 왕진을 갈 수 있다는 말에 그런 게 있는지 몰랐다며 좋아하셨고, 우리는 얼마간이라도 집에서 산소치료를 받을 수 있게 도와 드렸고 임종하실 때까지 간호사가 찾아갈 수 있었다. 건강 악화로 의료기관으로의 접근성이 떨어지는 노인은 입원을 하지 못하는 경우에는 의료서비스를 받기 어려운 상황에 놓이게 된다. 가정·방문간호 서비스는 이러한 사각지대에 놓여 있는 노인의 건강을 돌볼 수 있는 좋은 시스템이다. 노인 인구가 늘어나면서 재택 의료서비스의 필요도 함께 증가하고 있으나, 그에 비해 서비스 제공은 저조한 실정이다. 재가 의료서비스의 필요가 있는 노인들도 가정·방문간호를 이용할 수 있다는 것을 잘 모를 뿐더러, 사업소 자체가 주변에 많이 없으며, 교통비 등 지불 비용에 대한 부담이 있어 서비스 이용을 어렵게 한다. 사업소에서도 왕진 갈 의사와 가정간호사의 인력 공급도 쉽지 않고, 왕진비가 기존 의료수가체계에 들어 있지 않는 등 운영에 어려움이 있다.

노인의 건강 상태를 파악하려면, 노인이 가지고 있는 만성질환의 개수나 종류도 살펴보아야 하지만, 그에 못지않게 중요한 것은 삶의 환경을 살펴는 일이다. 사회경제적 요인은 신체적, 정신적 건강에 서로 많은 영향을 주고받기 때문이다. 어떤 연구에서는 건강 상태가 좋은 노인일수록 자살에 대한 생각이 적으며, 사회적 지지가 부족하거나 가난한 노인일수록 자살에 대한 생각이 많아진다고 하였다. 특히 노인 빈곤은 사회적으로도 중요한 문제인데, 2014년 노인 절대빈곤율은 51%로 전체 인구 빈곤율의 약 4배에 이른다. 그 중에서도 여러 노인 가구 유형 중에 독거노인의 빈곤율이 가장 높으며, 2015년 전국 5가구 중 한 가구가 노인 가구이고 그중에 약 1/3이 독거노인이다. 이러한 취약한 사회적 지지망과 경제적 상황은 노인들의 신체적 및 정신적 건강을 위협하고 있는 중요한 요인이 되고 있다. 안산의료사협에서는 내부 수익금의 일부와 아이쿱생협 씨앗기금과 같은 외부 기부금을 취약계층의 의료비 지원에 사용하고 있다. 그러나 조합에 가입한 노인들의 독거 상태나 경제적 상황을 체계적으로 파악하고 있지는 못하며, 조합에서 준비하고 있는 의료비 지원이나 돌봄 자원봉사 지원을 받아야 하는 상황이지만 누락되어 사각지대에 머물고 있는 노인들이 얼마나 있는지 잘 알지 못하고 있다.

한 단계 더 높은 시도 - 365노인건강복지돌봄네트워크사업

이러한 제한점을 극복하고 한 단계 높은 노인의료복지서비스를 제공하고자, 안산의료사협에서는 2016년부터 향후 3년간 사회복지공동모금회에서 지원하는 365노인건강복지돌봄네트워크 사업을 계획하고 실행하게 되었다. 이 사업은 안산시에 거주하는 노인 중, 경제적으로 취약하나 기존의 복지 서비스망에서 충분한 지원을 받지 못하고 있는 사각지대의 노인들을 발굴하여, 의료서비스 및 복지서비스를 종합적으로 제공하여 신체적, 정신적, 사회적 건강을 도모하는 것을 목표로 한다. 특히 안산의료사협뿐만 아니라 지역사회 관련 기관들과 네트워크를 이루어 사업을 진행하게 되는데, 이는 한 명의 노인의 건강을 복합적으로 케어하기 위해서 다양한 기관들의 연계가 중요하다는 측면에서 장점으로 생각한다. 안산의료사협이 노인의 건강을 위해 고민한다고 하지만, 여러 서비스를 단일 조직체에서 충분히 제공하기에는 어려움이 있을 수밖에 없기 때문이다. 이 사업에 참여하는 노인 대상자는 전반적인 건강상태에 관하여 의료진과 상담하고 필요한 진료를 받으며, 건강사랑방으로 꾸며진 동네의 문턱 낮은 모임장소에서 친구들과 담소도 나누고 일상적으로 혈압, 혈당측정과 같은 건강체크도 하고 있다. 건강사랑방마다 여러 프로그램이 있어서 만다라컬러링과 같은 미술작업을 통해 감각퇴화방지 놀이도 하고, 지나온 생애를 회고하며 연극을 만들어 발표해 보는 시간도 참여할 수 있는데 이는 노인의 정신적, 정서적 건강 향상에 도움이 되는 것들이다. 프로그램 참여만이 아니고, '두발로' 걷기모임이나 '힐링식단' 식습관개선모임 등 자조모임을 꾸려가며 노인들이 주체가 되어 자발적으로 건강을 관리하고 있다. 생활습관개선을 위한 프로그램은 안산의료사협에서도 이전부터 진행해 오고 있었는데, 대사증후군을 가지고 있는 조합원들이 함께 직접 현미채식 식단을 짜고 나누어 먹고 꾸준히 운동을 하고 서로 격려하여, 각자가 가지고 있던 대사증후군의 요인들을 개선시키는 '건강실천단' 이라는 모임이다. 노인들의 건강을 지키기 위해서는 식생활 관리와 운동을 일상으로 스며들게 하여 꾸준히 이어지게 하는 자조모임의 활성화가 중요하다고 생각하며 건강사랑방을 토대로 잘 자리잡게 되기를 바라고 있다. 의료진과의 상담이 만성질환에 대한 약 처방 및 소극적 생활습관 권고에서 그치는 것이 아니라, 진료실 문을 나선 이후의 노인의 일상에 더 밀접하게 개입하고, 그러기 위해서 지역사회의 자원들을 잘 알고 연계해 준다면 노인이 지금보다 조금 더 건강한 삶을 영위하는데 도움이 될 것이다. 소외되어 우울증이 오고 혼자서 걷기 운동할 용기가 안 나는 노인에게 약 처방뿐만 아니라 건강사랑방의 자조모임에 연결을 해준다면 더 도움이 되지 않겠는가. 이렇게 한 명의 노인을 중심으로 의료, 돌봄 관련 케어플랜을 종합적으로 세우는 것은 흔하지 않다. 주치의라는 말이 한 사람의 종합적인 건강상태를 알고 진료하는 의사라고 한다면, 이 사업에 참여하는 노인들은 일반적으로 만성질환 관리를 위해 단골로 만나는 의사뿐만 아니라 그보다 더 넓은 의미의 주치의를 하나 더 가지게 되는 것이다.

　이제 1년의 사업기간이 지나고 있는데, 사업을 진행해 나가는 데 다듬고 조정해 나가야 할 부분도 많이 있다. 대상자 발굴에 있어서 기존 의료급여 대상자 및 차상위 계층으로 분류되어 의료비 지원을 받고 있는 노인은 제외하고, 이외의 노인 중에서 실제적인 경제상황이 어려운 경우를 선정하는 것이 쉽지가 않다. 사업 대상자는 안산시 전체 지역에서 발굴이 가능한데, 현재 사업 참여중인 의료기관은 의원급 두 곳과 병원급 두 곳 뿐이다. 노인에게는 의료기관의 접근성이 더욱이 중요한데, 사업의 취지는 공감한다 해도 선뜻 사업에 참여하고자 하는 병의원을 찾는 것이 쉽지 않으며, 포괄적 건강상태를 평가하고 상담할 의료진의 인력 부족도 여전한 문제다. 건강사랑방 운영도 주로 노인복지관에서 하고 있는데, 현재 세 곳뿐이어서, 이 또한 접근성이 떨어지는 상황이다. 건강사랑방에서 일회성 프로그램의 운영보다는 노인들이 주체적으로 꾸려가는 일상적 자조모임을 더욱 활성화하는 데 주안점을 두어야 하며, 향후에는 노인의 건강상태에 따라 그룹화 하여 그에 맞는 서비스를 개발하는 것에도 관심을 가져야 한다. 또한 의료기관과 복지관뿐만 아니라 여러 종류의 기관과 협력 네트워크를 가져야 한다. 예를 들어 정신건강관리를 위한 기관이나 운동 재활을 위한 기관, 경제적 자립을 도울 수 있는 기관 등과도 연계하여 노인건강을 위협하는 여러 가지 요인을 관리하기 위한 다각도의 계획을 포함해야 한다.

기대하며

약 5만 명의 노인이 살고 있는 안산시에서 안산의료사협은 다시 한 번 우리 주변에서 함께 건강하고 행복한 노인의 모습을 꿈꾸어 본다. 우리 지역의 좋은 자원들을 더욱 공부하고 엮어내서 더욱 건강한 마을을 만들어 가는데 중심적인 역할을 잘 감당하여야 할 것이다. 얼마 전에 조합에서 열었던 호스피스 강의에 상당히 많은 사람들이 몰렸던 것처럼, 고령시대에 우리가 더욱 관심을 가져야 할 곳이 어디인지 민감하게 살피는 것도 중요한 일일 것이다.

　스스로 건강을 지켜 나가고, 서로가 울타리가 되어 다같이 건강을 지켜나가는 것을 지향하는 의료사협의 기본 정신은 노인 건강에서도 여전히 가장 중요한 토대가 된다. 노인의 건강은 장년기의 건강으로부터 오며, 또 그 이전의 건강이 만들어진 하나하나의 시간들로부터 온다. 인생의 여러 시점에 있는 조합원들이 각자의 자리에서 건강을 잘 돌볼 수 있는 방법을 찾는 것이 곧 건강한 노인의 모습을 그려가는 일일 것이다.

초고령사회 대안으로서 노인주치의

나준식 (민들레의료복지사회적협동조합 민들레의원 원장)

1.

조 모 할머니는 81세로 민들레의료복지사회적협동조합(이하 민들레의료사협)이 위치해 있는 대전 대덕구 법동의 영구임대아파트에 혼자 사신다. 만성폐질환과 심장질환, 척추질환 등으로 거동이 불편하여 요양보호사의 방문 도움을 받으며 생활하고 계시는데, 오래전부터 가슴에 멍울이 만져지고 분비물이 나오고 아프다고 하여 요양보호사와 함께 병원에 처음으로 내원하셨다. 진찰과 검사를 해 보니 유방암이 의심되었고 우울증이 심한 상태였다.

할머니는 진료 받던 중, 혼자 생활하기 힘들다고 눈물을 흘리시면서 요양시설에서 갔으면 좋겠다고 하셨다. 그런데 자식들과의 사이가 좋지 않아 경제적 지원을 받지 못하고 있다고 하셨다. 오전 진료를 마치고 점심시간에 할머니가 알려 준 강원도의 큰 딸에게 전화를 해 봤다. 큰 딸은 남편의 상황이 좋지 않아서 더 이상 경제적으로 어머니를 도와드리기 어렵다는 이야기를 했다. 가까운 대전에 산다고 하는 둘째 딸은 아예 연락을 안 하고 사신다고 하셨으니 굳이 연락을 하지는 않았다.

다음날은 요양보호사 없이 할머니 혼자 어렵게 진료실에 오셨는데, 현재 집으로 오는 요양보호사가 자기 마음대로라 마음에 들지 않는데, 요양센터와의 관계가 걱정이 되어서 이야기를 못하고 있다고 하셨다. 그날도 이런저런 사정 이야기를 처음부터 다시 반복해서 들었고, 죽고 싶어도 죽지도 못하는데, 요양시설에 갈 수 있는 방법이 없겠냐고 애원하셨다. 제가 다 들었으니 좋은 방법을 찾아보고 연락드리겠노라고 말씀드리고 진료를 마쳤다.

나는 즉시 할머니의 상황을 요약해서 민들레의료사협 '노인건강돌봄지원팀'에 전달하고 지원방안 마련을 요청했다.

며칠 후, 의사인 나를 비롯해서 방문간호사, 사회복지사, 심리상담사, 지역네트워크 실무자 등이 참여하는 노인주치의 사례관리팀 회의가 열렸다.

회의에서는 현재 할머니가 노인장기요양보험에서 방문요양 서비스를 받는 상태인지라, 중복 서비스 수혜문제로 사업원칙상 지원을 하기 어렵다는 실무자의 의견이 있었지만, 유방암 의심이 되고 질병의 진행이나 우울증 등으로 인한 문제들이 복합되어 위기상황이라고 판단하는 의사소견서를 첨부하여 예외적으로 지원 대상에 포함시키는 것으로 결정했다.

우선, 유방질환과 관련한 정확한 진단과정에 필요한 비용은 아이쿱생협의 긴급의료지원기금인 '씨앗기금' 지원을 신청해 진행하기로 했다. 인근의 협약병원으로 의뢰해 방사선 및 조직진단이 이루어지면, 이후 치료계획에 대해서는 주치의인 내가 할머니와 상의해서 결정하고, 필요하다면 추가적인 비용지원을 씨앗기금에 다시 신청하기로 했다. 중증질환 산정특례를 신청해서 건강보험상의 본인부담금 감면혜택을 받도록 하는 일까지는 의사인 내가 해야 할 몫이었다.

암 진단 후 기초수급자 조건과 관련한 행정적인 판단은 민들레의료사협이 참여하고 있는 '법동복지허브'를 통해 주민센터 복지담당자에게 의뢰하기로 했다. 요양보호사 교체 문제는 민들레의료사협의 노인요양 담당자가 할머니를 별도로 방문하여 자세한 상황을 파악하고 도움을 드리기로 했다. 심리상담사는 기본심리검사와 더불어 심리적 지지를 위한 방문상담을 준비하기로 했고, 이러한 전체 과정은 방문간호사가 정기적인 방문일정 속에서 조율하고 건강용품과 생활물품 지원을 챙기기로 했다.

이후 주치의인 내가 씨앗기금 신청서를 작성 제출하였고, 기금지원이 결정된 후, 방문간호사는 정기적인 방문을 시작하면서, 어르신을 직접 협약병원으로 모시고 흉부CT, 유방초음파 및 조직검사를 진행하였다. 조직검사 결과를 기다리는 동안, 내가 촉탁의로 나가고 있는 요양원에 연락해서 할머니가 요양시설을 둘러보고 궁금해 하는 부분들에 대해서 상담, 안내해 주도록 요청했다. 요양원에 다녀오신 후로 할머니는 요양원에 가시겠다는 말씀은 더 이상 하지 않으셨다.

결과통보가 왔다. 예상은 했지만 안타깝게도 진행성 유방암으로 나왔다. 즉시 인터넷으로 산정특례등록을 완료하고 할머니를 방문하여 결과를 알려드렸는데 의외로 담담히 받아들이셨다. 치료에 대해서는 통증과 상처의 분비물 치료 외에 수술이나 항암, 방사선 치료 등은 하지 않는 것이 좋겠다는 생각에 누가 먼저라 할 것 없이 서로 일치된 의견이었다. 그동안 서너 군데의 병원에서 처방 받아 드시던 약들을 내밀면서 민들레에서 처방받기를 원하셨다. 약을 검토하여 불필요한 약들을 조절하고 통증조절 약물을 추가해서 새롭게 처방해 드리기로 하고, 분비물이 나오는 상처는 민들레의료사협 가정간호사업소의 가정간호사가 정기적으로 방문해서 처치를 해드리도록 하였다.

자식들의 수입과 재산 부분 때문에 기초수급자 조건은 안 되었지만 차상위로 등록되어 의료에 관련한 지원을 받을 수 있게 되었고, 요양보호사 문제는 민들레의료사협 노인요양센터의 요양보호사로 교체하게 되어 할머니는 아주 만족하셨다.

앞으로 외래진료나 방문진료를 통해 증상 조절이 안 되거나 힘든 상황이 되면, 노인건강돌봄지원팀의 자문위원이자 지역암센터 호스피스부장을 맡고 계신 암전문의와 상의하여 방문호스피스사업 등의 방안을 의논할 예정이다.

1차 지원과정이 어느 정도 마무리된 후, 방문간호사와 함께 댁으로 다시 방문했을 때는 암을 진단 받은 환자라고는 믿기지 않게 건강한 사람보다 더 환하고 밝게 웃는 표정으로 맞아주셨다. 할머니는 쑥쓰러워 하시면서 '내가 그동안 다니던 큰 병원에서는 이런 내 이야기를 한 번도 한 적이 없었고, 유방 아픈 것도 감추고 말 안했다. 그 날은 내가 민들레에서 갑자기 왜 그런 이야기를 하게 되었는지 모르겠다. 남자 선생님 앞에서 부끄러운 줄도 모르고' 하시면서, 그래도 그 날 이야기를 하게 되어 다행이라고 하며 웃으셨다.

죽고 싶다던 할머니가 암을 진단 받고도 기운을 차리고 침대에 앉아 신나게 이야기를 하는 모습을 보니 마음이 놓였다. 더불어 2차년도 사업에서는 지원프로그램으로 실버방문독서단을 파견해서 책을 읽어드리는 서비스와 집 여기저기 가득 쌓여 있는 불필요한 짐들을 깔끔하게 정리하고 치우는 홈 클리닝 서비스를 연결해 드리는게 필요하겠구나 하는 생각을 했다.

"이제 요양원 들어가실 생각 안 드시죠? 그래요. 이제 몸 아픈 건 저한테 다 맡기시고, 이 동네 이 집에 오래오래 사시면서, 도시락 반찬 배달 받아서 건강해지시고, 책 읽어주는 친구들도 만나고, 완생학교(죽음준비학교)에도 나오시고, 어르신들 요가모임에도 나오시면서 즐겁게 하루하루 살아가자구요. 문제가 생기면 또 그때 여러 사람들이 상의해서 방법을 찾아볼 테니까 미래는 걱정하지 마시고요"

집을 나서는데 식혜를 담갔다고 하시면서 몇 통을 싸 주셨다. 요양보호사 문제를 해결해 준 민들레요양센터 담당자에게도 꼭 전해 달라고 신신당부 하시면서.

2.

2016년부터 사회복지공동모금회의 지원으로 민들레의료사협에서 진행하고 있는 노인주치의사업은 기존 의료기관에서 환자를 보는 것처럼 의료인과 환자의 개별적 만남을 통해서 서비스를 제공하는 일이 아니다. 지역사회의 다양한 건강, 의료, 복지, 생활지원을 위한 조직이나 자원들이 협력해서 현재 어르신에게 필요한 건강, 돌봄, 생활지원 서비스를 연결하고, 이를 통해 지역사회가 하나의 주치의로서 기능하도록 하는 일이다.

민들레의료사협은 이 사업을 위해서 지역의 주민센터, 복지관, 의료기관뿐만 아니라 다양한 주민조직, 자원활동조직, 협동조합 등 30여 개 단체, 기관들과 '지역사회가 주도하는 통합돌봄시스템' 참여를 위한 협약 및 네트워크를 구축하였다. 이들과 함께 기존 의료복지 영역에서 소외된 어르신들을 발굴하여 이웃들과 함께 건강한 삶을 영위하는 데 필요한 포괄적인 지원구조를 마련해 보고자 하는 노력을 시작한 것이다.

민들레의료사협은 2002년 설립되어 3,500여 세대의 건강공동체를 지향하는 지역주민 조합원을 중심으로 의료인과 지역사회의 여러 전문가 단체와 자원활동가들이 협동하여 운영하는 협동조합이다. 조합원들이 출자하고 운영하는 1차 의료기관을 중심으로 적정진료와 다양한 주민 건강증진활동을 해 온 경험을 바탕으로, 고령화사회의 진정한 지역사회 주치의 역할을 고민하면서 '지역사회 주도형 노인건강돌봄 지원사업'을 진행하게 되었다.

〈그림 1〉 민들레의료사협이 꿈꾸는 통합돌봄공동체 모형
〈마을공동체연구협동조합 양봉석 님의 자료
'지역사회 주민건강공동체 근거와 모형'에서 인용〉

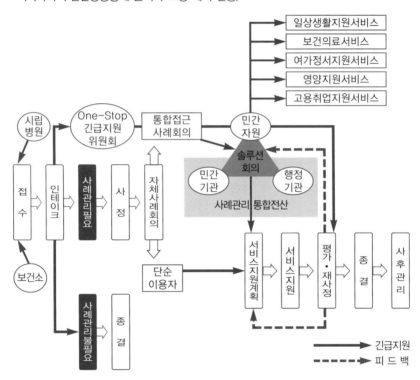

3.

앞의 사례에서 보듯이, 노인들의 삶에서 건강이란 문제는 복합적이다. 노화 자체로 인한 신체능력 저하와 여러 가지 만성질환을 가지게 되는 것은 물론, 경제적 빈곤, 가족구조의 변화로 인한 부양과 요양문제, 사회적·심

리적 고립, 주거환경문제, 여가활동 부재 등이 서로 얽혀 있어 어느 것 하나만으로 접근하고 설명하기 어려운 측면이 있다.

따라서 노인주치의제도는 질병만을 보는 의료서비스가 아니라 신체적, 정신적, 사회적 기능 상태에 따라 건강증진, 예방서비스, 일차의료, 전문진료, 방문간호, 재활, 장기요양, 복지 등의 다양한 서비스를 포함한 통합적인 접근이 필요하다. 그러나 현재의 의료시스템에서는 각 서비스 제공기관이 정보를 공유하지 않고 단절된 상태로 운영될 뿐만 아니라, 서비스가 경쟁적이고 상호배타적으로 제공되고 있다. 이로 인해 불필요한 서비스의 중복과 미충족 의료영역이 발생하고 있지만, 이에 대한 체계적인 관리가 이루어질 수 없는 형편이다.

주치의제도란 다양한 관점으로 이야기 될 수 있겠지만, 그 어떤 형태를 취하든, 보다 전인적이고 포괄적인 측면에서 건강문제를 바라보는 관점이 중요하다. 건강문제를 삶의 환경과 조건에서 분리하지 않고 유기적으로 보는 접근이 되어야 한다는 것이다.

이것은 특히 신체능력의 저하뿐만 아니라 사회경제적으로 여러 삶의 토대가 취약할 수밖에 없는 노인들의 삶에서 더욱 중요하다. 따라서 고령화사회의 노인을 위한 의료서비스는 그 의미에 있어서 주치의제도가 기본 바탕이 되어야 하고 의료와 복지, 생활의 영역을 통합하는 사회서비스 시스템으로 확장되어야 한다. 이러한 포괄적이고 통합적인 접근을 통해 건강, 의료, 요양, 복지 등의 필요한 서비스들을 통합 관리하여 개개인의 요구와 필요에 맞게 적절하게 제공함으로써 서비스의 중복과 비효율성을 줄이고 포괄적인 건강관리를 제공할 수 있는 것이다.

노인의료에 있어서 주치의제도를 생각할 때, 의료인으로서 무엇보다 중요하게 강조하고자 하는 부분은, 의료인의 방문, 왕진이 꼭 포함되어야 한다는 것이다.

신체능력의 저하로 장시간 먼 곳으로 이동하기 어려운 측면도 있지만, 노인들은 자신이 익숙한 주거환경인 집과 지역사회에서 지내면서 늙어가거나 죽음을 맞이하기를 희망한다. 이를 위해서는 의료서비스도 가능한 한 가정방문을 통하여, 지역사회에서 제공될 필요가 있다. 그러나 현재 병원과 시설 중심의 의료시스템은 노인을 위한 지속적이고 포괄적인 서비스를 제공하기에는 부적합하다.

게다가 앞서 이야기 한 전인적이고 포괄적인 의료는, 의료인이 단순히 생각과 관점만 가지고 있다고 실현되는 것이 아니다. 왕진과 방문은 시설이나 병원으로 내원한 환자가 주관적으로 호소하는 이야기를 수동적으로 듣는 것과는 근본적으로 다른 일이다. 직접 삶의 공간에 함께하거나 방문하여, 환자의 현재 삶이 이루어지는 시공간에서 보고 듣고 관계하면서, 실체적으로 전달되는 정보와 상황인식을 전제로 하기에 그 안에서 의료인은 포괄적인 수준으로 건강문제를 바라보게 된다.

그리고 의료인의 방문, 왕진뿐만 아니라 가까운 동네의 의료시설을 통해 노인에게 익숙하고 안정적인 환경에서 지속적으로 만성질환을 관리함으로써 생활과 환경을 함께 돌보게 되고 불필요한 의료이용, 입원 등을 줄일 수 있게 되며, 의료비용이 절감된다는 것은 이미 확인된 사실들이다. 따라서 지역사회 재가서비스 중심의 의료는 전인적이고 포괄적인 의료, 통합적인 관리체계, 예방중심의 의료를 실현하는 주치의제도의 핵심적인 요소가 될 수 있다. 이에 따라 이미 다른 나라들에서는 노인환자의 가정을 정기적으로 방문하고 진료하는 '왕진의료'를 활성화하여 불필요한 입원과 응급실 내원을 줄이고, 심지어 중증질환에 대해 입원에 준하는 서비스를 제공하는 '재가병원'이 하나의 혁신모델로 제시되면서 긍정적인 평가를 받고 있기도 하다. 노인에게는 입원 자체만으로도 병원내 감염, 치매, 섬망 등의 위험이 높아지기 때문에 낯선 환경을 피해 가급적 익숙한 집에서 치료를 받는 편이 유리하다.

요약하면 포괄적이고 전인적인 의료, 의료와 복지의 통합적인 관리, 예방중심의 의료, 지역사회 재가서비스 중심의료, 이런 것들은 '주치의제도'라는 이름으로 실현하고자 하는 핵심가치, 내용들이라 할 수 있으며, 무엇보다 노인의료 주치의제도 영역에서 중요하게 고려되어야 할 요소라고 할 수 있다.

4.

고령사회 노인들이 처한 조건과 환경, 의료문제는 현재 우리 사회 전체가 고민하고 풀어가야 할 문제다. 즉, 고령사회 시대의 의료문제는 지금의 나와 별개로 존재하는 다른 누구의 문제가 아니며, 미래가 아닌 지금 우리가 겪고 풀어내야 할 의료문제의 핵심과 다르지 않다.

현재 우리 사회의 고령화 속도, 노인들이 처한 사회경제적 환경과 조건, 건강 상황들과 현재의 복지제도와 운영현실들을 고려하고, 증가하는 의료비용의 효율적인 조절까지 생각한다면 의료서비스에서의 주치의제도를 포함하여 노인들의 건강, 의료, 요양, 복지, 생활을 지역사회 중심으로 통합적으로 돌보는 체계를 마련하는 것은 더 이상 미룰 수 없는 국가적 과제이며, 어쩌면 모두가 공감할 수 있는 고령화시대의 대안이 아닐까 싶다.

대체로 고령사회 이야기를 하는 마음에는 무엇인가에 책임을 돌리고 탓하는 마음이 깔려 있는 듯하다. 그러나 개인에게 생로병사의 순환과 흐름이 있듯이, 사회의 고령화는 피해갈 수 없는 흐름이며, 하나의 거쳐 가야 할 시기일 뿐이다. 누가 누구를 일방적으로 책임지고 버리는 것이 아니라, 그 모두가 공동체를 구성하는 존재 자체로 역할을 하고 있음을 존중하는 관점이 필요하다. 그럴 때, 서로 돌봄의 따뜻함 속에 노인들의 삶의 지혜와 경험이 전해지면서 물질적인 삶의 추구에 쫓기는 우리 사회의 호흡이 좀 더 길어지고, 젊은 사람들은 미래에 대한 불안 없이 현재의 삶에 충분히 만족하며 도전하는 삶을 통해 공동체를 성숙시켜 나가는 힘을 발휘하게 될 것이다.

사람이 나이 들어 성숙하고 지혜로운 사람이 되어가듯, 우리 사회가 그렇게 나이 들어갈 수 있기를 바란다.

【제3절】

작은장례가 공동체를 살린다

김경환 (한겨레두레협동조합연합회 상임이사)

공동체 장례문화의 붕괴

티브이엔의 '응답하라 1988'은 쌍팔년도(1988년) 서울 도봉구 쌍문동을 배경으로 한 유쾌하고 가슴 짠한 가족극이다. 얼마 전 방영된 편에는 전라도 어느 시골마을의 장례식 장면이 나온다. 할머니의 죽음에 눈물을 펑펑 쏟으며 도착한 시골집 대문을 연 주인공(성덕선)은 생전 보지 못한 풍경과 마주한다. 흐릿한 전구가 불을 밝힌 한옥 마당에 돗자리를 깔고 앉은 채 왁자지껄 술잔을 기울이는 어른들. 아낙네들은 가마솥 뚜껑에 전을 붙이며 음식을 나르느라 바쁘고, 물색 모르는 아이들은 괜히 신이 나서 여기저기 뛰어 다닌다.

술을 마셔 불콰해진 아버지는 덕선과 보라, 노을 삼남매를 술자리에 불러 앉히고 친척들에게 소개하며 자랑스러워한다. 왜 아버지는 자기 어머니가 돌아가셨는데 슬퍼하지 않는가. 왜 친척들과 어울리며 즐거워하는가. 어머니는 왜 눈물 한 방울 보이지 않는가. 좁은 방에서 사촌들과 누워 칼잠을 자면서도 덕선의 머릿속에는 이런 의문이 떠나지 않았다.

다음날 새벽, 빈소 앞에 앉아 졸고 있던 아버지는 외국에서 막 도착한 형을 껴안고 오열한다. "우리 형 불쌍해서 어쩔거나. 엄니 얼굴도 못보고…. 머가 그리 바빠서 빨리 갔소. 엄니 보고 싶소, 보고 싶어 미치겠소." 이때서야 비로소 아버지와 어머니, 아버지의 형제와 친척들이 서로 얼싸안고 통곡한다. 이 광경을 지켜보면서 덕선과 아이들은 알았다. 어른들은 슬퍼하지 않는 것이 아니라 슬픔을 견디고 참고 있을 뿐이라는 것을.

지금은 이런 장례식은 찾아보기 어렵게 되었지만 불과 20여 년 전만 해도 시골뿐 아니라 도시에서도 그랬다. 30, 40대 정도만 해도 이런 기억을 갖고 있을 것이다. 어둑어둑해질 무렵, 신나게 뛰어놀다 집으로 돌아가기 위해 골목에 들어섰는데 아주 낯선 풍경과 마주한 경험. 뭔가 엄숙하고 기이하며 약간은 당황스럽고 무서웠던 그 분위기.

어느 집 대문에 '謹弔(근조)'라 쓰인 노란 조등이 은은히 불을 밝히고, 작은 마당엔 이웃 사람들이 웅성웅성 얘기를 나누며 술잔을 기울이고 있다. 거친 삼베로 만든 굴건제복을 입은 상주들이 어두운 표정으로 문상객을 맞이하고 맞절을 한다. 향과 초는 마루에 차려진 제단에서 타오르고.

어린 기억 속에 남아 있는 마을장례 풍경이다. 어느 골목 귀퉁이에는 장의사가 있었고, '염쟁이'라 불리는 아저씨가 있었다. 초상이 나면 사람들은 언제나 그 아저씨를 찾았다. 마을장례는, 심지어 서울의 아파트 단지에서도 치렀다. 초상이 나면 아파트 주차장에 차일을 치고 문상객을 받았다.

이러한 공동체 장례문화는 불과 20년 사이에 완전히 바뀌고 말았다. 자신이 살던 집에서 삶을 마치고 고인의 숨결이 남아 있는 바로 그 방에서 가족과 친지가 함께 모여 조용히 고인을 기리던 문화는 찾아보기 어렵다. 극단의 서구 근대 산업화만을 추구한 결과 시장경제, 상품경제 속에서 사람을 오직 이윤을 낳는 노동력으로만 보는 경제제도, 그래서 늙고 병들면 쓸모 없어진 낡은 부품처럼 폐기물로 처리되는 삭막한 풍조가 고스란히 장례식의 변화로 이어진 것이다.

돈이 모든 것의 주인인 세상 이전에 죽은 조상은 우리가 지금 생각하는 식의 죽은 자가 아니었다. 죽었으되 죽은 자라고 할 수 없었던 존재였다. 죽음의 세계는 삶의 세계와 뗄 수 없이 연결돼 있었고, 조상숭배는 산 자와 죽은 자의 공동체를 전제로 했다. 자신의 생명은 혈연으로 연결된 조상과 자식의 삶 속에서 이어지고 있다고 믿었다.

모든 것을 물질로 보는 서구 과학기술주의와 함께 고인의 시신은 그저 처리해야 할 골칫덩어리의 물질로 전락하고 말았다. 조상숭배란 확실한 과학적 근거가 없는 과거의 미신이자 낡은 비과학의 신앙으로 치부되고 만 것이다.

죽음과 주검에 대한 사람들의 생각이 바뀌고 시장경제가 진리처럼 확고하게 뿌리를 내리면서 한국의 장례문화는 극단적으로 상품화해 버린다. 압축성장과 함께 압축상업화가 장례문화를 단기간에 압축 변형시킨 것이다. 공원묘지도, 화장장 납골당도, 장례식장도, 음식도, 염습 서비스도, 수의와 관 같은 장사물품도 모두 이윤을 위한 장사판이 된 것이다.

장례문화의 상업화는 급기야 장례사업을 더 많은 이윤을 얻기 위해 시신을 놓고 아귀다툼을 벌이는 '죽음의 장사' 로 변질시켰다. 다단계 불법영업이 횡행하고, 어떻게 하든지 상주들로부터 추가 비용을 지불하게끔 만드는 교묘한 사기영업도 고착화되었다. 장례식을 치르면서 상주와 가족은 끝나는 순간까지 아주 불쾌한 장례식 경험을 해야만 하는 것이 참담한 현실인 것이다.

두레와 공제운동

오랫동안 한국의 농민들은 두레라는 강력한 농업공동체를 조직해 자신들의 권익을 지켜 왔다. 그리고 서로 상호부조하면서 어려움을 극복해 나갔다. 한국에서는 이미 고대부터 서구의 꼬뮨과 유사한 두레, 계, 보(寶), 도(徒), 접(接), 모꼬지 등 다양한 이름 아래 공동체 조직이 존재해 왔다. 촌회, 향회, 촌계, 동계는 한국이 서구 자본주의 근대화, 산업화 사회로 진입하기 전까지는 자치공동체로서 면면히 그 기능을 이어왔다. 공동체가 남김없이 해체되고 만 21세기 오늘날에도 여전히 그 명맥이 남아 있는 곳이 더러 있을 정도다.

전통 농업사회는 공동체 노동이 없으면 유지가 불가능한 지역공동체 사회였다. 실제로 조선시대 내내 소작권은 영소작권(永小作權)이라고 불릴 정도로 양반지주라도 함부로 소작권을 옮기지 못했다. 소작료도 3~4할이 보통이었다. 양반 지주의 농사일을 거부할 수도 있는 두레라는 막강한 공동체 조직이 있었기에 가능한 일이었다. 그래서 극심한 천재지변이나 관리들의 탐학, 전쟁이나 민란과 같은 격변기를 제외하고는 적어도 조선시대 마을에서는 굶어죽는 농민은 거의 없었다.

두레공동체와 함께 마을공동체에는 공제와 친목을 겸한 각종의 계(契)가 있었다. 씨족끼리 제사를 지내기 위해 조직한 종계(宗契), 혼인과 상을 치르기 위한 혼상계(婚喪契), 상포계(喪布契), 상여계(喪輿契), 경제적 곤란을 타개하기 위한 호포계(戶布契), 농기구 마련을 위한 농구계(農具契), 같은 나이 친구들끼리 서로 돕는 갑계(甲契) 등이 존재했다.

한국의 공제조합운동의 역사는 자본주의의 역사와 함께 시작되었다. 한국에 자본주의가 도입되고 이식된 것은 1910년 일본 제국주의의 조선 침략 이후였다. 한국에서 이른바 근대 자본주의 시대의 공제 조직이 처음 조직된 것은 1903년 6월 20일 서울에서 설립된 공제회가 최초다.

1876년 2월 조선이 일본과 강제로 맺은 강화도 통상조약은 일본이 조선에서 누릴 특권만 명문화하고 조선이 주권을 포기한 불평등 조약이었다. 무엇보다도 일본으로부터의 수입품에 관세를 부과할 수 없게 했을 뿐만 아니라 일본 화폐의 유통, 일본인 범죄에 대한 영사재판권의 허용 등을 담고 있었다. 조선은 이후 이같은 무관세권 허용으로 말미암아 급속하게 서구 제국주의와 일본 제국주의의 값싼 상품 시장으로 전락하고 말았다.

특히 일본은 한전시세(韓錢市勢)라는 화폐조작을 통해 조선화폐제도의 붕괴를 손쉽게 달성할 수 있었다. 당시 조선 화폐인 백동전과 상평통보를 대신하는 일본 제일은행권, 그 중에서도 종이 어음의 농간은 쉽게 말해 오늘날의 환투기와 똑같은 것이었다. 심지어 동순태(同順泰)라는 청나라 장사치는 동순태상표(商票)라는 종이 쪼가리 어음을 발행하여 백 가지 재화를 농락했다고 매천 황현이 울분을 토하며 기록할 정도였다.

이같은 상황에서 무능한 조선 정부와는 별도로 민간에서 스스로 나서서 이같은 제일은행권과 동순태상표의 이용을 배격하고 조선인들이 뭉쳐 서로 도와 조선 화폐를 사용해서 조선경제를 지키고자 하는 공제회 운동을 일으켰다. 이후 한국의 공제조합운동은 일본을 통해 서구 문화와 문명이 소개되면서 자연스럽게 일반 인민들에게 받아들여졌다. 우리에게도 서구의 코뮌과 같은 지역 자치공동체, 노동공동체의 전통이 있었기 때문이다.

현재 한국의 공제조합 조직은 그 숫자도 많고 역사도 오래 되었다. 수협공제는 1937년부터, 농협공제는 1961년, 신협공제는 1987년, 새마을금고공제는 1991년부터 사업을 시작했다. 1948년부터 시작된 교육시설재난공제, 1963년부터 시작된 건설공제 등 조합 공제의 역사도 긴 편이다. 그러나 이들 공제 조직들은 민간 스스로 만든 자립 자치의 공제조직이 아니라 국가 차원에서 농민을 비롯한 일반 인민들을 통제하기 위해 법률에 따라 만든 관제조직에 가깝다.

주로 대학에 설립돼 있는 의료공제 조직들도 학생들과 교직원에 대한 복지 차원의 공제로서 공제회비를 대학등록금과 함께 걷기 때문에 존재조차 제대로 잘 알려져 있지 않다. 수많은 기업체와 단체들에 조직된 상조회 또한 혜택의 범위도 그리 크지 않고, 그저 기업과 단체에 소속된 부속기관 같은, 일종의 사내 복지 차원의 조직에 지나지 않는다.

이런 상황 속에서 1960년 가톨릭 신자들이 중심이 되어 인민 스스로 조직하기 시작한 한국의 신협(신용협동조합)은 민간 협동조합운동의 효시였다. 신협운동은 조합원의 강한 유대를 최우선으로 삼은 협동조합 결사체

운동과 사업체 운동의 모범사례였다. 한국 신협운동은 철저하게 지역 결사체를 기초로 신용사업을 수행해 나갔다. 신규 조합원은 반드시 교육을 받아야만 조합원 자격을 얻을 수 있었다.

협동조합 교육은 모든 신협이 중시하는 핵심 사업이었다. 당시 신협의 업무는 1972년 신협법 제정과 함께 적금을 취급하기까지 거의 대부분 출자와 대부였다. 대부 이자는 3% 이내였다. 1967년의 경우 당시 출자배당률은 평균 8.3%로 은행의 적금 이율보다는 낮았지만 조합원들은 자부심을 갖고 출자했다. 신협운동은 당시 심각한 사회문제였던 서민의 고리채 척결에 크게 기여했다. 신협운동의 발전은 놀라울 정도여서 1982년에 이미 총자산규모 31억 266만 달러로 세계 4위, 아시아 1위를 기록할 정도였다.

하지만 1980년대 들어 규모화, 합리화란 이름 아래 신협간 합병과 인수 작업이 진행되면서 한국의 신협운동은 결사체 정신을 버리고 사업체로서의 성장에만 주력하게 된다. 그 결과는 1997년 IMF 사태 이후 600여 개에 달하는 신협이 문을 닫게 된다. 살아 남은 신협도 국가의 공적자금을 지원받으면서 금융감독 당국에 목줄을 잡힌 채 제 2금융기관으로 전락하고 만다.

한국에서는 결사체 공제조합 운동은 거의 없었다고 해도 지나치지 않다. 한국의 공제조합 운동은 자활공제협동조합과 한겨레두레공제조합 등의 활동과 함께 2000년대 들어서야 비로소 시작되었다고 평가할 수 있다. 하지만 보험을 대체할 만한 공제사업으로까지 나아가지 못하고 있다.

60여 개에 이르는 법정 공제 조직 이외에 민간의 공제 조직은 매우 광범위하게 존재한다. 특히 일반 기업과 각종 사회단체의 다양한 상조회는 애경사를 중심으로 일정한 소액을 상조금으로 지불하는 일종의 친목 결사체 공제 조직으로서 그 수를 파악하기조차 어렵다.

이외에도 경희대, 고려대, 서울대, 숙명여대, 연세대, 인하대, 전남대 등 의과대학이 있는 전국의 주요 대학에는 대부분 의료공제회가 있다. 대학 의료공제회는 학생과 대학 임직원, 교수 등 대학 구성원들을 대상으로 하는데, 학생들의 경우 등록금과 함께 1~2만원의 의료공제회비를 내면 질병과 부상시 의료 혜택을 받을 수 있다. 이외에 이주노동자 의료공제조합, 노동조합과 시민사회단체에서 운영하는 공제회도 있다.

자활공제협동조합은 지역자활센터(국민기초생활보장법에 따라 실업, 기술, 자금부족 등의 이유로 일할 기회를 찾기 어려운 취약계층에게 일자리를 제공하고 안정된 경제생활을 할 수 있도록 지원하는 보건복지부 예산 지원의 민간위탁기관)에 참여하고 있는 수급자와 차상위층, 지역의 저소득층 주민들이 중심이 되어 만든, 협동조합과 공제조합을 합한 성격의 조직이다.

조합원이 내는 출자금으로 학자금, 전세계약금, 의료비 등 주로 긴급한 생활자금이 필요할 때 신용 대출을 해주는 사업을 위주로 운영되고 있다. 엄밀히 말하면 공제조합이라기보다 신용협동조합이다. 사업의 목표를 사망, 질병 등의 어려움에 처한 조합원을 협동으로 돕겠다는 상호부조 운동에 두고 있고, 장례 공제사업을 준비하면서 자조운동의 성격을 강화하고 있기 때문에 공제협동조합으로 이름을 붙인 것이다.

현재 한국의 저소득층 주민들은 담보나 신용관계상 제도금융권을 전혀 이용할 수 없다. 오히려 급전이 필요할 때는 형제나 이웃에게조차 돈을 빌리기도 어렵기 때문에 신용카드나 고리대부업자 등 고율의 이자를 지불하면서 돈을 마련하는 것이 현실이다. 그래서 자활공제협동조합은 급속도로 전국에 걸쳐 확산되고 있는 중이다. 2010년 6월 자활공제협동조합연합회가 결성된 이래 지금까지 지역 자활공제협동조합이 조직된 곳은 약 70여 개에 이른다.

장례문화의 급격한 변화

한국의 장례문화는 불과 10년 남짓 사이에 너무나 급속하게 바뀌어 버렸다. 1990년대 중반만 해도 대도시 아파트에서도 가족과 친지들이 모여 장례식을 지냈다. 그러나 이제 자신의 집에서 장례식을 지내는 사람은 거의 없다.

〈표 1〉 장례식 장소의 변화 : 2006년 3월 13일 한국갤럽 발표자료

	병원	전문장례식장	집	성당	교회	절
1994년	22.6%	0%	72.2%	2.4%	1.4%	0.5%
2005년	68.8%	20.7%	6.9%	1.8%	1.5%	0.3%

위 표에서 알 수 있는 것처럼 1994년에는 10명 가운데 7명 이상이 집에서 장례식을 지냈다. 고인은 자신이 살던 집에서 삶을 마치고 고인의 숨결이 아직도 남아 있는 바로 그 방에 가족들과 친지들이 함께 모여 고인을 기렸다. 그런데 10년이 조금 지난 2005년에는 10명 가운데 7명 이상이 병원이나 전문장례식장에서 장례식을 지내고 집에서 지내는 사람은 한 사람도 채

되지 않게 바뀌고 말았다. 매장과 화장에 대한 인식도 10여 년 사이에 화장 선호로 급속하게 바뀌었고, 2014년에는 10명 가운데 8명이 화장을 하고 있는 실정이다.

이런 급격한 변화의 요인은 많다. 가족 형태가 급속하게 핵가족화하면서 주거문화가 단독주택에서 아파트로 바뀐 것도 한 요인이라고 분석된다.

〈표 2〉 단독주택과 아파트의 비율

구 분	단독주택	아 파 트
1970년	88.4%	4.1%
1990년	46.1%	35.1%
2005년	19.85%	54.3%

하지만 무엇보다도 장례문화의 변화는 공동체의 해체와 극도로 파편화된 개인주의 문화의 확산이 주요인이다. 극단의 서구 근대 산업화만을 추구한 결과 극단의 시장경제, 상품경제 속에서 사람을 오직 이윤을 낳는 노동력으로만 보는 경제제도가 원인인 것이다. 이러한 삭막한 풍조는 고스란히 장례식의 변화로 이어졌다.

장례 사업은 크게 세 분야로 나뉘어져 있다. 묘지와 화장 · 납골당 분야, 장례식장과 음식, 염습과 수의, 관 등 장사물품과 서비스가 그것이다.

한국의 장례식 비용은 대략 1,000만~1,500만 원가량(서울의 경우) 든다. 지역마다 편차가 있지만 장례식 전체 비용 가운데 이 세 분야의 비용이 각각 대략 3분의 1씩 차지한다. 이 세 분야 모두 다양한 문제점을 내포하고 있다.

병원에 장례식장이 있는 나라는 전 세계에서 대한민국이 유일하다. 어느 순간 일반 시민들이 병원 장례식장을 편리하게 받아들이고 있고 또한 현실의 여러 요인 때문에 병원에 장례식장이 있는 것을 매우 당연하게 생각하고 있는 실정이다. 그리고 일부 병원에서는 장례사업을 황금알을 낳는 거위로 생각해서 앞다투어 불법으로 장례식장을 만들어 버젓이 영업 행위를 해왔다. 이렇게 수십 년간 병원 장례식장은 불법이었다. 2010년 초에 이르러 법이 바뀌어 기존의 병원 장례식장들만 비로소 합법화되었다.

상조사업은 1980년대 초반 일본에서 수입되어 주로 부산경남 지방에서 영업을 시작했다. 상조회사들은 일종의 선불식 할부거래업으로 회원으로부터 매달 일정액을 불입 받고 회원들의 장례식 행사를 대행해 준다. 상조회사들은 장례식 영역 가운데 염습 등 장사서비스와 수의, 관 등 장사물품을 상품화시켰다. 이 상조회사가 전국으로 확대되면서 다단계 영업을 하기 시작했고, 고객들이 낸 납입금의 50% 이상을, 심지어는 90%를 영업비용으로 지출하는 사기 영업을 일삼아 소비자들의 피해가 급증하면서 큰 사회문제로 대두되기 시작했다.

해약을 해도 해지환급금을 전혀 주지 않거나 상이 발생해 서비스를 받으려고 상조회사에 연락했는데 이미 회사가 망해서 없어졌다거나 하는 일이 비일비재했다. 다행히 2010년 9월부터 개정 할부거래법이 시행되어 규제를 강화했다고는 하지만 여전히 상조사업은 일반 시민들의 불신을 해소하지 못하고 있다.

무엇보다도 장례업의 가장 큰 핵심 문제는 음성의 뒷돈(리베이트) 거래 관행과 수의, 관 등의 폭리 구조다. 이것이 장례사업에 대해 일반 시민들이 갖고 있는 불신의 원천이다. 상을 치르고 나서 공공연히 요구하는 봉투(뒷돈) 때문에 불쾌한 경험을 한 사람들이 한둘이 아니다. 나중에 뒷돈과 리베이트로 인해 피해를 입은 사람들이 대부분이다. 장례식 곳곳에 뒷돈 관행이 도사리고 있지 않은 데가 없다. 보통 장례식 비용 전체의 20~40%가 뒷돈으로 추정되고 있다.

한겨레두레공제(협동)조합

한겨레두레공제조합은 2010년 1월에 출범하여 현재 장례공제라 할 수 있는 '상포계'를 운영하고 있고, 곧 혼인계를 운영할 예정이다. 원래 상포계는 농업 공동체에서 초상 때 드는 천을 마련하기 위한 계모임이다. 한겨레두레공제조합은 전국 15개 지역의 지역 한겨레두레공제조합과 이들 지역 조합이 연대해서 만든 한겨레두레공제조합연합회가 결성되어 임의단체로 활동하고 있었다. 그러다가 2012년 12월 협동조합기본법 발효 이후에는 임의단체인 한겨레두레공제조합과는 별도로 협동조합 법인격을 새로 조직하고 동시에 한겨레두레협동조합연합회를 조직해 상포계를 운영하고 있다. 사실 한두레의 상포계는 장례 서비스의 제공이라는 협동조합 사업의 성격과 상호부조 활동이라는 공제조합 결사체의 성격이 병존하고 있다.

한겨레두레공제조합은 2009년 4월 풀뿌리공제운동연구소가 창립 기념 심포지움 '경제를 넘어 공제로 : 한국 상조사업의 현황과 대안'을 열면서 시작되었다. 이미 사회문제로 대두된 상조회사의 다양한 문제점을 극복하기 위해 상업적 장례문화를 공동체 장례문화로 바꾸는 근본 대책이 필요하다는 데 공감하는 사람들이 모인 것이다.

2009년 9월, 풀뿌리공제운동연구소와 한겨레신문사가 공동으로 공제조합 운동을 해 나가자는 데 뜻을 모았다. 이때부터 전국 각 지역에서 주민운동을 비롯해서 협동조합운동, 시민사회운동 등 지역공동체운동을 하고 있는 사람들과 함께 지역 한겨레두레공제조합 준비위가 조직되기 시작했다. 2010년 1월 13일, 대전 민들레의료생협 교육실에서 13개 지역 한두레준비위 활동가들이 모여 총회를 갖고 13개 지역 한겨레두레공제조합 준비위와 한겨레두레공제조합연합회 준비위를 정식 결성하였다.

2010년 2월 한겨레두레공제조합은 공식 출범을 선언하고 조합원을 모집하기 시작했다. 그러나 장사물품과 장사서비스 제공 시스템에 심각한 문제점이 발견돼 즉시 조합원 모집을 중단하고 재점검하는 기간을 가졌다. 근 8개월 동안 뒷돈(리베이트)과 폭리구조 근절의 시스템으로 전면 개편하면서 2010년 10월 말부터 조합원 모집을 다시 시작했다.

임의단체로서 한겨레두레 상포계 사업을 하면서 가장 큰 현안으로 대두된 것은 법인격 취득 문제였다. 한겨레두레공제조합연합회 총회의 치열한 논의 끝에 한겨레두레 상포계는 생협 법인으로 등록하기로 결정하였다. 생협법상 법인 설립 인가 조건은 300명 이상의 조합원과 3,000만 원 이상의 출자금이었다.

서울한겨레두레공제조합은 조합원이 300명을 넘어서고 출자금이 3,000만 원 이상이 되면서 2011년 5월 3일 한겨레신문사 청암홀에서 법인 창립

총회를 열었다. 그리고 바로 서울시에 생협 법인 인가 신청서를 제출하였다. 근 4개월에 걸쳐 공정거래위원회에서 할부거래법의 선불식 할부거래와 유사수신행위법 적용 여부에 대한 검토 과정이 있었다. 유사수신행위법 적용 여부는 한두레 상포계의 조합비 적립이 원금 이상의 금액을 지불할 것을 약정하지 않았기 때문에 그리 큰 문제가 되지는 않았다. 선불식 할부거래업 적용 여부에 대해서는 공정거래위원회와 다소 긴 논의와 검토 과정을 거치지 않을 수 없었다. 그 결과 공정위에서는 선불식 할부거래업에 해당되지 않는다는 최종 유권해석을 내렸다.

그런데 서울시는 2011년 9월 20일 서울한두레생협의 설립 인가 신청을 반려하는 공문을 보내왔다. 생협법상 사업 범위에 들어가지 않는다는 공정위의 유권해석에 따라 내려진 조처였다. 서울한두레와 연합회는 자문 변호사에게 법률 검토를 의뢰하고 생협연합회와도 대응책에 대해 협의를 했다. 2011년 말부터 2012년 초까지 서울한두레와 한두레연합회에서는 각각 이사회와 총회를 열어 생협 법인 인가의 재신청을 놓고 논의를 계속했다. 당시 협동조합기본법 논의가 막 시작되고 있던 때였다. 2012년 초, 결국 생협의 재신청보다는 협동조합기본법의 제정을 지켜보고 방침을 정하기로 최종 결정하였다.

2011년 12월 29일 협동조합기본법이 국회를 통과해 제정되었다. 이어 11개월 뒤인 2012년 12월 1일 비로소 협동조합기본법이 시행되었다. 서울조합부터 협동조합 법인 창립대회를 다시 열어 설립신고를 하고 법인격을 취득했다. 이로써 한겨레두레 상포계 사업은 현행법을 준수하면서 협동조합

방식으로 사업을 운영해 나갈 수 있었다.

오늘날 우리는 모든 것을 돈으로 환산하는 물신숭배의 풍조에 젖어 죽음마저도 상품으로 거래하고 있다. 한겨레두레 상포계는 이런 상품화를 지양하고 새로운 인간관계 속에서 우애와 환대의 공동체 장례문화를 만들어 나가고 실천해 나가고 있다.

한겨레두레협동조합은 상포계 사업을 더욱 확장해 나가고 있다. 홀로죽음을 마을장례로 치르기 위한 상포계 나눔사업을 서울시·종로구와 함께 2년째 진행하고 있고, 상업화된 장례를 마을공동체 장례로 바꾸기 위해 '작은장례'를 준비하고 있다. 앞으로 혼인계를 비롯해서 돌잔치계, 팔순잔치계, 혼인계, 여행계 등 다양한 사업을 벌여나갈 계획이다. 또 의료사협, 가사노동자협회, 공동육아과 공동체교육, 돌봄 등과 함께 사회서비스협동조합협의체를 준비하고 있다. 이것이 실현된다면 사회서비스와 복지 분야에서 획기적인 전기를 마련할 수 있을 것이다.

우리는 지금 기댈 만한 어떤 공동체도 없이 만인의 만인에 대한 경쟁 사회, 사막사회 속에서 살고 있다. 힘없이 파편화 된 개인으로 흩어져 폐기물처럼 홀로 쓸쓸히 죽음을 맞이해야 하는 삶을 살고 있다. 한겨레두레협동조합은 애경사와 같은 큰일이나 어려움을 함께 이겨내고자 우리 스스로 만든 결사체이며, 미래의 위기에 대비하기 위한 지역의 사회안전망이다.

상포계의 특징

한겨레두레공제조합 상포계는 뒷돈(리베이트)과 장사물품의 폭리구조를 과감하게 없애버렸다. 그래서 장례비용을 대폭 절감하고 안심하고 믿을 수 있다. 고 리영희 선생, 허병섭 목사, 김근태 장관, 장준하 선생, 이내창 열사, 홍근수 목사의 민주사회장을 비롯해 지금까지 500여 건의 장례를 훌륭하게 치르면서 장례문화를 혁신하고 있다.

한겨레두레협동조합 상포계는 무엇이 다른가. 상조회사의 대표격인 A상조회사의 360만 원짜리 상품 원가는 화장의 경우 약 140만 원 정도로 알려져 있다. 한겨레두레협동조합 상포계는 장례물품과 인력서비스를 원가로 조합원들에게 제공하고 여기에 24%의 조합운영비만 붙인다. 이렇게 하여 수도권의 경우 조합원에게 최소한 150만 원 이상의 직접 장례비용을 절약한다. 거기다 납골당 리베이트를 비롯한 각종의 봉투를 없애고, 특히 장례식장의 주 수입원인 음식비를 절약하면 최소한 2, 300만 원 이상을 절감할 수 있다.

협동조합의 힘은 신뢰의 인간관계다. 한겨레두레공제조합 상포계는 같은 조합원이자 상포계 활동가인 전문 장례일꾼(장례지도사)과 접객관리사(도우미)에게 장례를 맡기기에 믿을 수 있다. 유족에게서 어떻게 하면 더 많은 이윤을 뽑아낼까를 고민하는 상조회사와는 근본부터 다를 수밖에 없는 것이다.

한겨레두레공제조합 상포계는 일반 상조회사들의 상조상품과 달리 장례물품과 인력서비스를 원가 그대로 제공한다. 즉, 매장과 화장(납골당), 장례식장, 음식, 그리고 염습과 장사물품(상조상품 영역) 등 장례식 전체 진행을 직거래의 공동구매를 통해 조합원에게 제공한다. 조합원의 조건에 맞추어 상을 치르는 이런 맞춤형 장례식은 다음과 같은 상포계의 운영원칙에 따라 진행된다.

첫째, 리베이트 근절. 상포계는 일체의 뒷돈(리베이트)를 받지 않는 투명한 장례식 진행을 가장 큰 원칙으로 한다. 뒷돈을 받은 것이 드러날 경우에 조합원 상주에게 뒷돈이 거래된 분야의 비용 전체를 배상하고 장례일꾼(장례지도사)은 즉각 제명조치 된다.

둘째, 장사물품 폭리 구조 배제. 수의, 관, 생화제단, 장의차 등에 도사리고 있던 속임수나 폭리 구조를 말끔히 제거해 비용을 대폭 줄인다. 추가로 발생하는 비용 또한 마진 없이 그대로 조합원에게 제공한다.

셋째, 맞춤형 장례식 진행. 조합원에게 상이 발생하면 상포계의 장례일꾼(장례지도사)은 한 시간 이내에 즉시 출동한다. 그리고 현장에서 바로 상주 가족과 장례식 전체를 협의한 뒤 계약서를 작성하고 장례식을 진행한다. 조합원 상주 가족이 장사물품의 목록을 보고 자신의 형편에 맞게 적합한 물품을 맞춤형으로 선택할 수 있도록 한다. 예컨대 상주인 조합원이 미리 준비해 둔 수의가 있다면 구입하지 않으면 되고, 접객관리사(도우미)도 필요한 만큼만 쓰면 되는 것이다.

넷째, 출자금과 24% 조합비. 한겨레두레협동조합의 조합원이 되려면 1구좌(1만 원) 이상의 출자금을 내야 하고 이는 탈퇴나 해약시 전액 돌려준다. 또 상포계를 이용하기 위해 매달 3만원의 조합비를 내며 이중 24%는 조합운영비로 사용한다. 개별 정산은 해약과 탈퇴시 이루어지는데 이는 소비자생협 운영방식을 차용한 것으로 기본적으로 마진을 남기지 않는 비영리 구조다.

다섯째, 조합원 교육. 상포계 조합원은 가입 시 반드시 조합원 교육을 받아야 한다. 조합원 교육을 받아야 협동조합이 무엇인지 알 수 있고 장례사업의 현실과 상포계의 특징을 이해할 수 있다. 교육을 통해 조합을 전적으로 믿을 수 있게 되며 실제 상을 당했을 때 장례식 비용을 대폭 절감할 수 있다.

작은장례와 마을장례

장례환경이 급변하고 있다. 저출산과 급속한 고령화에 따라 2035년에는 전체 2,200만 가구의 68%가 1~2인 가구이고, 65세 이상 900만 가구의 80%가 1~2인 가구가 될 전망이다. 고령 1인 가구는 2015년 172만 명, 2035년 409만 명으로 고령화와 홀몸가구 쓰나미가 몰려오고 있는 것이다. 이는 무엇을 의미하는가. 사망자는 가파르게 늘어나는데 이를 감당할 인구 (자손)의 수는 감소한다는 뜻이다. 이제 빈곤에 이어 인구가 큰 문제로 닥치게 되는 것이다.

장례업계에서는 이러한 '시장의 확대'에 반색하고 있다. 대형병원 장례식장은 시설을 더욱 확장하고 상조회사들은 화려한 장례식을 통해 비용을 높이고 있다. 그러면서 이른바 엠엔에이를 통해 갈수록 대형화, 고비용화, 독과점화로 치닫고 있다. 이제 돈이 없으면 장례도 제대로 치르지 못한 채 한 많은 생을 마감할 수밖에 없다. 살아서 차별과 불평등에 시달리다 죽어서까지 홀대 받는 신세가 되는 것이다. 이를 근본적으로 해결할 방법은 없는 것일까. 한겨레두레협동조합은 '작은장례'를 유일한 대안이라고 보고 2015년부터 캠페인을 시작하고 있다.

작은장례는 병원 장례식장과 전문 장례식장을 이용하지 않고 공공의 장소나 가정에서 장례를 치르는 것을 말한다. 혼례와 마찬가지로 장례도 전문예식장소에 들어가는 순간 그들이 짜놓은 시스템안으로 빨려 들어갈 수밖에 없다. 한번 상상해 보라. 고인이 평소 자주 드나들던 마을회관이나 노인회관에서 장례를 치르는 것을.

공공의 장소는 셀 수 없이 많이 있다. 의료사협의 병원이나 생협 등 협동사회경제 진영의 공간, 마을공동체와 네트워크, 절·교회·성당 등 종교시설, 마을회관이나 노인회관, 문화센터와 종합사회복지관, 지자체의 공간 등 장례식장으로 활용할 수 있는 공간을 데이터베이스화 하고 작은장례 신청자와 연결한다. 장례는 전문 장례식장이 아닌 집이나 공공장소에서 장례를 치러 본 경험이 있는 한겨레두레협동조합에서 진행한다. 시신을 작은장례 장소로 모시기 어렵다면 병원 안치실에 둘 수도 있다. 이렇게 된다면 장례비용을 획기적으로 줄일 수 있을 뿐 아니라 녹색장례, 문화장례, 마을장례가 가능해진다.

작은장례는 녹색장례다. 작은장례를 치르면 무엇보다 일회용품과 음식물

쓰레기를 획기적으로 줄일 수 있다. 미래세대를 위해 지구환경을 잘 보존해서 물려주는 데 크게 기여할 수 있는 것이다. 수의 대신 평상복을 입을 수 있고, 나무관 대신 종이관을 쓸 수도 있다. 꼭 3일장일 필요가 있는가. 1일장이나 2일장, 대규모 장례가 아닌 소규모 장례로 에너지 낭비를 막을 수도 있다. 무엇보다 작은장례는 진정한 자연장인 산골(散骨)을 실현한다. 현재의 자연장은 자연장이 아니라 '인공장'이다. 왜 그런가.

1998년 하반기까지만 해도 우리나라의 화장률은 채 30%에 이르지 못하고 있었다. 이후 우리나라의 화장률은 2014년 79.2%를 넘어 2015년에는 80.8%를 기록했다. 이제 누가 뭐래도 우리 국민들의 보편적인 장법은 화장(火葬)이 되었다. 화장한 유골을 어떻게 처리하는 것이 가장 바람직한가.

화장한 뼛가루를 자연 속에 뿌려줌으로써 단기간에 자연에 환원시키는 산골(散骨)이야말로 진정한 자연장이라고 할 수 있다. 하지만 현재까지 우리 법률에서는 이에 대해 어떤 규정도 내리지 않고 있다. 국립해양연구원에 따르면 바다에 유골을 뿌리는 것으로 인한 오염의 징후는 발견되지 않았으며 생물독성 또한 없는 것으로 나타났다. 하루에 1,000구의 유골을 바다에 뿌려도 부영양화 가능성은 없는 것으로 나타났다.

지난날 자연장(수목장림)의 신속한 도입을 강력하게 주장하던 그룹이 있었다. 그들은 자기 주장의 조속한 관철을 위해 온갖 수단을 동원했다. 또 그들은 독일의 프리드발트, 그것도 경영을 쳐다보았을 뿐 그들 장례문화에 대한 세심한 관찰, 법제도와 역사·철학과 같은 본질적인 면은 관심조차 두지 않았다.

그들은 자신들이 목적한 바와 관련이 없는 공공성이 강한 다른 형태의 자연장은 철저하게 외면했다. 오직 신속한 도입에만 총력을 쏟았고, 공영방송에서조차 수목장만을 집중적으로 부각했다. 그 과정에서 수목장 열풍이 불어 전국 도처에 무허가 수목장 난립이라는 혼돈에 빠진 적도 있었다.

이러한 영향으로 다수 국민들은 수목장이 곧 자연장이라 믿게 되었다. 자연장이라는 말의 뉘앙스 때문에 전통적인 산골이 당연히 포함되었을 것으로 생각하는 사람들이 많지만 '유골을 뿌리는 것'은 철저히 배제되어 있다. 좀 깊이 들여다 본 외국의 자연장은 그 사회의 가족구조의 변동에 따라 새롭게 등장한 장법이었다. 때문에 이를 우리의 장법으로 도입하기 위해 보다 많은 연구와 신중한 접근이 필요했다.

우리의 자연장은 이처럼 조급함과 미성숙한 데서 출발했고, 때문에 시행착오는 당연할 수밖에 없었다. 수목장 열풍 속에 중앙과 지방정부들이 나름 열심히 뒤쫓아 갔던 결과물이 바로 공설자연장지였다. 박태호 한국장묘문화개혁범국민협의회 정책실장은 전국의 자연장지를 조사하고 나서 '과연 이것이 자연장지인가, 인공장지 아닌가?' 라고 개탄한 바 있다. 예전에는 경제적인 궁핍 때문에 어쩔 수 없이 강산에 유골을 뿌렸다. 하지만 이제는 우리 후손들이 살아갈 강산을 온전하게 지켜주기 위해 사후 자연으로 돌아가야 한다. 순수산 자연장은 우리 조상들도 많이 사용하던 훌륭한 장법이었음은 두말할 여지가 없다.

작은장례는 문화장례다. 보여주기식 의전중심의 화려한 장례에서 진정으로 고인을 추모하는 소박하고 품격 있는 장례를 치를 수 있다. 상조회사의 의전서비스는 도를 넘고 있다. 밴드, 화려한 꽃장식, 제복 등 국적불명의 장례문화와 허례허식은 고인이 아닌 고인의 가족을 위한 장례로 만들고 있다. 작은장례는 진정으로 고인을 추모하는 장례다. 고인이 누구인지도 모르고 가서 절하고 비싸지만 질은 형편 없는 '육개장' 한 그릇 먹고 오는 천편일률적이고 아무 의미도 없는 장례가 아니다. 추모영상 상영, 추모시 낭독, 추모 연주, 조문보(고인의 약전과 유족 소개, 장례 절차), 회고담 나누기 등이 가능해 진다.

작은장례는 마을장례다. 얼마전 한겨레두레협동조합에서는 '집장례'를 치른 적이 있다. 한 조합원이 어머니의 유언에 따라 요청한 것에 따른 것이다. 그 어머니는 생전에 "통조림 찍어내듯 장례를 치르는 병원 장례식장에 가고 싶지 않다"고 말했다고 한다. 그 조합원은 새로 긴 천에 어머니의 젊은 시절 사진을 새기고 'Good bye my mom, 엄마 사랑해' 라고 적었다. 이 특이한(?) 플래카드를 보고 동네사람들이 모여 들었다. '아이구, 이집 할머니 돌아가셨네' 라고 하면서. 고인이 생전에 살던 곳에서 장례를 치르는 것이 가장 좋다. 그래야 평소 가깝게 지냈던 이웃이 함께할 수 있다. 음식은 인근 식당에서 만들어 왔다. 병원 장례식장의 비싼 음식의 절반에도 못 미치지만 맛과 질은 훨씬 뛰어났다. 동네사람들은 조문객이자 유족이었다. 일손이 부족하면 팔을 걷어붙이고 설거지를 하고 상을 차렸다. 이 조합원뿐 아니라 어떤 조합원은 자신이 사는 아파트 주차장에 천막을 치고 장례를 치렀다. 병원장례식장만이 유일한 장례방식이 아니며 제 3의 장소에서도 충분히 장례를 치를 수 있다는 것이다.

미래를 위한 개념 있는 선택

한겨레두레협동조합은 2년 전부터 서울시·종로구와 함께 마을장례지원단 '따뜻한동행'을 운영하고 있다. 관내의 무연고, 홀몸어르신을 위해 적십자병원, 나눔과나눔 등과 함께 활동하고 있다. 홀몸어르신들 중에서 장례를 치를 형편이 어려운 이들에게 정부에서 지원하는 장례비 이외의 비용을 한겨레두레협동조합의 '나눔기금'에서 지원한다. 장수사진 찍기, 구술생애사 기록, 엔딩 노트 제작 등 여러 활동을 하고 있는데, 죽음을 걱정하던 노인들이 큰 시름을 덜었다며 웃음을 되찾는 모습에서 큰 보람을 느끼고 있다. 죽음을 대하는 태도는 그 사회의 수준을 보여준다. 무연고 시신을 장례 절차 없이 바로 화장하고, 가난한 이들은 천대 받는 현실은 우리 사회의 민낯을 그대로 보여 준다. 삶과 죽음은 동전의 양면이다. 죽음을 성찰하면 삶이 존엄해 진다.

결론적으로 작은장례는 가난한 이들의 싸구려 장례가 아니라 개념 있는 이들의 미래와 후손을 위한 올바른 선택이자 위대한 결단이다. 문화를 바꾸는 일은 쉽지 않다. 하지만 우리는 매장에서 화장으로 장법을 빠른 속도로 바꾼 경험이 있다. 이제 화장에서 작은장례로 나아가야 한다. 화장과 자연장으로 장법을 바꿨으니 이제 예식을 바꿔야 한다. 언제까지 장사꾼들의 교묘한 사탕발림에 놀아날 것인가.

어르신 돌봄, 새로운 패러다임이 필요하다

신동수 (한림대학교 간호학부 교수)

　　우리의 선조들은 자기 자신이나 마을에 일이 생긴 경우 마을 어른들을 찾아가 지혜를 구하고 문제를 해결해 나갔다. 서양에서도 마을의 어른은 '어르신'으로 존중되었고 노년기를 인생의 정점으로 보고 'wonderful accomplishments'로 표현했다. 이렇게 노인이 삶을 통해 쌓은 경험과 안목은 후세대에 이어져 갔다. 그러나 현대 사회에 들어서면서 과학기술의 급격한 발달로 정보가 생성되고 쌓이는 양과 속도가 이전과 비교할 수 없이 빠르게 진행되고 있으며 그 전파력 또한 대단함을 우리는 이미 경험하고 있다. 노인이 일생을 통해 얻은 경험과 안목은 더 이상 후세대가 가장 먼저 찾아봐야 할 '지혜'로 존중 받지 않는다. 이와 함께 노인에 대한 우리들의 인식도 변하고 있다. 노인을 '삶의 지혜를 지닌 어르신' 보다는 우리 사회가 돌봐야 할 대상으로 받아 들이는 경향이 있다. 노화가 진행됨에 따라 만성 질환을 경험하는 경우가 증가하고 대부분 노인들은 은퇴 후 경제적으로도 어려움을 겪는 경우가 많아 질병관리 등의 비용 부담이 개인과 가족의 범위를 넘어 사회 전반에 영향을 미치고 있다. 이러한 상황으로 인해 노인을 수동적인 소비자로 생각하는 인식이 점차 증가하고 있다.

이러한 현상이 노인 돌봄과 어떤 관련이 있을까?

누군가를 돌본다는 것은 돌보는 행위에 속하게 되는 사람들, 즉 돌봄을 제공하는 자와 그 대상이 되는 자의 생각, 태도와 지식에 크게 영향을 받는다. 노인 돌봄은 크게 다음 3가지 모델로 나눌 수 있다. 1) 노인에게 돌봄을 제공하는 것, 즉 노인에게 나타난 건강 문제를 해결하는 것, 2) 노인에게 나타난 건강 문제를 노인과 의료진이 함께 해결하고 이와 관련하여 건강생활 습관이 유지되도록 권유하는 것, 3) 노인에게 나타난 건강 문제를 노인과 의료진이 함께 해결하고 노인이 주체적으로 자신의 건강을 관리하는 것이다. 특히 3번의 경우 노인이 자신의 건강관리의 주체가 되고 이에 필요한 정보를 습득하는 것을 의료진과 가족들이 긍정적으로 수용해야 한다. 이상 3가지는 언뜻 보기에도 차이가 있다. 그러나 이 차이로 인해 노인에게 나타나는 결과는 생각보다 더 크다. 이 3가지의 명확한 차이를 다음의 김 할머니 예시를 통해 확인해 보자.

"80세 김 할머니는 고등학교를 졸업한 이듬해 공무원인 신 모 할아버지와 결혼하여 슬하에 3남매를 두었다. 김 할머니는 가정주부로 평생을 살았고 자녀가 모두 출가한 후 18평 아파트로 이사해 남편과 둘이 지냈다. 5년 전 남편이 세상을 떠난 후 혼자 살고 있으며 생활은 공무원 연금과 자녀들이 명절과 생일에 주는 용돈으로 충당하고 있다. 김 할머니는 평소 술, 담배를 하지 않고 큰 지병 없이 지내며 혈압도 정상 범위인 120/80 mmHg 전후를 유지하였다. 그러나 55세 폐경 후 혈압이 점차 높아져 70세부터는 동네 의원 의사의 권유로 고혈압 약을 복용하기 시작하였다. 남편과 사별한 직후에는 심혈관에 스텐트를 삽입하였다. 이후 동네 의원에서 고혈압 약을 복용하고 있으며 경제적인 부담을 덜기 위해 감기 등 간단한 증상이 있을 경우 보건소를 찾아가기 시작했다."

위의 김 할머니 예시에서 먼저 1) 노인에게 돌봄을 제공하는 것, 즉 노인에게 나타나는 증상을 지침에 따라 돌보는 것을 생각해 보자. 이는 김 할머니가 고혈압 약을 처방 받기 위해 동네 의원을 방문하거나 감기 증상으로 보건소를 방문하였을 때 지침에 따라 약을 처방하는 것을 말한다. 고혈압 약 처방의 경우 일반적으로 다음과 같다.

'체중과 혈압을 측정하고 최근 건강 상태를 물어 보며 처방한 약을 매일 복용하도록 알린다. 가능한 싱겁게 먹고 운동도 하면 좋다는 조언과 함께 처방전을 건넨다. 다음 예약 일정을 정하고 당일 못 올 경우 꼭 연락을 하여 다시 예약 날짜를 정하며 예약일 전날 확인 문자를 발송한다.'

이 경우 김 할머니는 고혈압을 조절하기 위한 약 처방을 받고 이전과 동일하게 지낼 수 있게 된다. 김 할머니가 고혈압 약을 규칙적으로 잘 복용하고 일상생활에서 큰 스트레스를 받지 않으며 적절히 운동도 하고 싱겁게 먹도록 노력한다면 큰 변화는 없을 것이다. 그러나 우리는 이러한 일상의 유지가 어렵다는 것을 경험이나 주변 사람들의 이야기를 통해 알고 있다. 특히 노화 과정에서 짠맛에 대한 역치가 높아져 본인도 모르게 조금씩 더 짠맛을 선호하게 되어 염분 섭취량이 증가하게 된다. 운동을 하지 않던 김 할머니가 집에서 혼자 자신에게 적합한 운동을 찾아 규칙적으로 실천한다는 것도 쉬운 일이 아니다. 의료진의 경우 김 할머니의 고혈압 조절에 대한 태도와 지식, 자신감, 약을 규칙적으로 복용하는 또는 복용하지 못하는 이유, 운동은 어떤 운동을 얼마나 하고 있는지, 식사는 어떻게 조절하고 있는지에 대해 자세한 정보를 수집하지 않는다. 이렇게 고혈압 환자를 대하는 경우 동네 의원은 의사 1인과 진료 보조 1인으로 운영이 가능하다. 그러나 고혈압 조절에 대해서는 김 할머니의 혈압이 계속해서 정상 범위에 있고 불필요한 합병증을 경험하지 않을 것이라 확신하기 어렵다.

이제 2번 모델의 경우를 살펴보자. 이는 '노인에게 나타난 건강 문제를 노인과 의료진이 함께 해결하고 이와 관련하여 건강생활습관이 유지되도록 권유하는 것' 즉 동네 의원의 의료진이 고혈압 약을 처방하고 부가적인 간단한 설명을 하는 것을 넘어 김 할머니의 고혈압 조절에는 무엇이 필요한지, 어떤 생활 방식이 교정 되어야 하는지를 확인하고 이를 김 할머니와 함께 상의하는 것이다. 구체적인 내용은 다음과 같다.

'의원 방문 전 약물 복용 규칙성과 생활양식을 김 할머니와 의료진이 함께 확인한다. 또한 김 할머니의 고혈압 관리에 도움이 되는 것과 방해가 되는 것을 파악한다. 일상생활에서 고혈압 관리를 위해 개선할 점이 확인되는 경우, 이에 대해 김 할머니와 같이 방안을 고민한다. 선택한 방안을 일상생활에서 실천할 구체적인 계획을 세운다. 다음 방문까지 이를 실천에 옮기고 실천에 어려움이 발생하는 경우 의료진과 다시 상의한다.'

모델 2의 경우 현 관리 상태 파악, 도움을 받을 지원 환경 파악, 개선 계획 수립, 실천 정도 확인과 지속, 필요시 계획 수정 등의 단계로 나눌 수 있다. 먼저 이러한 방법은 김 할머니가 고혈압을 조절하려는 의지가 있고 이에 대한 적극적인 태도를 지녀야 한다. 또한 노인과 의료진 사이에 신뢰가 있어야 함께 시작할 수 있다. 만성 질환 관리의 구성 요소 중 하나인 환경적 지원 또한 중요하다. 즉, 김 할머니가 운동과 염분 섭취 감소를 위해 동네 의원이나 지역 보건센터 등에서 도움을 받을 수 있는 환경이 최소한 마련되어야 한다. 의료진의 경우도 고혈압 조절의 의학적 측면 이외에 운동 교실, 저염식 교육 등을 직접 제공하거나 이를 제공하는 기관 파악 등 관련 정보를 수집해야 한다.

또한 독거 노인인 김 할머니의 자녀, 이웃과의 관계, 종교 활동 등 사회적·정서적·영적 상태를 파악한다. 이를 바탕으로 김 할머니와 친밀한 유대 관계를 형성하는 것이 지속적인 고혈압 관리에 도움이 된다. 고혈압 관리에 필요한 규칙적인 혈압 측정이나 운동 등을 실천하기 위해서는 국내외 선례를 살펴보면 이러한 행동들을 일상생활에서 쉽게 실천할 수 있도록 하루 일과에 포함하는 것이 실천 정도를 높이는 데 도움이 된다고 보고되었다.

이러한 세부 계획 수립, 주기적인 소통과 교육 제공, 지역 사회 자원 파악 등이 지속적으로 이루어지려면 동네 의원에 의사와 간호사, 사회복지사, 운동치료사 등 다양한 전문가가 있는 것이 필요하다. 현실적으로 한 의원에서 다양한 전문 영역을 모두 고용하기 어려운 경우 공동 개원을 하고, 의사와 간호사는 각 의원마다 고용하며 사회복지사, 운동치료사, 영양사 등은 지역적으로 근거리에 있는 병원에서 공동으로 서비스를 제공하는 방안을 활용할 수 있다. 이러한 시스템을 운영하기 위해서는 노인과 노인에게 필요한 적절한 서비스를 연계해 주는 전문가가 필요하다. 유럽 등 선진국에서는 노인, 의사, 간호사 또는 전문 간호사가 팀을 이루어 이러한 역할을 효과적으로 담당하는 것으로 나타났다. 전문 간호사는 한국에서도 2004년 이후 노인 전문간호사를 포함하여 매년 배출되고 있다. 노인 전문간호사는 최소 3년 이상의 노인 간호 관련 임상 실무 경력이 있고 석사과정을 마친 후 보건복지부에서 시행하는 1, 2차 자격시험에 합격한 전문 인력이다. 한국도 동네 의원에 간호사 또는 전문 간호사가 배치된다면 노인에게 필요한 전문적인 서비스를 시의적절하게 연계하여 노인 건강관리에 기여할 것이다.

마지막으로 3) 노인에게 나타난 건강 문제를 노인과 의료진(주치의 팀)이 함께 해결하고 노인이 주체적으로 자신의 건강을 관리하는 것에 대해 살펴보자.

이 모델 역시 모델 2와 같이 의료진이 의사, 간호사 또는 전문간호사, 운동처방사, 영양사 등 팀을 이루어 노인의 건강관리에 참여하는 것은 동일하다. 그러나 모델 3이 위에서 살펴본 모델 1, 2와 가장 확연하게 차이가 나는 것은 노인이 자신의 건강 상태에 대해 충분한 지식이 있고 이를 바탕으로 고혈압 관리의 중심이 되어 의료진과 주체적, 적극적으로 상호작용을 하는 것이다. 주기적인 건강 상태 확인, 자신에게 적합한 건강관리 계획 수립, 필요한 서비스와 연계 등은 모델 2와 유사하다. 그러나 모델 3을 적용하게 되면 건강관리 과정을 의료진이 이끌어 가는 것이 아니라 노인이 스스로 진행하고 필요한 부분에 대해 의료진에게 먼저 요청하게 된다. 노인 자신의 성향과 선호도, 자신이 속한 환경 등에 대해 자신이 가장 정확하게 알고 있기 때문에 이러한 방식은 건강관리 실천에 가장 효과적이다.

또 다른 차이점은 모델 2와 같은 의료진의 구성 이외에 노인 스스로의 역량이 강화되어야 한다는 것이다. 즉, 자신의 질환에 대해 명확하게 인지하고, 자신이 실천해 나가며 부딪치는 문제들에 대해 먼저 고민하고 의료진에게 적극적으로 도움을 요청하는 것이다.

그럼 이 모델들과 이 글의 시작에서 언급한 노인에 대한 태도는 어떤 관련이 있을까 생각해 보자.

우리가 노인을 '자신의 삶을 적극적이고 긍정적으로 사는 사람, 그런 능력이 있는 사람'으로 인식하지 않으면 모델 3이 가능하다고 생각하기 어렵다. 노인을 소극적인 소비자로 생각한다면 모델 1처럼, 증상이 발생할 때 이를 치료하는 것으로 충분하다고 생각할 것이다. 그러나 우리가 살펴본 것처럼 모델 1의 방식은 건강한 삶을 보장하지 못하고 특히 노년기처럼 통증이나 염증 반응을 느끼는 능력이 감소된 시기에는 질병을 초기에 발견하기조차 어려울 수 있다. 만성질환이 있는 경우는 특히 기본적인 생활양식이 수정되지 않으면 반복적인 문제가 발생하고 더 악화되어 건강한 삶을 위협할 것이다.

따라서 모델 3의 방식이 정착되기 위해서는 사회 전반에 노인에 대한 긍정적인 인식과 태도가 전제되어야 한다. 이러한 전제가 확립되어야 노인이 최신의 내용을 교육 받고 더 나은 정보를 추구하는 현상을 자연스럽게 받아

들일 수 있을 것이다. 이는 노인이 자신의 건강관리의 주체가 되는 디딤돌이 될 것이다.

〈노인 건강관리 패러다임〉

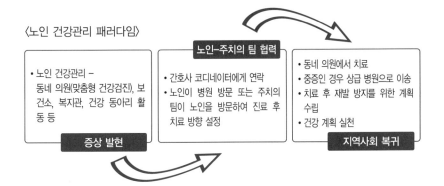

【제5절】
'치과주치의제'는 대세다

김용진 (건강사회를위한치과의사회 공동대표)

치과라고 하면 대부분의 국민은 무섭고, 겁나고, 가고 싶지 않은 곳으로 생각한다. 여기에 또 하나 많은 돈이 들 것이므로 주머니 사정을 먼저 생각하게 되는 곳이다.

그러다 보니 견디다 못해 치과를 가게 되면 상황이 매우 악화되어 이를 뽑거나 씌우거나 하게 되어 진짜 많은 돈이 들게 된다.

게다가 건강보험에서 치과 부분에 대한 보장의 내용은 매우 빈약하다.

2013년의 치과의료 이용현황에 따르면, 전체 인구의 1/4정도(24.6%)만이 한 차례 이상 치과를 방문했다. 성인의 경우 71.4%가 스케일링이 필요한 정도의 잇몸염증이 있는데(2008년), 이 경우만 따져도 잇몸염증으로 치료가 필요한 국민의 1/3정도만 치과를 이용했다는 것이다.

1인당 4.17회 이용했으며 이용자의 대부분이 치료 목적의 치과 진료를 받았다. 연간 42만 원을 직접 부담했으며 직접부담 비율은 82%에 달했다. 즉 건강보험 등에서 지급한 것은 18%에 불과했다는 것이다. 선진국 중에서 건강보험제도가 가장 안 좋은 것으로 알려진 미국의 경우에도, 미국인의 40%가 1인당 2회 정도 치과를 방문하여 예방관리 위주로 이용하며 연간

25만 원 가량을 직접 부담하는데 이와 비교해볼 때 한국은 건강보험제도가 있어도 치과 이용율은 낮고, 치료비의 본인부담은 높다는 것을 알 수 있다.

그 결과 국민들은 치과를 비싼 진료비와 본인부담이 많은 곳으로 인식하며 경제적 이유로 인한 불만족과 불신을 표출하는 경향이 심화되고 있다

그러다 보니 이 부분을 파고드는 상술들이 등장하는데, 하나는 싼 진료비를 내세워 마케팅을 하는 치과들의 등장이고 다른 하나는 민간보험상품의 등장이다. 싼 진료비를 내세운 마케팅은 개별 치료비 하나하나는 싸지만, 불필요한 진료를 권장하여 과잉진료를 하게 되고, 치료 후 1년 정도 지나면 병원이 폐업을 하거나 치료한 의사가 바뀌어 지속관리나 A/S를 하지 않는 의료분쟁이 속출하기도 하며, 치과민간보험상품은 실제 보험금 지급시에는 환자들이 자세히 들여다 보지 않는 약관조항을 들어 실제 보험금이 지급되지 않는 사례가 빈발하며, 환자들이 약관 조항에 맞춰 치과의사들에게 진단서를 써달라거나 바꾸어 달라는 요구도 늘어나고 있다.

다른 한편 이러한 상황 속에서 치과들도 경쟁의 격화 속에서 생존의 어려움을 호소하게 된다. 생존을 위해 저가 마케팅과 과잉진료, 과중한 노동으로 내몰리고 있으며, 전통적으로는 치과에서는 그다지 다루지 않았던 비급여영역(보톡스 등을 이용한 안면미용치료)까지 진출하여 외과와 영역분쟁을 하기도 한다.

치과들이 생존이 어렵다고 말할 정도로 경쟁이 심하고 많이 늘어났음에도 불구하고 국민들은 마음 편하게 믿고 찾아갈 수 있는 치과를 찾는 것은 여전히 어렵다. 혹시나 바가지 씌우는 게 아닌지 걱정이다. 이곳저곳을 찾

아가서 상담하고 비교해서 치료를 결정 하라는 것이 정답처럼 알려져 있다. 실제로 그게 현실적인 정답이기는 하다. 인터넷을 뒤져서 찾아가기도 하는데 인터넷마케팅이라는 것이 있어서 맛집들의 인터넷마케팅처럼 막상 실제와는 다른 경우도 허다하니 믿을 수도 없다. 그리고 개인에게만 맡기는 것은 옳지도 못하다.

건강사회를위한치과의사회(이하 건치)는 구강건강의 불평등을 해소하고 국민의 구강건강수준을 향상하기 위해 다양한 활동을 해 왔다. 그러한 활동 중의 하나가 지역아동센터(과거에는 공부방이라고 했다)의 저소득층 아동청소년에 대한 치과의료 지원과 구강보건증진활동이었다. 여러 건치 회원들이 지역아동센터의 저소득층 아동에 대한 치과의료 지원을 개별적으로 해 오고 있었는데, 건치 지부와 지회 차원에서 지역아동센터들과 협약을 맺고 지역의 보건복지단체와 함께 저소득층 아동에 대한 치과의료 지원, 심리지원 및 다양한 사업을 하는 '틔움과 키움'이라는 사업으로 발전시켰다. 지역아동센터에서는 치과와 주치의 관계를 맺고 아동들에게 정기적인 구강검진과 구강보건교육 및 포괄적인 치료까지 이뤄졌다. 건치는 이러한 아동청소년에 대한 치과주치의 관계를 기존의 '아플 때 치료하는' 관계가 아닌 예방과 관리를 중심으로 한 지속적인 관계가 되길 바랐다. 이를 위한 표준적인 매뉴얼을 만들고 이를 참여 치과들에게 교육하고 함께 적용시키기 위해 노력해 왔다. 당연하게도 이러한 치과주치의의 지속적인 사업은 참여 아동청소년의 구강건강에 좋은 영향을 주었다.

현장에서 개발되고 실천한 아동청소년 치과주치의는 본격적인 정책으로 마련되기 시작한다. 건강보험 재정흑자가 되면서 본격화한 무상의료운동, 건강보험보장성 강화운동과 함께 건치에서 치과영역의 건강보험보장성 강화정책으로 제안되고 운동한 것들은 △스케일링 보험급여화 △노인틀니 보험급여화 △아동청소년 치과주치의제 실시였다. 그 결과 스케일링 보험급여화는 이루어졌고 노인틀니 보험급여화는 부족하나마 이루어지고 있다.

아동청소년 치과주치의제 실시는 단순히 건강보험 진료항목으로 넣어서 실행할 수 있는 사안은 아니었다. 우선 주치의제라는 것에 대한 한국 사회의료계의 반대심리가 있다. 주로 의사들이 주치의제도에 대해 의구심을 갖고 반대해 오면서 치과계도 주치의제에 대한 유사한 알러지 같은 반대심리가 있다. 제도의 주 담당자가 될 치과계가 반대하면 아무리 좋은 제도도 제대로 실행될 수 없다. 또한 주치의제는 기존의 행위별수가방식이 아닌 인두제 방식의 수가제도가 필요한데, 건강보험에서 이런 인두제 방식을 준비 없이 도입할 수 없을 것이다. 그리고 치과계가 치과주치의로서의 역할을 제대로 할 수 있을 것인가에 대한 의문도 있다. 치료 위주의 진료가 대부분이고 임상에서는 물론 학교교육에서도 치과주치의로서 예방과 관리에 대한 교육을 제대로 받아보지 못했고 실제로 해보지 못한 치과팀(치과의사와 치과위생사 및 치과 종사자)들이 국민(아동청소년)에게 치과주치의 서비스를 제대로 제공하리라고 기대하긴 힘들었다. 더구나 정부는 의료공공성은 규제로 여기고 쓰레기처럼 취급하면서 의료민영화에 열을 올리고 있는 이명박, 박근혜 정부였기에 이런 정부를 통한 제도 도입은 쉽게 가능하지 않다고 생각했다.

건치가 돌파구로 생각한 것은 마침 지방자치선거를 통해 진보적이고 개혁적인 정책을 제시하고 당선된 지방자치단체였다. 건치가 이미 지역사회에서 다양한 활동을 하면서 능력과 존재를 인정받고 있었고 특히 '틔움과 키움' 사업을 통해 사업의 성과를 내고 있었기 때문에 지방자치단체에 아동청소년 치과주치의제를 제안할 수 있었다.

제안한 아동청소년 치과주치의제는 두 가지 종류였다. 하나는 기존 건치가 하던 방식의 지역아동센터 아동청소년에 대한 치과주치의였고, 다른 하나는 보편적 복지의 측면에서 해당 연령(학년) 학생에 대한 치과주치의를 하는 학생치과주치의였다.

전자가 대상자가 한정되고 기존의 보건복지사업과 유사한 면이 있어서 지자체에서 큰 고민 없이 일정한 예산만 확보되면 큰 어려움 없이 실행될 수 있는 사업인 반면, 후자는 대상자가 넓고 교육청의 협조를 얻어야 하며 대부분의 치과들이 참여해야 하는 사업으로 좀더 복잡했다. 규모가 작은 지방자치단체는 전자만 채택했으며, 서울시의 경우는 전자와 후자를 모두 실시하고 있다.

후자의 경우도 모든 연령의 학생, 모두를 한꺼번에 실시하기는 불가능했다. 시 당국이나 교육청, 치과계도 그럴만한 준비가 되지 않았으며, 예산도 부족했다. 아쉽기도 했지만, 처음 실시하는 만큼 시범사업의 의미를 살려서 할 필요가 있었다. 주치의제에 대한 치과계의 의구심도 실행해 보면서 차츰 풀릴 수 있다고 보았다.

학생치과주치의 사업을 평가하자면 성공적이었다. 무엇보다 사업의 결과

학생의 구강건강 향상을 확인할 수 있었고, 의구심을 갖던 치과계(서울시치과의사회)는 환영과 적극적인 확대의 입장으로 전환되었으며, 각 지자체(구)도 사업의 확대를 요구했다. 사업시행의 걸림돌이던 보건복지부도 사업시행 전에는 이런저런 이유를 내세워서 사업을 제한했으나 그러한 걸림돌도 넘어섰으므로 타 지역에서의 확대에는 제도적 걸림돌은 없다. 성남시의 경우는 서울시의 학생치과주치의 사업 방식을 그대로 받아서 시행했고 두번째 해에는 성남시 전 초등학교로 확대하기로 하였다.

학생치과주치의사업 수준으로 구강검진과 예방 및 관리에 한정하여 시행하는 정도의 아동청소년 치과주치의제도는 이제 건강보험으로 실행해도 그다지 어려움이 없을 것이다. 물론 현재의 학생치과주치의사업이 초등학교 4학년만을 대상으로 하고 있으므로 대상 연령을 확대했을 때 그 연령에 맞는 예방과 관리 방법을 개발하고 표준화하여 매뉴얼로 만들어야 하고, 이를 감당할 수 있도록 치과팀을 교육·훈련해야 할 것이다. 도입된다면 우선 사업을 시행한 지역을 시범사업지역으로 하여 1~2년 시행하면서 제도의 문제를 파악하고 개선하면서 전국적으로 확대하는 것이 바람직하다.

예방과 관리를 넘어 아동청소년의 대부분의 치과치료까지 확대하여 아동청소년이 무상으로 치과치료를 받게 하는 것은 저소득층 아동청소년 치과주치의 사업 방식을 건강보험 급여화로 하는 것이 될 것이고 이때 비로소 완성된 형태의 아동청소년 치과주치의제가 될 것이다. 검진, 예방 관리 단계의 아동청소년 치과주치의제도가 이 단계의 형태로 발전되는 것은 전적으로 약간의 재정만 뒷받침되면 가능한 일이다. 다만 이때 고려해야 하는 것은 수가지불방식인데, 검진과 예방 및 관리에 대한 부분은 인두제 방식으로 하는 것이 크게 문제가 없으나 치료는 각 아동의 상태에 따라 그 양과 심도가 매우 다를 수 있다. 지역마다의 차이도 있을 수 있어서 인두제 방식으로 할 경우 지역별로 특정지역은 제공서비스에 비해 너무 적은 수가가 지불되어 이 사업을 치과계가 기피할 수도 있고 형평성 문제가 제기될 수도 있다. 행위별수가제로 할 경우 또한 치과별로 해당 치아의 상태가 예방이나 초기 치료와 관리로 마무리할지, 보철까지 해야 할지에 대해서 치료계획이 다를 수 있고, 공급자는 수익을 위해 과잉진료로 유도하는 경향이 있을 수 있어 주치의제도의 취지에 어긋날 수 있다. 현재로서는 기본적으로 인두제 방식의 무상으로 치과진료를 받는 방식을 기본으로 하되, 추가 본인부담금 없이 행위별수가제로 보완하는 것이 필요하지 않을까 생각한다.

아동청소년 치과주치의제도는 한국에서 주치의제 도입에서 가장 많이 준비되고 실현가능한 제도이며, 차기 정권은 물론 현 정권도 의지만 있으면 시행을 시작할 수 있다. 다만, 기존 지자체에서 시행되어 온 아동청소년 치과주치의 사업을 면밀히 평가하고 치과계는 물론 보건의료계와 시민사회의 공론을 모으며, 지장이 없도록 차질없이 체계적으로 준비하고 시행하여야 할 것이다. 이 제도의 성공적 실행과 정착은 치과주치의제도의 확산은 물론 다른 분야의 주치의제도 시행의 튼튼한 디딤돌이 될 수 있다.

아동청소년 치과주치의제도는 치과주치의제도 시행에 있어서 그 시작일 뿐이다. 치료위주, 경쟁으로 인한 과잉진료, 치과의사와 환자간의 불신, 개선되지 않는 구강건강과 대폭 늘어나는 치과의료비, 여전한 아니 오히려 확대되는 구강건강의 불평등이라는 문제를 개선하기 위해서는 전국민 치과주치의제도가 필요하다.

전국민 치과주치의제도 도입을 통해 사회경제적 격차와 무관하게 좀더 많은 사람이 손쉽게 치과를 방문할 수 있어야 하고, 좀더 적은 부담을 가지고 치과를 방문할 수 있어야 한다. 이를 위해선 국민의 치과 방문이 고난도의 치료를 위한 간헐적인 방문보다는 구강건강 관리에 필요한 정보를 얻고 방법을 배우며 효과적인 예방·관리를 위한 지속적인 방문 위주로 바뀌어야 한다. 이러한 변화를 위해서는 환자—주치의(팀)의 관계 형성을 기초로 환자의 인식변화와 주체적 참여를 이끌어 낼 수 있는 치과주치의제도 도입이 추진되어야 한다.

이를 위해서는 건강보험 지불체계의 개편이나 보완뿐만 아니라 국민의 치과이용과 인식의 변화도 있어야 하고, 치과의원(치과팀)의 변화도 필수적이다. 관행적인 치과의 서비스 제공 형태의 변화를 위해서는 그 변화를 선도하고, 일정 기간은 시범사업 형태로 바람직한 치과주치의서비스를 실천하고 평가할 수 있는 치과의료기관들이 필요하다. 이를 자임하고 나선 것이 '(가칭) 치과주치의네트워크 설립준비위원회'다. 2016년 10월 15일 발족식을 연 '치과주치의네트워크 설립준비위원회'는 치과주치의를 고민하고 실천해 온 치과들과 학계가 함께 모였다. 치과주치의를 실천할 수 있는 매뉴얼과 환자설명용 자료 및 전자차트프로그램을 개발하고 지난 10월부터 환자에게 적용하여 실천하고 있다. 그 성과를 바탕으로 참여 회원치과를 확대하고 나아가 향후 치과주치의를 정부에서 시행하게 되면 그 시범사업에 주도적으로 참가하고자 한다.

아직 치과주치의제도는 가야 할 길이 멀고 해결해야 할 문제가 많이 있지만, 실현가능성이 매우 높다. 현실로 존재하는 구강건강의 불평등문제를 해결해 보고자 개별 치과에서 실천해 오던 작은 '사회적 봉사'에서 시작하여 함께 실천하고자 연대하여 모범을 만들고 매뉴얼화하고 정치적, 사회적 상황에 맞추어 정책화하여 확대하여 더 넓은 동의와 가능성을 만들어 나가고 있기 때문이다. 의료민영화, 의료영리화라는 거센 파도속에서 오히려 이에 저항하는 세력들 역시 확대되고 공고해지고 있으며 치과계 역시 마찬가지다. 치과계에서는 의료민영화에 대항해 의료의 공공성을 지키면서도 치과계의 어려움을 극복할 수 있는, 치과계와 국민이 서로 윈윈할 수 있는 대안으로 치과주치의제가 자리 잡아가고 있다.

'건강사회를위한치과의사회'가 비록 치과주치의라는 정책, 아젠다를 처음 제안하고 이의 성공을 위해 가장 노력하고 있기는 하지만 이젠 치과주치의제는 스스로 살아서 자신의 성장, 확대, 재생산의 진화과정을 밟아가고 있는 것이다. 그래서 치과주치의제는 대세다.

만성질환관리, 주치의팀이 답이다

홍승권 (가톨릭대학교 의과대학 교수)

  지난해 보건복지부가 발표한 'OECD 건강통계, 2015'에 따르면 우리나라의 년간 외래방문 횟수가 14.6회로 이들 국가들 중 가장 많은 것으로 나타났다. 이들 나라의 평균이 6.7회이므로 2배가 훨씬 넘는 것이다. 유병률이란 우리나라 인구 중 해당 만성질환을 가지고 있는 사람의 분율(%)을 의미한다. 그리고 만성질환은 사람간 전파가 없는 비감염성 질환을 말하며, 질병의 진행속도가 완만한 것이 특징이다. 만성질환은 크게 4가지로 분류할 수 있는데, 심혈관계질환(심근경색 및 뇌졸중), 암, 만성폐질환(만성폐쇄성폐질환, 천식), 당뇨병 등이 있다. 2017년 통계자료에 의하면 고혈압 유병률(만 30세 이상, 표준화)은 2007년 24.6%에서 2012년 29.0%로 증가한 이후 2015년 27.9%로 감소하였고, 당뇨병 유병률(만 30세 이상, 표준화)은 2007년부터 최근 8년간 약 9% 수준 유지하였으나 남자는 2007년부터 최근 8년간 약 11~12%, 여자는 최근 8년간 약 7~9% 수준이다. 고콜레스테롤혈중 유병률(만 30세 이상, 표준화)은 2007년 10.7%에서 2010년 13.5%로 2.8% 포인트 증가한 이후 5년간 13~14% 수준을 유지하다가 2015년 17.9%로 전년 대비 3.3% 포인트 증가하였다.

그런데 이러한 만성질환을 가장 잘 본다는 의료선진국이고 복지국가인 스웨덴이나 핀란드의 경우 연간 2.9회나 2.6회에 그치고 있다. 즉 병원을 자주 가는 것이 문제가 아니라, 제대로 환자가 진료 받고 치료 받고 있는지가 더 문제다. 또한 만성질환은 유병률이 높아 연간 전 세계 사망자 수의 59%를 차지하고 있으며 고혈압 및 당뇨환자의 유병률, 뇌졸중과 심근경색증의 발생률이 크게 증가하고 있고, 5대 사인 중 만성질환이 차지하는 비중도 증가하고 있다.

만성질환관리와 관련된 현재의 문제점은 만성질환 관리에 대한 사회적 관심의 부족, 만성질환의 현황에 관한 감시체계의 불완전성, 만성질환 관리를 위한 의료체계의 대응부족과 의료전문가 교육의 부실 등이다.

그런데 주치의제도가 시행되면, 그 가족들이 어릴 때부터 나이가 들 때까지 한 사람의 의사가 일관되게 진료를 해 주므로 병원에 자주 갈 필요가 없어진다. 특히 엄청난 진료비를 유발하고 있는 고혈압, 당뇨병, 고지혈증 등의 만성질환들이 꾸준히 관리되면서 뇌졸중이나 심근경색 등의 중증질환으로 발전하는 것을 사전에 예방할 수 있어 전체적인 의료비도 오히려 절감된다.

따라서 우리 정부에서는 꾸준히 보건복지부나 질병관리본부가 중심이 되어, 고혈압·당뇨병 관리 사업이나 만성질환관리시범사업, 또 일차의료 시범사업 등을 꾸준히 시행하고는 있으나 전국적인 프로그램으로는 발전하지 못하고 있고, 수가가 너무 낮거나 관리시스템이 번거로워서 확산되는 것에 한계가 있었다.

만성질환관리에는 안 하는 것보다는 분명히 효과가 있다는 결과가 나왔는데, 공급자나 소비자의 만족도가 획기적으로 개선되지는 못하였던 것이 재정을 적게 투입하니 효과가 적을 수밖에 없다. 예를 들어 고혈압 환자에게 약만 처방해 주는 것이 아니라, 식이조절, 운동지도를 하고 비만관리까지 해 주면 실제로 효과가 있다는 것이 밝혀졌다.

　최근 어느 논문에서는 개원 가정의를 상용 치료원으로 이용하는 고혈압 환자들은 전인적 돌봄을 가장 높게 평가하였고, 일차의료 서비스 질을 평균(69.2/100) 이상으로 높게 평가 한 환자들은 환자–의사 관계의 지속기간이 유의하게 길었다(P=0.035).

　인구사회학적 변수들을 통제한 상태에서 일차의료 서비스 질을 높게 평가한 환자들은 낮게 평가한 환자들에 비하여 체질량 지수가 정상(BMI<25kg/m2)일 경우의 교차비가 2.53배(P=0.02), 건강한 음주 습관을 가질 경우의 교차비는 4.32배(P=0.02)로 나타나 건강행태가 양호한 것으로 나타났다.

　실제 미국 '메디칼홈'의 성공은 부분적으로는 일차의료의사(PCP)와 전문의가 협력하여 둘 사이의 균형을 가진 제도를 가지고 있기 때문이다. 만성질환 진료에 있어서 현재 단과전문의에 의해 제공되는 일상적 추적 서비스의 적지 않은 업무량이 일차의료의사와 그 '메디칼홈' 팀에게로 재배정(reallocation)되는 새로운 균형을 만드는 것이다.

　즉 의료전달공급체계의 구성이 중요하게 대두 되었다. 만성질환의 일상적 추적 업무 때문에 단과 전문의가 사용하는 누적 시간은 적지 않다. 이러한 업무를 일차의료의사에게 재배정하는 일은 일차의료 인력의 확충을 위한 다차원적 노력을 필요로 한다.

이 연구에서는 외래진료 만성질환으로 7가지(COPD/천식, 허리 통증(LBP), 당뇨병, 관상동맥질환/울혈성심부전, 만성 신 질환, 그리고 우울증)를 대상으로 연구하였다.

저자들은 7개의 만성질환에 대해서 단과 전문의들에 의해 제공되는 서비스의 양을 측정하고 일차의료에 그 반을 재배정시킬 때, 그 파급 효과를 평가하기 위하여 연구하였으며, 기존의 환자들에 대해서 단과 전문의들에 의한 직접 및 간접 진료에 소요되는 총 시간을 계산하였고, 연간 근무 주수(work weeks)로 환산하였다. 이 수치를 반으로 감소시킨 후 일차의료의사 수로 나누었다.

단과전문의 외래 진료건의 76.8%(95% CI 73.6-79.7%)는 기존 환자가 방문하는 것이었다. 단과전문의들은 직접 및 간접 진료에 552,844 및 108,113 누적 일당주(work weeks)를 사용하였다. 이 중 절반을 재배정할 경우 일차의료의사(가정의학과와 일반내과) 1인당 추가적으로 3.2주의 일당주(work weeks)가 필요하였다.

시사하는 바는 미국에서도 일차의료 개혁이 성공하면 단과전문의들에 의해서 일상적으로 이루어져 왔던 만성질환 추적관리 업무의 상당량이 일차의료의사와 그 팀에게 배정이 되었다는 것이다.

현재의 우리나라 만성질환관리 정책은 분절적이고, 치료중심이기 때문에 질병이 아닌 환자에 대한 돌봄(care)의 관리전략이 더욱 필요하다. 현재의 예방 및 건강증진 개념을 단골의사가 보는 주치의제도로 확대해 건강한 삶을 영위할 수 있도록 지원하는 정책 방향의 전환이 필요하다. 만성질환 관리의 전략적 접근은 단일 이슈, 단순한 생활습관의 변화와 질병에 집중하는 것을 넘어서 건강수준 향상을 위한 전인적(whole-person)관점에서의 접근을 취한다. 통합적이고 건강한 생활습관을 위한 지원, 가정과 직장(사업장)의 지원, 안전, 지역사회의 건강 친화적 환경조성을 위한 지원과 함께 복지영역에 포함될 수 있는 주치의가 우리 사회에서 꼭 필요하다. 우리나라 국민도 한 사람 한 사람이 모두 주치의를 가질 수 있었으면 좋겠다. 잘 사는 사람 중에는 사실상 개인 주치의를 둔 사람도 있지만 극소수다. 몸이 아픈 국민은 설사 돈이 없다 하더라도 치료 받을 수 있어야 한다. 국가는 이것을 보장할 의무가 있다.

유럽 대부분의 국가는 동네의원인 1차 의료기관으로서 주치의제도가 확실하게 자리 잡고 있다. 주치의의 소견서 없이는 응급이 아니면 큰 병원에서 진료를 받을 수 없는 등 의료전달체계가 확고하다. 프랑스의 경우 유럽 국가에서 비교적 늦은 편인 2005년에 주치의제도를 도입하여 현재는 전체 국민의 90% 이상이 자신의 주치의를 갖고 있다.

주치의는 환자의 질병에 대해 누구보다도 잘 파악하며 관찰하고 있어 불필요한 병원진료를 막고, 만성질환자에 대한 효과적 관리와 예방진료가 가능해 결과적으로 만성질환 진료비 증가를 억제한다.

한 나라의 보건의료체계의 3가지 목표는 '보편적 국민 건강권의 확보, 지속가능한 보건의료체계 유지, 의학기술의 발전도모' 이다. 보편적 국민 건강권의 명시는 이미 헌법에 나와 있다. 헌법34조의 "모든 국민은 인간다운 생활을 할 권리를 갖는다" 등의 부속조항을 보더라도 기본적으로 인간 존재의 가장 기본적 요소인 생명과 육체적·정신적 통합성을 유지하기 위한 건강 형평성은 제한이나 양도될 수 있는 성질의 것이 아닌 인간의 기본적 인권으로 보아야 한다.

건강권은 사회적 인권으로서 사회가 보장해 주어야 할 인권이다. 그리고 건강이란 "질병이 없는 상태가 아니라 자연 사이에, 사람 사이에 나눔과 협동의 삶의 관계"다. 즉 건강문제를 '권리'로 접근하게 되면 시혜적 지원 등 당연시 여기고 있는 편견과 오류들을 발견하고 교정할 수 있는 가능성이 높아진다.

또한 건강의 도달 가능한 범위와 건강을 위협하는 사회적 요인 등에 대해서도 고려할 수 있게 된다. 질병치료 비용의 과다 혹은 질병치료를 감당할 수 없는 빈곤 등으로 발생한 감당능력 이상의 부분은 국가의 의무로 볼 수밖에 없다.

동네의원이나 공공의료기관을 대폭 강화하여 일차의료에 대한 신뢰를 높이고 국민주치의 제도를 만들 수 있다면, 모두가 종합병원에 가려고 하는 현상이 줄어들 것이다. 또 효율성과 형평성을 겸비한 훌륭한 보건의료제도를 만들어 가는 데도 튼튼한 기초가 될 것이다.

제3장

장애인 돌봄과 주치의제

【제1절】

장애인 건강주치의제의 의미와 추진방향

임종한 (인하대학교 의과대학 교수)

　국내 장애인 인구가 300만 명에 육박하고 있음에도 장애인을 위한 적절한 의료보장 방안은 없이, 의료 사각지대에서 방치되다시피 하는 상황이다. 2014년 장애인 실태조사, 2015년 국민건강통계 등에 의하면, 건강상태가 '나쁘다' 고 응답한 비율은 비장애인은 16.6%에 불과한 반면, 장애인의 경우 53.4%에 달하여, 장애인의 경우가 비장애인의 3배 이상이나 된다.

　장애인들은 장애와 함께 관련 질환이 동반된 경우가 많다. 대부분의 장애인이 의료지원 서비스에 대한 요구를 갖고 있으나 [12], [13], 신체재활서비스, 성재활서비스, 건강증진프로그램, 가족지원프로그램, 지역사회참여프로그램 등의 실제 이용률이 낮게 나타난다. 물리치료와 동료상담, 자조모임의

---

12) 보건복지부, 「2011장애인실태조사」, 2011.
13) 국가인권위원회, 「장애인건강권 증진 방안에 대한 연구」, 2014.

경우 응답자의 절반 정도만이 이용할 뿐이다.

장애인의 경우 3개월 이상 지속되는 질환(만성질환) 유병률도 2011년도 70.0%에서 2014년 75.8%로 증가되었다. 고혈압 유병률은 장애인의 경우 52.6%로 비장애인의 25.5%에 비해 2배나 높았다. 당뇨 유병률도 장애인의 경우 25.1%로 비장애인의 10.2%에 비해 역시 2배나 높았다. 2005년 김윤의 연구[14])에 의하면, 고혈압으로 인한 외래이용에서 장애인이 비장애인에 비해 많다. 장애인의 경우 비장애인에 비해 평소 병원 이용이 적은 반면, 입원, 응급실 내원은 많은 것이다. 그러므로 장애인들에게서는 평소 장애와 관련된 의료서비스도 필요하지만 만성질환 관리, 건강증진을 포함한 전반적인 건강관리 서비스도 필요한 것으로 파악된다.

그러면 장애인들의 의료에 대한 요구는 높음에도 왜 제대로 의료서비스를 받지 못하게 되는 것일까? 보건복지부의 '2011장애인실태조사'에 의하면, 57.3%의 장애인이 경제적 사정으로 의료기관을 이용하지 않는 것으로 나타났다. 2014년 장애우권익문제연구소에 의해 시행된 '장애인 인권증진 실태조사'에 의하면, 장애인이 병의원 이용 및 진료를 받는 데 있어 가장 불편한 점은, 병의원의 장애인 편의시설 부족(32.3%), 경제적 부담(18.1%), 의사들의 장애특성 이해 및 배려 부족(16.5%), 장애인 전문 재활병원 및 전문 의사 부족(14.2%), 수화통역사 부재와 점자 안내물 부족 등 소통과 정보접근의 어려움(9.4%), 예약자 폭주로 인한 긴 대기시간(5.5%), 기타(3.1%) 등이었다. 치과 진료를 제대로 받지 못한 이유에 대해서도 경제적 부담(39.7%), 동네 치과의 편의시설 부족, 교통 불편, 활동보조인 부재 등 물리

---

14) 김윤, 「장애인의 요양급여 이용실태 분석 및 의료보장 강화방안 연구」, 서울대학교, 2005.

적 한계로 인한 소통과 정보접근의 어려움(29.3%), 의사들의 장애특성 이해 및 배려 부족(17.2%), 예약이 많기 때문에(12.1%), 기타(1.7%) 등이었다. 이를 통해 보면 경제적인 이유와 편의시설 부족, 의사들의 장애특성 이해 및 배려 부족 등으로 의료접근권의 제약이 장애인들이 건강을 지키는 데 중요한 장벽으로 작용함을 알 수 있다.

장애인 건강주치의 법 제정 이전에 민간차원의 시범사업

장애인의 요구 가운데 소득보장에 이어 의료보장이 두 번째로 높은데도 불구하고 현재의 의료체계가 장애인들의 요구를 담아 주지 못하고, 장애인들이 종합병원 여러 전문과를 전전하고, 많은 장애인들이 제대로 된 의료서비스를 받지 못하는 상황에서 민간차원에서 사회복지공동모금회가 지역에서 취약집단을 위한 성과관리 모델 사업을 공모했다. 이에 의료사협, 노들, 행동하는 의사회 등 13개 기관이 장애인 건강 분야에 참여하여 2015년 6월에서부터 2017년 5월까지 2년여 동안 장애인건강주치의사업을 추진하게 되었다.

사업 목표는 보건의료인 및 의료기관의 주치의 네트워크 참여 활성화와 장애인의 참여를 통한 '지역단위의 장애인주치의시스템'을 마련하는 것이며, 지역단위 장애인주치의사업을 통해 '장애인건강관리 및 건강증진 정책'을 제안하는 것이다. 사업은 다음 활동을 포괄하고 있다.

△예방 : 건강실천단(장애인), 건강학교(통합)

△치료 : 주치의의 진료(방문진료 포함) 및 처방

△증진 및 관리 : 주치의와 건강코디네이터의 일상적 사례관리,
　　　　　　　건강상담

△지지 : 가족 프로그램, 마음산책 등 정신건강지지, 건강캠프

△교육 : 건강코디네이터 교육, 보건의료인 인권교육, 건강교육,
　　　　워크숍을 통한 주치의 역할 정립

△정책 : 장애인주치의실현을 위한 장애인 건강실태 및 욕구조사,
　　　　장애인주치의 사업 성과연구 및 평가사업

△홍보 : 장애인주치의실현을 위한 시민한마당, 홍보영상 등.

△통합돌봄 : 지역 복지기관 네트워크를 통한 통합돌봄의 시도.

　장애인주치의사업에서 장애인들의 건강과 복지에 대한 요구를 충족하는 것이 무엇보다 중요하다. 건강은 생활 전반에 걸쳐 통합적인 접근과 이해가 필요한데, 교육, 예방, 관리, 진료의 영역이 모두 제각각일 경우 효과적인 결과를 기대하기 어렵다. 장애인주치의사업 개발에 장애인 감수성에 대한 교육 등을 위해 장애인단체 참여가 절대적으로 필요하다. 사회복지공동모금회 사업에서 장애인단체의 자발적인 참여가 이 사업이 어떻게 진행되어야 하는지, 또 이 사업이 전국적으로 확대되고, 제도적으로 안착되기 위해 반드시 필요한 것임을 명확하게 해 주었다. 장애인들이 사업의 대상자로 남아 있지 않고, 사업의 주체로 참여했을 때 그 효과가 더 크게 나타나는

지를 잘 보여 주었다. 한정된 사업 예산을 가지고, 장애인들이 가진 여러 건강에 대한 요구를 다 담기엔 당연히 한계가 많은 사업이라고 할 수 있다. 저소득층 장애인들의 요구가 절실하기 때문에 사업 확대시에는 장애인주치의 기관을 이용하는 경우, 본인부담금 인하 등의 인센티브가 필요하다고 하겠다. 장애인주치의 기관으로 의원이 참여하게 하되, 지역의 자원을 연계 활용하여, 장애인들의 건강과 복지 요구를 충족할 수 있는 모델 개발이 필요하다. 장애인주치의 사업이 가능하려면 진료비 지불제도 개편과 같은 제도 개선이 뒷받침 되어야 많은 의료기관의 참여와 호응이 가능하다는 것을 인식하게 되면서, 장애인 건강권과 의료접근성 보장을 위한 법 제정의 필요성이 제기되었다.

장애인의 요구가 소득보장에 이어 의료보장이 두 번째로 높은데도 불구하고 장애인의 건강권 및 의료접근성을 보장하는 독립법안의 부재 속에 장애인의 의료보장이 장애인복지법 등에 포괄적으로 취급되어 장애인에 특화된 보건의료정책이 미흡했던 상황이다.

이러한 상황에서 주치의제도는 사전에 질병의 위험요인을 관리해 의료비 절감 효과가 클 뿐만 아니라, 장애인과 저소득층 등 사회취약계층의 미충족 의료수요를 충족시키고, 건강증진 효과가 높은 것으로 알려져 있다.

사회복지공동모금회가 지원하는 장애인주치의사업은 장애인단체, 보건의료단체, 의료복지사회적협동조합이 장애인 건강권 보장을 위해 서로 협력하는 계기로 작용했다. 이 사업이 가진 취지가 알려지면서, 지역에서 장애인들로부터 뜨거운 호응을 받게 되었다. 이런 지역활동은 입법활동과 연결되어 '장애인 건강권과 의료접근권 보장에 관한 법'이 김용익 의원과 문정림 의원에 의해 2015년 12월 공동발의 되었다.

이어 중증장애인 주치의 제도 도입, 건강보건관리종합계획, 장애인 의료기관 접근 편의 제공 등을 주요 내용으로 하는 '장애인 건강권 및 의료접근성 보장에 관한 법률' 제정안이 2015년 12월 국회 본회의를 통과했다. 빠르면 2017년도 말부터 본격적으로 시행될 예정이다.

장애인 건강권과 의료접근권 보장에 관한 법

장애인 건강권과 의료접근권 보장에 관한 법의 구체적인 내용을 주요 항목별로 살펴보면 아래와 같다.

제1조(목적)

이 법은 장애인의 건강권 보장을 위한 지원, 장애인 보건관리 체계확립 및 의료접근성 보장에 관한 사항을 규정하여 장애인의 건강증진에 이바지하는 것을 목적으로 한다.

제2조(기본이념)

① 장애인은 최적의 건강관리와 보호를 받을 권리를 가진다.

② 장애인은 장애를 이유로 건강관리 및 보건의료에 있어 차별대우를 받지 아니한다.

③ 장애인은 건강관리 및 보건의료 서비스의 접근에 있어 비장애인과 동등한 접근성을 가질 권리를 가진다.

제4조(국가와 지방자치단체의 책무)

① 국가와 지방자치단체는 장애인의 건강권을 존중하고 보호하며 실현할 의무를 갖는다.

② 국가와 지방자치단체는 장애인의 건강권 향상과 장애 유무, 장애 유형 및 정도, 모성보호, 성별 등의 특성에 따른 장애인과 비장애인 간 또는 장애인 간 건강수준의 격차 해소를 위하여 장애인 건강보건관리사업을 적극 시행하여야 한다.

③ 국가와 지방자치단체는 장애인이 기능과 건강을 회복할 수 있도록 장애인에게 적정한 진료 및 재활의료를 제공하여야 한다.

④ 국가와 지방자치단체는 장애인이 저소득, 낮은 교육수준, 의료 차별, 적정하지 못한 고용 · 노동 · 주거 환경, 사회적 지지 부족 및 성별 특성 등으로 건강을 위협받는 상황을 예방하기 위하여 필요한 대책을 수립 · 시행하여야 한다.

⑤ 국가와 지방자치단체는 장애인 건강보건관리사업에 대하여 장애인과 그 가족에게 적극 홍보하여야 하며, 국민이 장애인 건강권에 대하여 올바로 인식할 수 있도록 필요한 정책을 실시하여야 한다.

제5조(국민의 의무)

국민은 장애인의 건강권 보장과 건강격차 해소 및 보건의료 접근성 제고를 위하여 국가와 지방자치단체가 실시하는 장애인 건강보건관리사업에 적극 협력하여야 한다.

제6조(장애인 건강보건관리종합계획의 수립)

① 보건복지부장관은 「장애인복지법」 제11조에 따른 장애인정책조정위원회의 심의를 거쳐 장애인 건강보건관리종합계획(이하 "종합계획"이라 한다)을 5년마다 수립하고 「국민건강증진법」 제4조 및 제4조의2에 따라 국민건강증진종합계획 및 실행계획을 수립·시행함에 있어서 종합계획이 포함되도록 하여야 한다.

② 종합계획에는 다음 각 호의 사항이 포함되어야 한다.

1. 장애인 건강보건관리사업의 목표와 방향에 관한 사항

2. 장애인 건강보건관리사업의 추진계획 및 방법에 관한 사항

3. 장애인 건강보건관리에 필요한 전문인력의 육성 및 교육·훈련에 관한 사항

4. 장애 유형 및 정도, 성별 특성 등에 따른 장애인 건강보건관리에 관한 사항

5. 모성보호 등 여성장애인의 건강보건관리에 관한 사항

6. 그 밖에 장애인의 건강증진 및 장애인 건강보건관리를 위하여 필요한 사항

③ 보건복지부장관은 종합계획의 수립을 위하여 필요하다고 인정하는 경우 관계 기관의 장에게 종합계획의 수립에 필요한 자료의 제출을 요구할 수 있다. 이 경우 자료의 제출을 요구받은 자는 정당한 사유가 없으면 이에 따라야 한다.

제15조(재활운동 및 체육)

① 보건복지부장관은 의사의 처방에 따른 재활운동 프로그램을 장애인 또는 손상이나 질병 발생 후 완전한 회복이 어려워 일정기간 내에 장애인이 될 것으로 예상되는 사람들에게 제공할 수 있다.

② 국가와 지방자치단체는 「장애인복지법」에 따른 장애인복지시설, 「체육시설의 설치·이용에 관한 법률」에 따른 공공체육시설을 지정하여 장애인에게 체육 프로그램을 제공할 수 있다.

③ 보건복지부장관은 장애인 또는 손상이나 질병 발생 후 완전한 회복이 어려워 일정 기간내에 장애인이 될 것으로 예상되는 사람의 신체적·정신적 기능과 사회적 능력을 향상시키기 위한 재활운동 프로그램을 개발하고 이를 보급하기 위하여 노력하여야 한다.

④ 제1항부터 제3항까지에 따른 재활운동 및 체육 프로그램의 제공, 개발 및 보급 등에 필요한 사항은 보건복지부령으로 정한다.

제16조(장애인 건강 주치의)

① 국가 및 지방자치단체는 장애 정도가 심하여 건강에 대한 특별한 보호가 필요한 장애인(이하 "중증장애인"이라 한다)에 대하여 장애인 건강 주치의 제도를 시행할 수 있다.

② 제1항에 따른 장애인 건강 주치의 제도의 대상이 되는 중증장애인의 범위 및 내용 등에 필요한 사항은 대통령령으로 정한다.

제17조(의료비 지원)

① 국가와 지방자치단체는 의료비를 부담하기 어렵다고 인정되는 장애인에게 장애 정도와 경제적 능력 등을 고려하여 장애 정도에 따라 의료비에 사용되는 비용을 지급할 수 있다.

② 제1항에 따른 의료비 지급 대상·기준 및 방법 등에 필요한 사항은 보건복지부령으로 정한다.

장애인건강권법에서의 서비스 대상은 중증장애인이며, 제16조제1항에 장애 정도가 심하여 건강에 대한 특별한 보호가 필요한 장애인으로 규정되어 있다. 현재로선 제도 대상이 심한 장애(1~3급)와 건강에 대한 특별한 보호를 필요로 하는 장애인으로 한정되어 있어 대상자 확대의 필요성이 있다.

이 법은 지방자치단체장이 중증장애인을 대상으로 주치의제도를 운영할 근거를 마련했으며, 보건복지부가 장애인 건강 증진 방안을 담은 건강보건관리종합계획을 수립하도록 의무를 부과했다. 또한 국가와 지자체가 건강보건관리사업을 진행하고, 장애인건강보건센터를 중앙과 지역에 설치하도록 했다. 센터의 역할로는 장애인 건강검진, 진료, 치료 등 의료서비스를 제공하고 의료 종사자에게 교육 훈련을 시행하도록 규정했다. 장애인 당사자가 동네 의료기관에서 진료하지 못하는 질환을 앓는 경우 거주지에 가까운 센터를 이용해 진료 받을 수 있도록 했다.

이외에 장애인의 의료기관 접근을 보장하는 편의를 제공하고, 의료기관을 직접 이용하기 어려운 장애인을 위해 방문진료 사업을 하는 등 의료 접근권 향상 조항이 포함됐다. 장애인 건강 증진을 위한 연구, 통계 사업을 지원하고 의사의 처방에 따라 재활 프로그램을 보급하는 등의 내용도 반영됐다.

급·만성질환, 장애로 인한 합병증 및 주(主)장애 등을 적절히 관리하기 위해서는 현재처럼 여러 병원을 돌아다니는 것이 아니라 원하는 의사에게 등록을 해서 문지기 역할을 수행할 수 있도록 해야 한다. 장애인의 특성을 고려한 돌봄과 건강관리의 통합서비스(integrated care service)이어야 하고, 제공되는 의료서비스는 비장애인의 건강 문제 해결과 동일하되, 장애에 대한 특별한 관심과 방향이 설정되어야 한다. 그래서 주치의에 의한 건강관리 서비스는 전반적(포괄적), 지속적 건강관리가 이루어지도록 해야 한다. 그런 바탕에서 다음과 같은 건강관리서비스를 구축할 수 있다.

첫 방문시에는 장애인의 의료기관 방문이 어려운 경우 의료팀이 가정으로 방문할 수도 있다. 이때 주치의 등록, 초기 건강상태 평가, 건강관리 계획 수립이 이루어진다.

일상 진료에서는 건강증진, 건강관리, 주장애관리, 조정 등의 통합서비스가 제공되며 일반 외래 진료, 건강증진 프로그램, 주장애 보조 관리, 재발 및 2차 장애 예방 관리, 예방접종, 회송, 방문진료, 의료기관 내 건강 상담 전화, 전자통신을 통한 상담(전화, 이메일, SNS 등), 의뢰, 환자 정보 관리 및 전송 서비스가 제공되며, 방문진료, 전자통신을 통한 상담은 원하는 분에 한하여 선택적으로 제공될 수 있다.

장애인건강주치의는 장애인에 대해 포괄적 의료를 제공할 수 있는 지역사회에서의 일차의료 전문 인력으로서 장애인들을 전인적으로 대하며, 장애인들은 쉽게 자신의 건강 문제를 해결할 수 있는 의사다. 그러기 위해서는 많은 질환들에 대한 이해와 해결 능력뿐만 아니라 장애인에 대한 의료지식과 해결 능력 또한 갖추어야 한다.

장애인건강주치의는 장애인을 대하고 진료하면서 필요한 경우에는 적절히 단과 전문의와 의논하거나 의뢰를 통해 문제를 해결해야 한다. 장애인건강주치의는 장애인과 첫 접촉 및 상담에서 환자의 장애에 대한 전문의가 누구인지 알아 두어야 하며, 주치의는 그 전문의와 미리 장애인의 상태에 대해 충분히 인지하고 있어야 하며, 연락 가능한 방법을 알고 있어야 한다. 장애와 관련 없는 질환의 경우에는 주치의가 적절하고 최선의 전문의를 찾아서 의뢰할 수 있도록 한다. 그리고 의뢰시에는 장애인에 대한 충분한 정보를 기록해 보낼 수 있도록 한다. 협력의사에는 두 가지 방향을 생각할 수 있다.

첫째, 급·만성 질환의 전문적 치료시에는 여러 단과 전문의가 협력 의사가 된다. 둘째, 주장애 유형별 관리시에는 장애 담당 전문의가 협력 의사가 될 수 있다.

WHO '국제장애행동계획'의 의미

세계보건기구(WHO)는 지난해 '세계장애보고서(World Report on Disability)'에 기초해 보건·건강 분야에서 장애인의 권리를 신장하기 위해 필요한 포괄적인 행동강령을 담은 '국제장애행동계획(Global Disability

Action Plan)'을 채택했다.

국내에서도 작년 한국장애인재활협회 주최로 여의도 이룸센터에서 열린 제44회 'RI KOREA 재활대회'에서는 WHO의 국제장애행동계획을 국내에서 어떻게 실현할 것인지에 대한 논의가 진행됐다.

국제장애행동계획은 "모든 장애를 가진 사람과 그들의 가족들이 존엄성을 가지고 살고, 평등한 권리와 기회를 누리며, 모든 잠재력을 성취할 수 있도록 한다"는 비전 아래, "모든 장애를 가진 사람들이 건강, 움직임, 행복 그리고 인권에서의 최선을 누릴 수 있도록 기여한다"는 목표를 내걸고 있다.

행동계획은 이에 기초해 △건강 서비스와 프로그램에 대한 접근성 향상 △재활의학, 보조기술, 지역기반의 프로그램 강화 △국제적으로 비교 가능한 데이터 수집 강화라는 세 가지 과제를 제시하고 있다.

구체적으로 '접근성'과 관련하여 "장애를 가진 사람들이 부담스러운 지출 없이도 건강 관리를 감당할 수 있음을 알리고 그것에 대한 장벽을 없애야"한다고 명시했으며, "장애인들의 응급상황에 대한 구체적인 요구사항을 받아들여야" 한다고 강조하는 등 6가지 세부 과제를 제시했다.

'재활의학 및 보조기술' 등에 관해서는 "적절한 교육과 재활 서비스, 보조기술의 공급을 확실하게 할 수 있는 적합한 경제적 자원을 제공"할 것과 "안전하며, 좋은 품질에 저렴한 보조공학 기술의 개발" 등 7가지 세부 과제를 제시했다.

'국제적으로 비교 가능한 데이터 수집'에 대해서도 "장애인에 대한 우선적 연구를 강화"할 것과 "국내 데이터 수집 시스템에 장애 관련 건강 데이터 시스템을 포함하도록 개선"하는 것을 포함해 4가지 과제를 제시했다.

이러한 내용은 유엔장애인권리협약이 제시한 방향에 따라 만들어졌으며, 장애인의 자율성, 비차별, 당사자의 완전한 참여 및 사회통합, 기회균등의 원칙 등을 따르도록 되어 있다.

2015년 제정된 '장애인 건강권과 의료접근권 보장에 관한 법'에는 △5년마다 장애인 건강보건관리종합계획 및 지역별 세부계획 수립 △장애인 건강검진사업 및 장애인 건강관리사업 시행 △이동이 어려운 장애인 위한 방문진료 사업 수행 △장애인 건강보건 연구와 보건통계 사업 시행 △장애인 건강 주치의 제도 시행 △지역 장애인 건강보건의료센터를 시·군·구에 1개 이상 지정 △장애인 건강권 백서 발간 및 재활운동 프로그램 개발 보급 등의 내용이 담겨 있다.

다만 이 법은 장애인의 건강권 보장을 국가와 지자체의 책무로 규정하고 있음에도, 주치의 제도, 건강관리보건사업, 정보·통계 사업, 재정 지원 등 일부 주요 내용은 강제성이 없는 임의 조항에 그쳤다.

2018월 12월부터 이 법의 시행을 앞두고, 이 법이 장애인 건강권과 의료접근성 보장에 대한 법률이 중요한 내용을 담고 있다고 하더라도, 법 시행에 필요한 의료인과 장애인, 시민들의 적극적인 협력이 없으면, 건강주치의제도 시행 등 본 법의 핵심내용들이 제대로 시행되지 않을 수 있는 개연성이 상당히 존재한다.

특별히 지역사회 일차의료기관에서 장애인건강주치의 기관으로 얼마나 등록하느냐가 이 법의 성패를 좌우하고 있다고 해도 과언이 아니다.

기존의 조사에 따르면, 장애인들이 병의원 이용에 장벽으로 작용했던 것들이 의료기관 이용시 경제적인 부담과 편의시설 부족, 의사들의 장애특성 이해 및 배려 부족 등이었다.

장애인주치의사업의 의의와 향후 과제

첫째, 장애인주치의사업은 대상자가 중증장애인으로 제한되긴 하지만, 장애인의 건강권과 의료접근성 보장의 획기적인 전기가 될 수 있다. 이 법이 원래의 목표를 달성하고, 장애인 전체로 사업을 확대할 수 있도록 해야 한다.

둘째, 장애인주치의사업은 법에 건강주치의를 두도록 명시한 국내 최초의 법이다. 주치의사업이 국내에서 처음으로 시행되는 것이며, 이 사업의 성과 여부에 따라는 일차의료의 질을 획기적으로 향상시키는 계기가 될 수 있다.

셋째, 장애인주치의사업은 지역사회에서 소득, 건강, 고용 등 여러 측면에서 가장 취약성을 지닌 집단을 대상으로 하는 것인데 그 성과에 따라서는 노인주치의사업 등 지역사회 건강불평등을 완화할 수 있는 유용한 정책 수단으로 발전할 수 있다.

넷째, 장애인주치의사업은 지역사회 공중보건, 의료, 복지사업을 연계하는 중요한 고리로서 장애인주치의사업의 발전은 지역사회 보건의료 강화의 중요한 전기가 될 수 있다.

다섯째, 장애인주치의사업은 성과 여부에 따라서는 우리나라의 일차의료 약화, 고령화, 의료비 급등에 대안을 마련할 수 있게 한다. 보건의료체계의 근간은 새롭게 하는 사업으로 장애인건강주치의사업이 성공적일 경우, 이 모델은 바로 일차의료 분야 전반에 확산이 가능하기에 이 사업은 우리나라 보건의료체계 정비에 획기적인 전기를 마련하게 할 것이다.

국내에서 처음으로 장애인 건강주치의사업을 추진하는 것이지만, 아직 추진주체, 제도 환경이 마련된 것이 아니어서, 이 사업이 실제 가능하게 하기 위해 해야 할 일이 많다. 장애인 건강주치의사업의 향후 과제를 정리하면 다음과 같다.

첫째, 장애인의 건강권과 의료접근성 보장을 위해 정부-장애인단체-보건의료계의 거버넌스를 구축해야 한다.

장애인의 건강권과 의료접근성 보장을 위한 법 시행을 위한 시행령, 시행규칙과 전문인력, 지역 인프라를 마련하기 위해선 이를 논의할 정부-장애인단체-보건의료계의 거버넌스를 구축하는 것이 시급하다. 당사자인 장애인단체, 장애인건강주치의 사업을 추진할 전문인력단체 등 현장의 의견을 잘 반영하도록 해야 할 것이다.

둘째, 지역사회 내에서 장애인건강주치의 지원체계를 수립하고, 추진해야 한다.

장애인의 건강권과 의료접근성 보장을 위한 법에 보면, 장애인건강주치의 지원체계로 중앙 장애인보건의료센터, 광역시에 지역장애인보건의료센터, 시구군구에 지원센터를 두도록 규정하고 있다. 지역에서 의료기관에서 장애건강주치의사업에 대한 이해가 낮은 상태이니 만큼, 의료기관에 참여하도록 홍보하고, 구체적인 사업 지침을 알리고, 지원하는 체계를 잘 갖추어 사업기반을 구축해야 한다.

셋째, 지불체계를 개편하여, 장애인주치의사업 지원을 구체화 해야 한다. 현재의 행위별수가제에서는 장애인건강주치의사업을 정상적으로 추진하기 어렵다. 장애인건강주치의의 행위가 현재의 행위별수가제에서는 잘 반영되지 않았으며, 현재의 구조로는 많은 행위를 하고서도 청구할 수 있는 항목이 없어, 결국 저수가에 매이게 되어, 의료인들로부터 장애인건강주치의는 외면 당할 가능성이 높다. 그래서 행위별수가제에서 인두제 성격을 가미하여 혼합제를 시행하는 것이 좋겠다. 장애인건강주치의가 추가적으로 제공하는 서비스 중 환자 관리에 해당하는 서비스는 인당정액제로, 행위별 보상이 필요한 서비스는 행위별수가제로, 환자의 건강상태 등은 평가하여 성과급으로 보상하는 것이 합리적일 것으로 평가된다. 적절한 수가체계가 뒷받침되지 않으면, 장애인건강주치의제는 성공을 거둘 수 없다. 합리적인 지불제도를 마련해, 장애인건강주치의제가 안착되도록 해야 할 것이다. 57.3%의 장애인이 경제적 사정으로 의료기관을 이용하지 않는 것으로 나타났으므로, 장애인들의 의료기관 이용시 경제적인 부담을 낮추어 주는 것도 적극 고려해야 한다.

장애인주치의사업을 통해 입원, 장애로 인한 2차 질환 발생의 사전 예방으로 의료비 절감이라는 목표 달성이 가능하리라 기대된다. 향후 의료비 상승에 대한 중요 전략으로 국가, 지자체, 건강보험공단에서 적극적인 지원을 할 필요가 있다.

넷째. 취약지역인 농촌에서는 의료, 재활 서비스를 받을 수 있는 여건이 조성되지 못한 상태로 서비스 전달에 필요한 기본적인 자원배치가 열악하다. 보건소 관할 구역 내에 최소한 1개소의 지역재활센터나 재활 병·의원의 배치, 혹은 이러한 서비스를 제공할 수 있는 시설이 필요하다.

다섯째, 일차의료 전문인력 육성을 위해 교육훈련 기회를 확대해야 한다.

장애인건강주치의사업에 참여할 전문 인력을 육성하는 것이 무엇보다 중요하다. 장애인건강주치의, 코디네이터를 위한 교육과정을 빨리 마련해야 한다. 코디네이터 역할이 장애인주치의서비스 제공에 있어 매우 중요하다. 장애인의 특성을 고려한 돌봄과 건강관리의 통합서비스(integrated care service)가 되기 위해서는 의사의 역할만으로 부족하며 코디네이터, 사회복지사, 재활운동사, 자원봉사자 등 팀 접근이 필요하다. 장애인들이 직접 보조 코디네이터 역할을 하게 하면 소통과 조정의 역할이 더욱 향상된다. 지역사회 참여는 제공되는 서비스의 질에도 큰 영향을 미친다.

지원센터안에 코디네이터를 두는 방안은 코디네이터 역할이 본래의 사례관리와 지지의 역할보다 의뢰와 연계 쪽에 비중을 둔 모델이다. 이러한 모델에서는 일차의료기관에서 돌봄과 의료의 통합서비스를 제공하기 어렵다. 일차의료기관에서 코디네이터를 직접 두고, 통합서비스를 제공해야 서비스의 질을 높일 수 있다. 장애인주치의 참여 의료기관에 코디네이터 인건비를 제공하는 것도 아주 좋은 인센티브가 된다. 장기적으로 일차의료기관이 돌봄과 의료의 통합서비스를 제공하도록 유도하고, 코디네이터를 두고 사례관리에 직접 나서는 일차의료기관에 대해서는 인센티브를 제공하는 것이 필요하다.

여섯째, 장애인의 건강 및 복지에 대한 종합적인 통계나 정보체계를 구축해야 한다.

장애인건강주치의사업이 제대로 이루어지려면, 장애인 건강 수준, 의료요구(needs)를 정확히 파악하여야 하며, 이러한 요구를 수용할 수 있는 사업모델을 만들어야 한다. 이를 위해선 장애인의 건강 및 복지에 대한 종합적인 통계나 정보체계를 구축해야 한다.

장애인건강주치의사업이 우리나라에서 장애인들의 건강권과 의료접근성을 보장하는 획기적인 전기가 되길 진심으로 기대한다. 의료인, 장애인, 지역주민, 정부 등 여러 주체가 마음의 문을 열고 서로 협력한다면 분명 좋은 결실을 거둘 수 있을 것이다. 한국의 민주주의가 한 단계 더 발전되어서, 사회의 형평성을 진작시키고, 건강 등 시민들의 삶의 질을 향상시키는 분야에서 큰 진전을 이루게 될 것으로 기대한다.

지역사회 장애인주치의사업과 건강코디네이터

오춘희 (한국의료복지사회적협동조합연합회 장애인주치의사업 총괄실장)

의료협동조합에서의 건강

건강이란 '아픔을 중심에 두고 자기를 극복하는 힘' 이며, 몸, 마음, 세상의 안녕과 더불어 영적, 생태적으로 건강한 관계를 발현해 가는 과정이다.
  – 한국의료복지사회적협동조합연합회 건강정의

건강이란, 질병이 없거나 허약하지 않은 것만 말하는 것이 아니라 신체적·정신적 ·사회적으로 완전히 안녕한 상태에 놓여 있는 것이다.
  – 세계보건기구(WHO)헌장

산업의 발달과 의학기술의 발전은 우리들의 삶을 윤택하게 했을 뿐만 아니라 평균수명의 연장에도 영향을 주었다. 실제 우리나라 남자의 기대 수명은 79년, 여자는 85.2년으로 OECD 평균과 비교하면 남자의 기대수명은 1.1년, 여자는 1.9년 더 높은 것으로 나타났다. 또한 빠른 고령화 속도로 2018년에는 고령사회, 2026년에는 초고령사회로 진입할 것으로 보인다.[15]

---

15) 통계청, 2015년 생명표.

이제 단순히 오래 사는 것이 문제가 아니라 어떻게 건강하게 오래 살 수 있을 것인지가 고민이 되고 있다. 웰빙을 넘어 헬스 에이징으로 확산되는 건강산업의 부상, 그러나 여전히 환경과 먹거리의 안전성을 담보하기 어려운 상황에서 우리가 꿈꾸는 건강한 삶은 어떻게 가능할 것인지 고민하고 준비해야 한다.

의료협동조합은 지난 20여년 간 지역사회에서 개인의 건강, 가족의 건강 나아가 조합과 지역사회 전체의 건강을 만들어 가는 다양한 활동을 펼쳐 왔다. 아픈 후에야 병원을 찾고 치료를 하는 것이 아니라 건강할 때 건강을 지킬 수 있도록 건강실천단(예방실천프로그램)을 운영하고, 만성질환 자조모임을 통해 생활습관을 바꾸기 위한 노력들을 해 가고 있다. 여기에 도움을 주고 지지해 주는 '주치의'는 의료협동조합의 오랜 꿈이자 의료협동조합을 존재하게 하는 이유다.

장애인주치의사업

건강하게 살아간다는 것은 누구나 바라는 행복요소다. 더욱이 장애인을 비롯한 사회경제적으로 취약한 집단에게 있어 건강은 그들이 사회에서 살아가고 정상적인 사회적 활동을 하는 데 마지막 남은 자산이기에 더 강조할 필요가 없는 중요한 문제다.

　－ '존중하고, 보호하고, 실현되어야 할 장애인건강권' (이문희)

2015년 6월. 사회복지공동모금회 지원사업으로 시작한 장애인주치의사업은 보건의료인의 장애감수성을 높여감과 동시에 장애인이 의료서비스의 일방적 수혜자가 아닌 스스로 건강의 주체로 서는 장애인당사자 참여형 모델로서, 지역사회 장애인주치의사업의 환경적, 정책적 기반을 만드는 것을 목표로 하였다.

장애인은 약 250만 명으로 전체 인구의 약 5%를 차지한다. 우리가 흔히 볼 수 있는 택시의 수는 25만 대, 장애인 인구의 10분의 1수준이다. 그러나 우리는 길에서 장애인을 찾아보기가 쉽지 않다. 왜 그럴까? 세상에는 장애인이 밖으로 나오기에 넘어야 할 장벽이 많기 때문이다.

장애인은 아파도 병원에 가기가 쉽지 않다. 의료기관까지의 이동수단과 의료기관 내 장애인 편의시설도 문제지만 무엇보다 의료인의 장애전문성과 이해부족으로 인한 관계접근성도 매우 큰 문제로 지적된다. 실제 병의원 이용 및 진료를 받는 데 있어 가장 불편한 점을 묻는 응답에서 '의사들의 장애특성 이해 및 배려부족'이 34.8%로 높게 나타났다[16]

"우린 바로바로 답을 못하잖아요. 그럼 벌써 (의사의)표정이 달라져요. 저도 이해는 가요. 빨리빨리 다음 사람 진료해야 하는데. 그런데 어쩌겠어요. (제가 답을 빨리) 못하는데. 그리고 진료실을 나오면 대기실에 있던 사람들이 다 쳐다봐요. 그럼 나는 다시 거기 못 가게 되죠."(지체장애인의 고백)

– 「장애인주치의사업 1차년도 연구보고서」, 2016.

---

16) 국가인권위원회, '장애인건강권 증진방안에 관한 연구,' 2014.

주치의의 고민

"가정의학과 의사가 사실 수련과정이나 진료 현장에서 얼마나 많은 장애인을 접해 봤을까요? 저도 내년이면 보드 딴 지 10년째입니다만, '장애인들의 주치의'를 내세우기에 제가 부족한 점이 너무 많은데 개원초기에 이런 사업을 맡다 보니 공부할 틈도 없고 부담만 되고. 솔직한 심정입니다. 주로 지적장애 참여자가 많았는데요, 가정의인 제가 뭘 어디까지 해 줄 수 있을까 하는 답답함이 있습니다."(주치의 고백1)

"그동안 물어 볼 곳이 없어 혼자 생각대로 지적장애인 아들 두 명을 돌봐왔는데 이제 터놓고 상의할 수 있는 곳이 생긴다는 것 자체가 너무 좋아요."(지적장애인 아들 둘을 홀로 키우는 어머니의 고백)

"장애인들이 무엇을 필요로 한다라기보다는 각각 그 사람을 들여다 보아야 필요한 부분을 알아낼 수 있는 것이 아닌가 싶습니다."(주치의 고백2)

'주치의' 단어 하나에 드리워지는 서로 다른 이해와 역할로 인해 모두의 기대를 담아 합의된 '주치의의 역할'을 규정하기는 쉽지 않아 보인다.

장애인이기 때문에 뭔가 더 치료해야 할 거라는 생각, 추가 진단을 내리고 그에 대한 약 처방과 처치를 해야만 뭔가 해 준 것 같은 마음, 이것이 의료인의 입장이라면 장애인 당사자는 그저 나의 건강을 살피기 위해 가정으로 방문해서 이야기를 들어 주고 손 한 번 꼭 잡아 주는 주치의가 고마운 것이고 건강에 대해서 상의할 수 있는 의사가 있다는 것에 안도감을 느끼고 있는 것이다.

의료인과 당사자의 서로 다른 기대는 장애에 대한 전문성과 장애유형에 따른 이해, 그리고 주치의로서의 최소한의 역할을 기술한 기본 매뉴얼을 통한 교육을 통해 조금씩 좁혀 가야 할 것이다.

장애인주치의사업과 건강코디네이터

장애인주치의사업은 크게 예방, 치료, 관리(증진)의 세 영역에서 사업이 진행된다. 의료협동조합에서 간호사인 보건예방실장이 의사와 함께 진행을 했다면 이 사업에서는 건강코디네이터가 주치의와 함께 사업을 담당한다.

"건강코디네이터가 꼭 간호사여야 합니까? 사회복지사도 가능한가요?"라고 참여단위에서 문의가 들어왔다. 간호사라면 좋겠지만, 실상 간호사를 배치하기 어려운 곳에서는 사회복지사가 그 역할을 하고, 의료기관 간호사가 일부 지원해 주는 것으로 건강코디네이터의 자격을 정리하였다.

장애인주치의 등록에서 방문간호까지

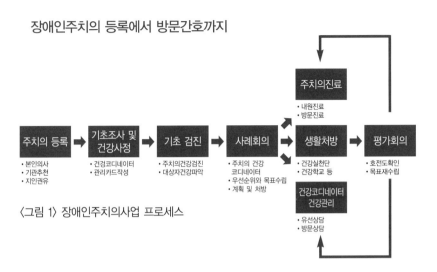

〈그림 1〉 장애인주치의사업 프로세스

• 대상자 등록이 들어오면 건강코디네이터가 기초조사 및 건강상태를 확인한다. 장애가 발생한 이유는 무엇인지, 언제 발생했는지, 그로 인한 2차적인 문제는 없는지, 가족에 대한 건강력과 개인의 건강력에 대한 질문, 그리고 복용하고 있는 약이 있는지, 어떤 약들을 어떤 주기로 복용하고 있는지, 응급상황에 도움을 요청할 사람은 있는지, 그 사람이 가족인지, 활동보조인인지, 담당 사회복지기관인지 등 세세하게 한 사람의 역사를 확인하게 된다.

• 그리고 그것을 한 장으로 다시 정리한다.

• 그것을 가지고 건강코디네이터는 주치의와 만난다. 이것이 케어플랜 수립을 위한 사례회의다. 등록한 장애인의 전반적인 상태에 대해 공유하고 현재의 문제를 진단하며 우선순위를 세우고, 그것을 해결하기 위한 단계적인 계획을 세운다. 방문진료 횟수와 기타 의료지원에 대한 것, 그리고 혹시

필요한 사회복지적 연계도 꼼꼼하게 체크한다.

　• 이렇게 세워진 계획하에 건강코디네이터의 등록자 건강관리가 이뤄진다. 때로는 집으로 방문해서, 의료기관에서, 유선상으로 상태를 확인하고 체크하며 필요시 주치의와 연계시킨다.

　이것이 우리가 주치의사업을 진행하는 과정이다.

　건강코디네이터는 이 모든 상황과 과정에 대한 이해를 바탕으로 조정하고 연계하고 교육하며 주치의와 당사자를 연결하는 다리 역할을 하게 된다.

사회복지사와 간호사

　장애인주치의사업 건강코디네이터는 사회복지사와 간호사 두 영역에서 담당하고 있다. 1차년도 사업이 끝난 뒤 인건비 자부담으로 한 사람을 더 채용한 단위도 있다. 가장 좋은 것은 사회복지사와 간호사의 협업임을 사업을 통해 체득한 것이다.

　사회복지사 건강코디네이터는 강점이 많다. 사례관리에 대한 이해가 풍부하며 지역사회 자원 연계망에 대해 잘 알고 있어 장애인의 환경적 관리가 가능하다.

　장애인에게 자원연계가 필요한데 어떻게 연결해야 하는지 잘 모를 경우엔 장애인의 거주지 동 주민센터내에 사회복지담당 공무원(사회복지사)을 찾으면 된다. 이런저런 이유로 서비스가 필요한데 알아봐 달라고 요청하면 지역자원을 파악해서 친절하게 알려준다. 반면, 사회복지사 건강코디네이터는 의료에 대한 지식기반이 없어 전문적인 건강상담에는 어려움이 있다. 한 사회복지사 건강코디네이터의 아래 사례는 그런 점을 시사한다.

 "예전에 사회복지기관에서 장애인이나 노인을 만나기 위해 방문하면 쉽사리 마음을 열지 않는 경우가 많았는데, 의사선생님하고 함께 가니 마음을 빨리 여는 것 같아서 뿌듯해요. 그런데, 의사선생님과 같이 다니고 건강상태를 묻다보니 내가 의료인인 줄 알고 자꾸 여기가 아프다, 이건 왜 그러냐라고 물으시는데 그럴 때 어떻게 해야 할지 매우 당혹스러워요"

 반대로 간호사는 체계적인 의학적 상담은 가능하나 사회복지서비스에 대한 기본지식이 부족하여 최소한의 건강을 유지하기 위한 생활적인 요소가 갖춰지지 않는 경우, 이 문제를 어떻게 자원으로 연계해서 해결해야 하는지에 대해서는 난감해 한다. 간호사 건강코디네이터의 고백이다.

 "나가보면 정보에 뒤처지는 분들은 못 받으시니, 어디에 요청해야 하는지 잘 모르니까 제가 아는 범위 내에서 인맥을 총동원 해서 알아보는 거죠. 다산 120에 전화한 적도 있어요."

지역사회 돌봄담당자 - 건강코디네이터 교육

 체계적인 교육과정을 배치하고 모두가 그 교육을 이수하도록 하는 시스템이 필요한데 장애인주치의사업단은 6개 권역에서 진행되고 있어 2박3일 교육이나 20시간 이상의 집중 교육 등을 배치하기 쉽지 않았다. 여건에 맞쳐 최소한의 교육을 배치하려고 노력하고 있기는 하나 어려움이 따른다. 사회복지사와 간호사의 협업이 절실히 필요한 지점이다.

이것은 장애인주치의사업단만의 문제는 아니다. 지역사회에서 돌봄을 담당하고 있는 다양한 영역—어린이 돌봄, 산모, 영유아 돌봄. 노인 돌봄, 장애인 돌봄—모두가 해당되는 문제라 할 수 있다. 모두를 위한 교육과정의 개발과 적용이 필요하며 사회에 나오기 이전인 간호학과나 사회복지학과 교육과정에도 지역사회 돌봄에 대한 기초교육과정이 배치되어야 한다.

얼마 전, 한국의료복지사회적협동조합연합회가 인큐베이팅 한 '아픈 아이 돌봄 협동조합'에서 돌봄을 시행하고자 하는 당사자들에게 4주간의 집중 교육을 기획, 진행한 적이 있다. 필자도 간호사로서 기본적인 인체 해부학과 소화기계에 대한 꼭지를 맡아 강의를 진행했는데, 의학적 기본 지식을 기반으로 하는 이런 교육은 아이를 키우려는 예비엄마, 예비 할머니, 어린이집 교사 모두에게 공통적으로 필요한 교육이라는 생각이 들었다. 가끔 사춘기 아이들 때문에 힘들어 하는 엄마들이 하는 말이 있다. 대체 이런 상황에 어떻게 해야 하는지 교육도 안 시켜 주고 무작정 부모가 알아서 하도록 만드는 이 현실이 맞는 것인가 하고.

한 생명을 책임지고 키워내는 전 과정은 매우 중요한 일임에도 이를 위한 기본 소양 교육을 받기는 쉽지 않다. 더군다나 한 사람의 건강과 연계되어 돌봄을 시행하는 사람에게는 막중한 책임이 따르는데 그에 대한 기본 교육을 심화하여 배치하는 것의 필요성은 강조해도 지나치지 않는다.

외국에서는 어떻게 진행되고 있을까. 각각의 내용은 나라마다 조금씩 차이는 있겠으나 공통적인 것은 건강을 신체적인 문제뿐만 아니라 그 사람을 둘러싼 환경까지 포함하여 통합적으로 인식하고 있으며 지역사회를 기반으로 하는 통합돌봄의 필요성을 강조하고 담당자의 역할 수행을 위한 기본적인 소양 교육과 실습과정이 배치되어 있다.

〈표 1〉 각국의 캐어매니저 실태

	자 격	교육과정	기 타
미국 캐어매니저	사회복지사, 상담사, 간호사	과정 이수 후 면허발급	서비스 조정을 담당하는 케어매니저의 필요성 대두되며 시범사업으로 시작됨
영국 캐어매니저	사회복지사, 간호사, 물리치료사	보수교육 과정이수	케이스 매니지먼트에서 케어매지먼트로 의미 확장
일본 캐어매니저	의사, 간호사, 사회복지사	시험 합격자 (개호지원 전문원 실무연수 후)	재가 생활이 가능하도록 지원하는 역할

우리가 꿈꾸는 지역사회의 시작, 커뮤니티 스타트

한 사람의 건강을 돌봄에 있어 서로 다른 법 체계와 그로 인한 사업의 분절화는 결국 시너지를 내지 못하고 있다. 급속도로 고령화 되어 가는 사회에 너도나도 다양한 의제들을 내놓고 있지만 실상 지역사회내에서는 변화를 체감하기 쉽지 않다.

장애인주치의사업을 하면서 지역사회통합돌봄센터에 대한 이야기를 많이 하게 된다. 내가 살고 있는 지역사회에서 어떤 돌봄의 시스템이 만들어지느냐가 내 삶의 질을 결정하게 된다. 보건과 복지와 행정과 의료가 각각 개별적으로 서비스를 지원하는 형태가 아닌 지역사회통합돌봄센터 건강코디네이터를 통한 통합적인 관리가 되는 서비스를 제공한다면 한 사람의 건강과 생활 전반의 질은 지금보다 더 좋아질 것이라 생각한다. 노인, 장애인, 어린이, 돌봄을 필요로 하는 모든 이들이 행복하고 건강한 삶을 누릴 수 있는 우리들의 활기찬 지역사회를 꿈꾸며 오늘도 어렵지만 힘 있는 첫발을 내딛고자 한다.

<장애인주치의 사례 1>

시흥희망의료복지사회적협동조합

김해경 (시흥희망의료복지사회적협동조합 사회복지사)

　시흥희망의료복지사회적협동조합은 2015년 5월부터 '장애인주치의 사업'을 통한 장애인의 의료기관 접근과 이용을 보장하고 지역 내 의료기관 지정으로 의료전달체계를 마련하여 장애인의 건강증진에 기여했다.

　장애인주치의 사업을 운영하면서 사실상 의료서비스 수혜의 사각지대에 놓여 있는 장애인을 발굴하였으며 특히 관심을 갖고 다각적으로 접근하였던 점은 장애 당사자분들에게는 물론 가족에게 장애인 건강권 확보에 적극 관심을 갖고 참여할 수 있도록 독려하고 격려하였다.

　마음을 움직이는 것은 마음이었다. 마음을 움직이니 그들이 나에게 고개를 돌려주었고, 얼굴을 대하니 눈을 맞출 수 있었다. 눈을 마주하니 그 눈에 내가 들어 있었고 내 눈에도 그들이 들어 왔다. 나는 그렇게 시작이 반이라는 말처럼 원래 해 왔던 것처럼 장애인주치의 사업을 할 수 있었다. 그리고 '해야만 한다'라고 생각을 마음으로 정리하고 몸을 움직이며 행동으로 옮겨갔다.

시흥희망의료사협은 사회복지공동모금회가 시범사업으로 펼치고 있는 장애인주치의 사업의 수행기관으로서 장애인의 건강권 및 지역사회 참여 및 자립생활능력을 향상하고 사회 환경을 개선하여 장애인권 확보에 기여하고자 목표를 정하고 아래와 같은 다양한 프로그램을 운영하였다.

① 장애인주치의 등록

경기도 시흥시 관내 거주 장애인 발굴, 의뢰 등으로 긴급성 및 장애의 중증도를 고려한 대상자를 선정하여 장애인의 건강권 확보 및 의료기관 활성화를 위한 주치의등록 대상자 100명을 완료하다.

② 가정방문간호(건강코디네이터)

건강코디네이터의 가정방문 및 기관, 의료기관 방문을 통한 상담과 생활처방관리, 지역자원연계, 적절하고 충분한 상담과 교육 실시로 장애인주치의 사업 체계화를 위한 역할 200회 이상 실시하다.

③ 가정방문진료(희망한의원 원장)

장애특성을 파악, 의료인의 지속적인 일대일 가정방문진료, 의료기관 내원진료로 장애인의 건강문제에 대한 충분한 상담, 생활처방, 치료 등을 200회 이상 실시하다.

④ 지역사회 네트워크형성

시흥시 관내 15개 지역기관의 기관장 및 실무자들의 참여로 장애인 및 가족의 심층적인 문제해결 방안모색과 자원공유 및 공동사업추진 등 지역 내 기관과의 간담회 개최로 의료서비스복지 확대를 위한 지역네트워크형성하다.

⑤ 건강실천단

건강교육과 생활용품 만들기 실습을 통한 건강한 생활에 대한 이해 증진을 지원한 '내가 만드는 건강한 생활'에 총 6회 130명이 참여, 생활습관 실천능력 함양으로 장애인건강권 실현 및 인식향상을 위한 건강실천단 프로그램, 건강용품 만들기 등을 운영하다.

⑥ 건강소모임

사회·정서·인지적 행동측면의 균형 있고 건강한 발달을 위한 '♬ ♪♪무지개 빛 마음을 열어요' 핸드벨, 우쿨렐레 총 10회, 105명이 참여, 음악치료 건강소모임으로 유대관계증진 및 사회적 관계형성으로 스스로 참여하는 건강실천소모임을 운영하다.

⑦ 건강캠프

자연과 함께하며 자신감을 증가시켜 신체 및 사회·정서상 균형 있고 건강한 발달을 위해서 '보고 만지고 느끼고, 신나는 말 타기!!' 1회 45명, '빨강 초록~달콤, 우리 딸기랑 놀아요' 1회 60명, 웃음의 소중함을 인식시킴과 웃음을 생활화 하도록 하여 심신의 역기능을 치료하고 자존감을 향상시키는 '하하! 우리 함께 웃어요' 2회 93명, 장애와 비장애 통합사업 건강학교 총 4회, 190명에게 통합건강교육 활동을 통한 지역사회공동체형성을 목표로 다양하게 운영하다.

⑧ 정책사업

설문조사원으로 일대일 면접조사를 실시하며 장애인의 건강실태 및 욕구파악으로 지역사회환경조성과 개선을 위한 지역실태조사를 실시하다.

건강코디네이터가 바라보는 장애인주치의 사업

건강코디네이터(사회복지사)로서 그동안 소명을 가지고 임하였다고 생각하였으나 2015년 5월부터 장애인주치의 사업 운영에 참여하면서 의료복지서비스 등 꼭 필요한 곳에 발걸음을 움직이며 찾아갈 수 있다는 것에 또 다른 감사함과 가슴 벅참이 있다. 때론 멀리서 휠체어를 가까이 이동하며 먼저 손을 내밀어 반갑게 인사해 주는 대상자들이 정말 고맙고, 그런 것에서 보람을 느낀다.

아래 건강코디네이터의 현장 활동을 소개해 본다.

– 대상자 : ○○○/男/1958년생/지체1급(와상)

– 건강코디네이터 : 김해경

문이 열려 있어 두드리는 정도로 하며 인기척을 내고 안으로 들어간다.

건강코디네이터 : ○○○님 안녕하세요. 시흥희망에서 왔습니다.

대상자는 몸은 움직이지 못하나 고개를 살짝 돌린다는 느낌으로 맞이한다.

건강코디 : ① 일상확인 : 현재 불편한 상태, 주변상황 확인(위험요소 등) "아무도 없네요. 다들 어디 가셨나요? 얼마나 혼자 계셨는지요? 현재 필요하신 사항은 없는지요?"

② 건강상태확인 : 가정방문진료에 대한 만족도, 현재 건강상태 및 생활환경 확인과 점검

③ 가족과의 관계형성흐름, 문제해결방안 및 욕구 정도

④ 보호자 및 가족과의 통화(가정 내 부재)

⑤ 지역자원연계확인

⑥ 기타사항 및 다음일정논의

대상자 : 감사합니다.

대상자와 눈을 마주보며 인사를 나눈다. 또한 보호자 및 가족의 부재
시 안전상태를 고려하여 문 여닫음을 확인한다.

'좋다' 라는 느낌을 받는 것으로 대상자의 만족도를 살핀다.

그동안의 긍정적 관계형성을 통한 마음 속 말을 표현하고 때론 "저 때
문에 힘드시죠"라는 대상자의 위로와 격려를 받는다.

사회복지공동모금회 시범사업으로 실시되는 장애인주치의 사업은
우선 대상의 범위가 있으며 의료서비스 측면의 직접 개입으로 치료를
포함한 예방적 차원을 고려하고, 중증 정도에 따른 개별화로 실시된
다. 가정방문과 내원 진료를 통한 진료와 관리는 치료와 예방은 물론
건강관리에 필요한 개인적인 정보습득과 실천으로 의료와 복지가 통
합적으로 이루어 질 수 있다는 것에 큰 의미가 있다. 지역사회기관에
서도 장애인 스스로가 건강을 지키기 위한 활동과 환경을 조성하는
데 많은 관심을 보이고 있어 이 또한 장애당사자를 포함한 지역사회
전반에 큰 기여를 기반하고 있다고 보인다.

〈장애인주치의 사례 2〉

행동하는 의사회

이승준 (행동하는 의사회 치과의사)

'나눔과 열림'의 어제와 오늘 그리고 '장애인주치의 제도'를 생각하며

한 달에 한 번씩 일요일 오전, 그리고 최근 들어서는 목요일 오전에도 한 번씩.

내가 부산 중증장애인전용 치과의원 '나눔과 열림'에 치과 진료활동을 하러 가는 날이다.

물론 치과 진료활동은 나 혼자만의 힘으로는 절대 되질 않는다. '나눔과 열림'에서 상근하고 있는 세 분, 치과의사 선생님 네 분, 휴일을 반납하고 진료실을 찾아 도움을 주는 치위생사 여러분, 부산과학기술대학 치위생과 학생들, 그리고 부산대학교 치과전문대학원 학생들, 그리고 먼 길 마다하지 않고 '나눔과 열림'을 찾아주는 장애인분들.

위의 사람들이 오케스트라 단원처럼 모여서 멋진 하모니를 만들어가는 듯하다.

치과 입구에 들어서면 거의 항상 대기실에는 환자분들과 그 가족들 혹은 활동보조인들로 가득 차 있고 진료실 안쪽에서는 자원 활동가들의 분주한 움직임이 눈에 띈다. 그래서 내 가슴도 덩달아 뛰기 시작하면서 '오늘 하루도 최선을 다하자' 는 다짐이 절로 일어난다.

자원 활동가들과 인사를 나누고 분주하게 진료실 여기저기를 다니다 보면 어느덧 시간은 2시간을 넘기고 있고 조금씩 진료실은 조용해진다. 그리고 자원 활동가끼리 담소를 나누고 멋지고 재미난 포즈를 취하며 단체사진도 한 컷. 그때가 되면 마음은 배가 불러지는 듯하다.

요즘은 마치고 종종 점심식사도 같이 하게 되는데, 경남 사천이나 울산 등지에서 오는 자원 활동가들을 보면 마음이 숙연해지기까지 한다. 휴일에 자신의 시간을 내어서 자원활동 오는 게 쉬운 일은 아닐텐데 하는 생각에서다. 수줍은 모습을 보이지만 따뜻한 표정을 보면서 나도 힘을 많이 받게 된다.

작년 6월부터 시작된 사회복지공동모금회 사업에 참여하는 치과 진료진으로서 느낀 점을 말씀 드리기 전에 부산 중증 장애인전용 치과의원 '나눔과 열림'이 생기게 된 배경부터 알려드리는 게 좋을 듯하다.

'나눔과 열림' 을 운영하는 저희 '행동하는 의사회' 부산지부는 젊은 의사, 치과의사들이 모여 2004년부터 중증장애인을 대상으로 목욕보조 활동을 시작하였다.

이후 장애인들이 좀 더 편하게 대중교통을 이용하자는 운동인 '장애인 이동권 확보투쟁'에 동참하였고 2000년대 후반에는 부산 사상구 장애인 복지관내에 있는 치과진료실을 처음으로 운영하였다. 당시 치과의사 네 명이 한 달에 한 번 자원활동을 하는 걸 원칙으로 하여 꾸려 나갔는데 활동이 진행되면서 자연스레 몇 가지 문제에 봉착하게 되었다.

　첫 번째, 진료가 일주일에 한 번씩 진행되었으므로 환자 입장에서는 총 진료기간이 많이 길어질 수밖에 없었다. 개인 치과의원의 경우에는 환자가 시간이 되면 일주일에 두세 번 이상의 치료를 받을 수도 있으나 치과진료실의 여건은 그렇지 못했기에 종종 환자분들의 불만을 감수해 낼 수밖에 없었다. 그리하여 자원활동 의미가 축소되거나 우리 활동가들의 힘이 좀 빠지는 측면이 있었다.

　두 번째, 치과의사가 매주 바뀌는 상황이어서 환자 입장에서는 좀 혼란스러운 부분이 있었던 것 같다. 아무래도 진료자의 손이 바뀌다 보니까 환자분들은 조금 불안해 하는 면이 없지 않았고, 진료자간 의사소통도 조금 미진했던 것 같다. 이건 진료소에 상근 치과의사가 생기지 않는 한 풀리지 않는 부분이긴 하다.

　세 번째, 치아가 없어 식사하기 곤란한 환자들의 틀니나 브릿지 같은 보철치료를 우리는 해 드릴 수가 없었다. 지금도 그렇지만 기의 모든 치과 무료진료소들은 보철치료(크라운이나 브릿지, 틀니 등을 해

주는 치과진료 분야)를 하지 않고 있다.

　네 번째, 치과 진료를 하는 데 있어서 어시스트의 손이 많이 부족했다. 당시 치위생과 학생들이 조를 짜서 2명씩 오기는 했으나 여러 가지로 손발이 맞지 않았고 전문성이 부족했던 것 같다.

　위와 같은 경험과 고민을 축적하던 끝에 2010년 11월, 우리는 부산의 도심가 중 하나인 양정교차로 근처에 중증장애인 치과전용의원 '나눔과 열림'을 개설하였다.

　양정교차로는 지하철역이 위치해 있어 부산지역 어디에서도 접근이 용이한 곳이라는 점이 치과 위치 선정에 많은 영향을 끼쳤다.

　단체의 운영은 자금과 인력이라는 두 가지 요소로 움직이게 된다. 운영자금은 행동하는 의사회에서 예산지원을 받고 있고 그 예산은 단체 회원들이 각자 매달 내는 돈이다. 또한 장애인 치과 후원금도 점점 늘고 있는 추세다.

　인력, 즉 자원활동가 관리는 쉽지 않은 부분이다. 하지만 그 시점에 주미영 실장이 합류하게 되면서 '나눔과 열림'은 상근자 체제로 운영되면서 치과와 환자 관리가 수월해지게 된다. 치과의사 1명, 치과위생사 2명, 치위생과 학생 2명, 주미영 진료실장. 이런 인적 골격을 기본으로 하고 여건이 되면 좀 더 많은 자원활동가들이 붙는 시스템이다.

　'나눔과 열림'은 이전의 치과 진료소와는 다른 차원의 '치과의원'이다.
　'가난과 편견에 힘들어 하는 중증 장애인들의 치과진료에 대한 문턱을 줄이자' 는 취지와 목표를 가지고 시작되었다.

중증장애인(장애 1, 2등급)이면서 기초생활수급자인 분들에게 보철을 포함한 거의 모든 치과진료를 무료로 해 드리기로 결정하였다. 전국 최초이고 지금도 아마 유일하지 않을까 싶다.

하지만 '나눔과 열림' 이 문을 열 당시에 제법 어려움이 많았다.

먼저, 환자들에게 치료비는 받지 않되 치과보험진료는 공단에 보험청구를 하여 치과운영 예산에 도움을 주자는 의견도 있었으나 '환자유인' 이라는 좀 이상한 지적에 갇혀 본래의 개설취지를 손상 받지 말자고 결론을 내고 하지 않기로 했다.

또한 '나눔과 열림' 을 이용하는 중증장애인의 대상자 선정기준도 변화를 겪어 왔다. 처음에는 장애 1등급인 분들만 진료하기도 했고 이후에 경제적인 부분도 고려하기 위해 기초생활 수급자의 항목도 추가되었다.

'장애아동이라든지 차상위계층, 또는 실제 경제사정이 열악한 분들을 위한 치과진료도 해야 하지 않느냐' 하는 의견제기도 꾸준히 있어 왔다.

그래서 사회복지사, 장애인 복지관과 연계하거나 장애아동어린이집과 협력하면서 대상자를 선정하여 진료하기도 하였다.

이제 현재로 돌아와 '나눔과 열림' 치과의 내부 모습을 들여다 보자.

우리 치과는 엘리베이터를 타고 9층으로 올라가 자동문을 지나면

들어올 수 있다.

일반치과에 비해 진료실 대비 대기실의 크기가 좀 큰 편이고 휠체어를 이용하여 대기실에서 기다리거나 화장실을 이용하기 편한 구조이긴 하나 사실 특별한 장비나 시설이 있는 건 아니다. 대신 환자분들이 마음 편하게 이용하실 수 있는 활동가들이 만들어 내는 분위기가 있다.

시각이 불편하신 분, 하체를 쓰기 힘들어 휠체어를 타고 있어야만 하는 분, 몸을 많이 움직이는 분들이 대기실에서 치료를 받는 진료실 체어로 이동할 때 서로 도와가면서 만들어 가는 모습이 인상적이다. 그리고 환자분들이 진료실 체어에 앉거나 눕게 되면 대부분이 저희 진료진에게 고마움의 눈빛을 발사(?)해 주신다.

그럼 그 에너지를 받아서 진료진은 치료계획을 세우고 열심히 치료에 임하게 된다.

'나눔과 열림' 치과가 이번에 사회복지공동모금회 사업을 1년 넘게 진행하면서 환자가 늘게 되었지만 진료 패턴은 이전과 큰 차이는 없다.

하지만 '장애인주치의제도' 라는 큰 그림속에서 우리의 진료활동은 새로운 전환을 맞고 있다. 5년 넘게 '나눔과 열림' 을 운영해 오면서 우리가 나아 가야 할 방향에 대해서 계속 고민을 해 오고 있는 와중에 새로운 화두가 던져진 느낌이다. '장애인주치의제도' 라는 큰 그림 속에서 장애인 구강건강권 실현이라는 목표가 생기게 된 것이다.

장애인들이 살아가고 있는 환경, 즉 어떤 일을 하면서 살아가는지, 어떤 생활환경에 놓여 있는지, 어떤 약을 복용하고 있는지, 운동이나 재활은 어떻게 하고 있는지 등을 구강 건강과 같이 생각해 본다는 건 중요한 일이다.

　즉, 장애인에 대한 다면적인 정보와 지속적인 관계유지라는 방향설정을 통해 '장애인 구강건강권 실현' 이라는 목표로 뚜벅뚜벅 걸어가는 시작점이 작년부터다.

　그 운동에서 '나눔과 열림' 이 선도적으로 나서게 된 것이다.

　어깨가 좀 무거워지기도 한다. 그리고 어떻게 얼마만큼 해야 할지 좀 막막할 때도 사실 있다. 한 번에 많은 걸 이루어 낼 수는 없고 시간이 많이 필요하다는 생각도 든다.

　개인적으로는 치과진료 이전에 시간을 내어서 환자나 환자 보호자 분들과 좀 더 많은 대화와 눈맞춤을 통한 교감을 해야겠다고 다짐해 본다.

　예약 환자수가 늘어나고 진료시간이 길어지는 보철환자가 늘어나면서 아무래도 진료에만 집중할 수밖에 없는 경우가 제법 있다. 장애인들에 대한 정보가 담긴 카드를 적극 이용하여 먼저 다가가는 모습이 중요하다고 본다.

　치료할 때 무얼 더 배려해야 하는지, 치료가 끝나고 나서 각 장애인 환자분의 삶의 조건을 고려하여 어떻게 입 안이 관리 되어야 하는지,

환자수를 조금 줄이거나 아니면 치과의사 두 명이 진료하는 방향으로 나아가는 점과 병행해서 말이다.

사회복지공동모금회 사업이 끝나는 내년 이후의 '나눔과 열림'의 모습이 궁금해진다.

남은 1년간 '장애인주치의제도'라는 목표에 '나눔과 열림' 치과를 찾아주시는 모든 분들이 치과치료뿐만 아니라 따뜻한 배려심도 받고 갔으면 좋겠다.

행복한마을의료복지 사회적협동조합

정홍상 (행복한마을의료복지사회적협동조합 한의원 원장)

장애인주치의의 하루

행복한마을은 한방 주치의 1명, 코디네이터 1명, 행정담당 1명, 사업 총괄 1명으로 장애인주치의 사업을 하고 있다. 사업 영역은 안양, 군포, 의왕, 과천이다. 매주 목요일 오후가 되면 장애인주치의로서 하루가 시작된다. 주치의로서 1주일에 반나절밖에 시간을 낼 수 없는 것이 안타깝다. 오늘은 젊은 장애인들끼리 사는 그룹 홈을 가게 되었다. 장애인들과 돌봐 주는 분들이 같이 사는 곳이다. 2층에 세 들어 있는데, 생활환경은 좋은 듯 보인다.

오늘은 처음 만나는 날이라서 기초검진을 한다. 장애는 지적장애와 자폐성 장애다. 모두 이십대로 20대 초반도 있고 20대 후반도 있다. 주로 호소하는 증상은 가벼운 증상도 있고 좀 심각해 보이는 증상도 있다. 식사를 마친 후에 약간 헛배가 부른 느낌부터 변비가 심한 사람까지 다양하다. 변비가 심한 경우 때로는 1달에 1번만 보기도 한다. 약간 헛배가 부른 경우에는 과식을 주의하라고 생활처방전을 써준다. 의사소통이 어려운 장애인인은 생활처방전을 써주기가 어렵기도 하다. 예를 들어 비염이 있으면 숨이 찬 운동을 해야 하고 밀가루나 설탕을 주의할 필요가 있다. 그렇지만 실천을 유도하기는 쉽지 않다. 때로는 진찰이 어렵기도 하다. 오늘 만난 한 장애인은 맥을 잡거나 배를 만져 보는 일이 어려웠다. 소리도 지르고 몸을 비틀어서 좀처럼 곁을 내주지 않는다. 왜 아니겠는가. 갑자기 낯선 사람이 나타나서 자기 몸을 만지려고 하는데, 긴장하지 않을 수 없을 것이다. 좀 더 많은 만남을 통해 친밀해진 상태에서 자연스럽게 진찰이 이루어져야 하는데 그렇지 못한 현실이다. 진찰이 끝나면 필요에 따라 침을 놓기도 하고 한약을 처방하기도 한다. 침의 경우 자주 만나서 침 시술을 할 수 없기 때문에 이른바 '파스요법'을 가르쳐 준다. 파스요법은 파스를 손톱크기만큼 잘라서 침을 놓는 혈자리에 붙이도록 하는 것이다. 하루 1번 붙이며 3~4시간 정도 붙여 놓았다가 뗀다.

오늘은 한 곳에서 모든 장애인을 만났다. 다른 때에는 여기저기 옮겨가면서 진료를 하기도 한다. 장애인주치의가 되면서 많은 장애인들을 만나고 있다. 그동안 비장애인으로서 별로 장애인에 대한 생각이 없었다. 거리에서 만나는 장애인에게도 무심했다. 눈에 보이지 않는 많은 장애인이 있음에도 별로 염두에 두지 못했다. 나이가 들면서 장애인이 되는 경우도 많다. 사고가 나거나 뇌출혈이나 뇌경색이 오면

곧 장애가 생긴다. 그런 면에서 보면 우리도 언제든지 장애인이 될 수 있음을 깨닫는다. 때로는 들어보지 못한 장애를 가진 사람을 만나기도 한다. 13세 여성은 '결절성 경화증'이라는 처음 듣는 병명을 가지고 있다. 결절성 경화증은 '정신지연, 간질, 피부병변, 종양 등의 증상이 특징적으로 나타나고 6,000~9,000명 당 한 명의 빈도로 드물게 발생하는 선천성 질환'이다. 결절성 경화증 증상에는 간질이 있는데, 이 사람은 항경련제를 먹고 있음에도 부분 발작을 수시로 하고 있다. 어머니는 경기를 덜할 수 있게 해 달라고 부탁한다. 한약 처방을 했는데, 앞으로 어떤 결과가 나올지 궁금하다. 좋은 결과가 있기를 기도한다.

부모들은 '경련'에 대해 많은 두려움을 갖고 있다. 경련하는 모습을 보고 있으면 그런 감정도 이해되지 않는 것은 아니다. 아이가 곧 어떻게 될지 모를 것 같은 두려움이 강렬하게 일어날 수밖에 없다. 그렇지만 몸의 증상은 문제를 해결하려는 몸부림이라고 본다. 우리를 괴롭히려고 아니면 잘못된 반응으로 그런 증상이 일어나는 것은 결코 아니다. 경련도 막혀 있는 상태 또는 순환이 잘 되지 않는 상태를 개선하기 위해 일어나는 것이라고 본다. 장애아동의 경련에 대해 부모들은 대부분 항경련제로 대처하고 있다. 앞으로 더 연구하고 노력하여 한약으로 경련을 완화하고 싶다.

장애인주치의 사업 현황

안양시의 2014년 1월 현재, 등록 장애인 수는 2만 1,955명이며 이 중에 1~3급 장애인은 8,027명이다. 군포시는 2014년 1월 현재 1만 980명으로 1~3급 장애인은 4,118명이다. 안양시와 군포시 모두 전체 장애인의 약 37%가 중증장애를 가지고 있다. 행복한마을의료사협 장애인주치의 사업의 2016년 9월초 현재 등록 장애인은 120여 명이다. 목표는 150명이다. 150명은 안양, 군포 중증장애인 1만 2,145명의 1.2%이다. 의왕과 과천을 포함하면 1%가 되지 않은 수치일 것이다. 150명은 경증 장애인도 포함된 수치이기 때문에 장애인주치의 사업 이 만나는 장애인은 미미한 실정이다. 더 많은 장애인이 참여할 수 있 으면 좋을 것이다. 행복한마을의료사협 장애인주치의 사업의 등록 장 애인 중에서 2016년 6월말 기준으로 지체 장애인이 가장 많고 그 다 음이 뇌병변 장애이며 지적장애, 자폐, 발달장애 등이 그 뒤를 잇고 있다. 나이로는 10대가 가장 많으며 그 다음이 70대, 50대, 60대 순서 로 나타나고 있어 다양한 연령대를 이루고 있다. 장애등급으로 보면 1 급이 가장 많고 그 뒤를 2급, 4급, 5급이 차지하고 있다.

행복한마을의료사협 장애인주치의 사업에는 지역의 여러 단체가 참여하고 있다. 1차 년도에 안양, 군포 등 지역사회 장애인협회, 협동 조합, 사회복지관 등 장애인 관련 8개 기관의 기관장, 실무자들이 함께 모여 대상자들의 건강권 실현을 위해 문제 해결 방안을 모색하는 네트워크를 구성하였다. 이러한 지역 복지자원과의 연계를 통해 장애인 대상자 등록과 체계적 관리에 협조를 받고 있다. 장애인주치의 사업은 진료만 이루어지는 것은 아니다. 작년만 해도 여러 가지 사업을 하였다. 건강학교를 열어 장애인과 그 가족과 함께 여름철 음료인 생맥산과 제호탕 만들기를 진행하였다. 또 다른 주제로는 몸과 마음 열기 프로그램으로 장애인 가족의 건강을 돌보는 사업을 하였다.

사례

11살 먹은 아이다. 장애인 주치의 사업에 등록하기 전에도 진료를 받던 아이다. 자폐성 발달장애. 주 호소 증상은 자해행동, 공격적인 행동이다. 어떤 상황에서 턱을 마구 친다. 아마도 불안하거나 뜻대로 되지 않는 상황에서 자해행동을 하는 것이다. 때로는 공격적인 모습을 보이기도 한다. 등록하기 전에는 주로 비보험 과립제를 주로 썼다. 등록 이후 탕약을 처방하였다. 몇 번의 탕약을 복용한 후 자해행동이나 공격행동이 완전히 사라지지는 않았지만 많이 완화되었다. 며칠 전에 전화해 보니 자해행동이나 공격행동이 심하지는 않다고 한다.

노인 장애인인 경우 주치의제도에 들어가 있지 않으면 '약물중독'

에 빠질 수도 있다. 여기 아파서 이 병원에 가면 이 약 주고, 저기 아파서 저 병원에 가면 저 약을 주는 동안 약은 쌓여 간다. 누가 주도적으로 관심 갖고 정리해 주지 않으면 중복될 수도 있고 불필요한 약을 처방 받을 수도 있다. 실제로 방문진료를 나가보면 약이 한 보따리인 경우가 많다. 실제로 어느 장애인 노인도 하루에 많은 약을 복용하고 있었다. 간호사인 코디네이터가 잘 정리해서 약을 줄일 수 있었다.

다음 사례는 류머티즘 관절염을 앓는 여성이다. 한약으로 관절통증이 완화되는 중에 고열감기에 걸려 우리 한의원에 '도와 달라는 신호'를 보낸 경우다. 당시에 행복한마을의료사협 인터넷 커뮤니티에 매주 '진료실에서 띄우는 편지'를 쓰고 있었다. 그 때 이 사례를 올렸는데, 그대로 옮겨온다.

〈진료실에서 띄우는 편지〉

고열도 한방으로!

이어서 최근에 고열 사례가 있어 올려봅니다. 46세 여성분입니다. 1월 13일 전화가 왔습니다. 목소리가 제대로 들리지 않습니다. 다 쉰 목소리에 제대로 소리가 나오지 않습니다. 겨우 알아들은 말은 '목이 붓고 아프다, 목이 헐은 느낌이다, 머리가 아프다, 오한이 있고 열이 있다, 관절이 아프다.'는 것이었어요. 이 분이 평소 류머티스 관절염이 있습니다.

급성인후염이 왔다고 보고 보험한약 '연교패독산'을 처방했습니다. 다음날까지 별 다른 차도가 없습니다. 방문진료를 나갔습니다. '체온이 39도 이상 올라간다, 그래서 어제오늘 어린이 해열제를 복용했다, 38도 대로 떨어졌다가 다시 오른다, 오한이 있다, 목은 아프지만 목소리는 좀 돌아왔다.' 열이 높은 것이 문제입니다. 침을 놓고 생활처방을 말씀드렸습니다. '해열제는 되도록 쓰지 않는 것이 좋겠다, 감기를 잘 앓으면 관절염도 많이 호전될 것이다, 탈수를 막기 위해 수분 공급과 염분 공급이 필요하다, 땀을 낼 수 있으면 조금만 낼 것.' 비보험 과립제 '은교산'을 처방하고 오늘 오후까지 차도가 없으면 탕약을 쓸 생각으로 돌아왔습니다.

오후에 전화해 보니 별다른 차도가 없습니다. 아무래도 고열이 문제입니다. 급하게 탕약을 처방했습니다. 열을 내리고 목의 염증을 가라앉히는 처방을 했습니다. 이 날 저녁에 한약이 배달되도록 했습니다. 이틀 후에 전화해보니 '어제 오후부터 많이 좋아지고 있다, 쉰 목소리에서 원래 목소리가 나온다, 열은 오르지 않고 미열은 남아 있다, 목이 상처가 난 듯 아픈 느낌은 거의 없어졌다.' 어제부터 좋아졌으니 하루만에 효과가 있었습니다. 때로는 한약이 빠른 효과를 보입니다. 오늘 전화 통화 결과로는 열도 없고, 기침도 안하고 거의 다 나았다며 만족하셨답니다.

혹시 고열이나 심한 근육통 같은 독감에 걸렸더라도 한의학으로 좋아질 수 있습니다. 한의학에 대한 믿음을 가지시기 바랍니다."

장애인 주치의 사업 개선점

장애인 주치의 사업을 하면서 여러 가지 생각을 하게 된다. 미흡하기는 하지만 이런 사업이 장애인들에게 실제 도움을 줄 수 있다. 주치의는 경제적인 고려 없이 필요한 시술이나 처방을 할 수 있다. 가장 적정한 진료가 이루어진다. 과소진료도 과잉진료도 없다. 더 많은 진료행위가 이루어진다고 해도 우리 행복한마을의료사협이 어떤 이익을 얻는 것은 아니기 때문이다. 오히려 과소진료 위험이 있다. 진료할 시간이 없거나 내원하기도 어려운 경우 제때 진료가 이루어지지 못하고 있다.

아쉬운 점도 있다. 무엇보다도 이 사업이 2년 시한부 사업이라는 것이다. 내년 중반이 되면 사업은 종료된다. 그 때 중단할 수 없으니 그 이후 어떻게 이 사업을 이어갈지 고민이다. 지방정부와 상의도 필요할 것이다. 행복한마을의료사협은 조합비 제도가 있다. 조합원 가운데 일부가 달마다 후원금을 내고 있다. 이 조합비는 취약계층 진료나 조합활동에만 쓸 수 있도록 되어 있다. 어떤 방안이 마련되지 않으면 이 조합비를 써서라도 장애인주치의 사업은 계속되어야 할 것이다. 주치의 사업은 제도로서 확립되지 않으면 지속가능성이 없다. 상업적인 의료환경에서 병원이 수익이 나지 않는데 스스로 시간과 돈을 들여 주치의 사업에 나서기는 어렵다. 결국 국가나 지방정부가 나서야 한다.

앞서도 이야기하였지만 시간과 사람이 부족하다. 주치의가 투입할 수 있는 시간이 많지가 않다. 지금 장애인 등록 목표는 150명이다. 150명을 일상으로 진료하고 지원하기 위해서는 턱없이 부족하다. 물론 150명 중에는 당장 크게 아프지 않은 사람도 있지만, 그런 사람도 갑자기 아플 수 있기 때문에 제때에 의료지원이 이루어져야 한다. 코디네이터도 150명을 다 연결하고 챙기기가 쉽지 않다. 전화만 1번 하더라도 하루 15명이면 열흘이 훌쩍 지나간다. 방문도 나가야 하고 서류도 정리해야 하고 몸이 두 개라도 모자란다. 처음에 몸을 잘 맡기지 않는 앞의 사례를 볼 때 의료진과 장애인이 자주 만나야 친밀감과 믿음이 생겨 좋은 관계가 형성될 것이다. 더 많은 시간과 사람을 투입해야 한다.

중증 장애인들을 만나는 경우 그 장애인을 돌보는 가족도 아픈 경우를 참 많이 본다. 거동이 불편한 장애인을 옮겨주고 여러 가지 돌봄을 수행하는 데 힘이 많이 든다. 근육과 관절이 아픈 것에서부터 몸 여기저기가 고장이 나 있다. 사회의 편견과 맞서야 하고 마음고생도 심하다. 실제로 장애인 가족을 만나보면 아프지 않은 사람이 없을 정도다. 장애인을 돌보는 가족이 건강해야 장애인도 편안할 수 있다. 이런 측면에서 장애인 가족의 건강도 돌봐주는 체계가 있어야 한다.

종합적인 지원체계가 절실하다. 의료만 보더라도 행복한마을의료사협에서는 한방진료밖에 제공하지 못하지만 진료하다 보면 치과나 내과 진료가 필요할 때도 종종 있다. 검사가 필요하기도 하고 치과진료가 필요한 장애인도 많다. 돈 때문에 치과병원에 가기를 미루고 있다. 장애인에게도 일이 필요하다. 존엄 있는 인간으로 사는 데 꼭 돈벌이가 아니더라도 할 일이 있어야 한다. 돈도 벌 수 있다면 말할 나위가 없다. 앞서 말한 그룹 홈에 사는 청년들도 일을 하지 못하고 있다. 할 수 있는 일에 제약이 있기는 하겠지만 훈련을 통해서 얼마든지 할 수 있을 것이라고 본다. 장애 아동의 경우 부모들이 홀로 고군분투하고 있다. 장애아동이 성인이 되었을 때 사회적 기여를 하고 나름대로 자립적인 생활을 하기를 바라는데 막막한 것이 현실이다. 우리 지역에서는 부모들이 협동조합을 만들어 대처하고 있다. 다누리사회적협동조합, 열손가락사회적협동조합이 그것이다. 또한 장애인들이 장애인에 대한 지원프로그램을 모르는 경우도 있다. 어느 시각 장애인은 활동보조인이 없어 바깥출입을 거의 못하고 있었다. 활동보조인을 쓸 수 있도록 연계해 드렸다. 어느 여성 장애인은 지체 2급으로 혼자 가사나 목욕을 할 수 없어 가사 도우미와 목욕 도우미를 요청해 드렸다. 이 모든 것을 장애인종합지원센터 같은 것이 있어 체계적으로 일을 한다면 장애인들은 행복할 것이다.

258

또한 다양한 사회관계를 맺을 수 있도록 지원이 이루어져야 한다. 사회관계가 많고 사회참여가 활발할수록 자존감도 올라가고 장애도 덜 악화될 것이다. 집에 갇혀 있거나 복지관에 쳇바퀴 돌 듯 오가는 생활만으로 만족한 삶이라고 말하기 어렵다. 우리 행복한마을과 만나고 있는 스무 살 먹은 여성장애인은 거동이 불편해 휠체어로 이동한다. '왜 나만 이런 장애를 안고 태어났나' 하는 좌절감이 있고, 어머니와도 원만한 소통이 잘 이루어지지 않는 것 같았다. 장애인 딸의 의견을 듣기보다 어머니 나름의 판단으로 일을 처리하는 게 당사자에게는 큰 상처일 수도 있을 것이다. 그런 감정이나 상처를 코디네이터와 전화나 카톡을 통해 나눔으로써 잘 극복하고 자신감을 회복하기도 하였다. 부모와 잘 소통하는 경우에도 모든 것을 다 나눌 수는 없을 것이다. 부모 아닌 다른 사람과도 교류할 때 건강과 생활이 만족스런 수준이 될 것이다.

마무리

장애인 진료를 하면서 의료인으로서 반성하는 점도 있다. 장애인 의학이 필요하다. 장애인은 비장애인과 같은 점도 있지만 다른 점도 많이 있다. 장애 또는 장애인에 대한 이해가 필수적이다. 진료하면서 만나 보면 부모들이 '동네병원에서 장애인을 잘 보려고 하지 않아 병원 가기가 꺼려져요.' 하는 말씀을 자주 한다. 지금 감기, 소화불량 등 일상 진료는 이루어지고 있고 장애 정도를 개선하는 것은 부분적으로 실행되고 있지만 아직 요원한 실정이다. 더 전문적인 연구가 있어야 한다.

장애인도 한 사람으로 주체성이 있다. 다만 몸과 마음이 불편할 따름이다. 마땅히 주인으로 대접받아야 한다. 주체성이란 결정을 스스로 한다는 점도 포함된다. 물론 정신장애인 경우 어려울 수도 있다. 그렇지 않은 경우에도 부모가 모든 것을 결정하는 일이 많다. 질병은 내재된 감정의 신체적 표현이라고 할 정도로 우리는 정신, 신체가 한 덩어리로 이루어진 존재다. 자기 결정권이 있어 자존감이 있을 때 질병도 완화될 수 있다.

예방이란 무엇인가? 예방이란 병이 생기지 않도록 미리 조치를 하는 것이다. 그렇지만 현실에서는 쉽지 않은 일이다. 완벽한 것은 없기 때문에 완전한 건강이란 불가능하다. 예방을 아무런 병도 생기지 않도록 하는 것이라기보다는 사소한 불편함이 큰 병이 되지 않도록 돌보는 것으로 접근한다면 좀 더 현실적일 수 있다. 장애인주치의 사업에서도 일상 진료가 그만큼 중요하다. 사소한 불편함을 잘 관리할 수 있을 때 장애가 더 나빠지지 않을 것이다.

장애인주치의 사업에 참여하는 모든 장애인과 가족들이 건강하고 행복하기를 빈다.

주치의가
답이다

3

그들은
무엇을 준비하고
있는가?

제1장

외국의
주치의제도 현황

고병수 (한국일차보건의료학회 회장)

일차보건의료란?

사람이 모여 사는 곳을 지역사회라고 한다. 그것은 붐비는 도시일 수도 있고 한적한 농촌이나 어촌 마을일 수도 있다. 이러한 지역사회에서 주민들의 건강을 보살피는 것을 일차보건의료라고 하는데, 지역 주민들이 가장 먼저 접하면서 지속적인 관계 속에서 의사를 비롯한 여러 보건의료 인력들이 협력하며 건강과 관련된 대부분의 문제들을 포괄적으로 해결하는 것이다.

이러한 모습은 어느 나라나 비슷하다. 다만 차이가 나는 것은 일차보건의료를 중심에 두고 다른 전문 의료와 협력 속에서 보건의료체계를 운영하느냐, 일차보건의료와 전문 의료가 혼재되어서 아무런 통제 없이 서로 경쟁하면서 진료를 하느냐 하는 것이다. 전자는 많은 선진 외국의 모습이고, 후자는 한국이나 일본과 같은 나라에서 찾아볼 수 있다. 이러한 차이는 나라마다 자신들의 보건의료 체계를 끌고 나가는 방식과 역사나 문화에 따라 달라지는 것이다. 한국의 경우에는 전문의들이 많이 배출되지만 지역사회에서 일하는 일차보건의료에 종사하는 의사들을 충분히 배출하려는 노력을 하지 않음으로 인해 여러 분야의 전문의들이 지역에서 개원하는 기이한 형태가 되었고, 여러 보건의료 문제들을 다양하게 돌봐 주는 일차보건의료 의사들은 그들과 불필요한 경쟁 속에서 존재해야 했다.

외국에서는 일차보건의료 전문 의사들이 대거 배출된다. 그들을 나라마다 다르게 부르지만 대게 GP(General practitioner)나 패밀리닥터(Family doctor)라고 부른다. 대게 그 나라의 전체 의사 중에서 50% 정도를 일차보건의료 전문 의사가 차지하는 것이 적절한 비율이라고 보고 계속 그 수를 늘리려는 정책을 쓰고 있다. 프랑스는 균형이 가장 잘 맞는 나라라고 평가되는데, 전체 의사 수 20여만 명 중에 일차보건의료 전문의는 절반 정도인 약 10만 명에 해당한다. 영국은 전체 의사 중 30% 정도인 5만 명 정도이고, 그 수가 부족하다고 여긴 정부는 계속해서 늘리려는 정책을 펼친다.

한국은 어떨까? 한국은 일차보건의료 전문 의사 수가 전체 10여만 명 의사 중에 1만 명도 되지 않는다. 가정의학과나 내과, 소아청소년과를 합쳐도 개원한 의사 수는 3만 명에 못 미친다. 이처럼 적은 수가 지역사회의 보건의료를 책임지고 있는 실정이다.

외국의 일차보건의료 전문의들은 각 지역에 균형 있게 분포하면서 주민들을 대상으로 여러 보건의료 활동을 펼치게 된다. 정부는 항상 그들이 지역에 골고루 분포하도록 신경을 쓰는데, 섬 지역이나 인구가 적은 곳에는 진료 수가를 높게 책정하면서 의사들이 그곳에서 부담 없이 일할 수 있게 해 준다. 진료의 질을 높이기 위해 만성질환 관리를 잘하거나 정규 시간 외에 근무를 할 때에는 그에 따른 보상을 하면서 지역 주민들이 원하는 의료를 하도록 한다.

일차보건의료 전문의

이러한 일차보건의료 전문 의사들을 과거 한국에서는 일반의라고 번역해서 불렀는데, 한국에서 적용이 잘못돼 붙여진 이름이다. 대부분의 나라에서 일차보건의료 전문의들은 3~5년의 수련을 거쳐서 전문의로 활동을 하지만 한국에서 말하는 일반의란 개념은 의과대학을 마치면서 국가고시를 통해 의사자격증을 얻은 사람들을 지칭하고, 특별한 전문과 수련을 마쳤다 하더라도 전문 과목에 관계없이 여러 질환들을 골고루 진료하게 되면 역시 일반의란 명칭을 붙이게 된다. 즉 선진 외국처럼 일차보건의료에 걸맞는 수련을 마치지 않은 의사들을 말하게 되었다. 그래서 정확하게 말하면 일반의란 후진국에서나 가능한 역할이고, 그와 구분하기 위해 요즘은 공인된 일차보건의료 수련을 마친 의사들을 '일차보건의료 전문의'라고 부르기도 한다. 다양한 질환들에 대해 공부하고 수련을 받지 않은 상태에서 환자들을 진료한다는 것이 다소 무책임하게 보이고, 정부나 의사 단체들이 이에 대한 대책을 마련하지 못하는 것은 직무유기인 것이다.

일차보건의료의 꽃, 주치의제도

주치의제도는 이처럼 잘 발달된 일차보건의료 속에서 중요한 속성인 지속성을 견지하도록 하면서 주민들에게 다가가도록 하는 보건의료체계를 말한다. 쉽게 말하면 가족을 대상으로 하면서 오래도록 관계를 맺으면서 진료를 했기 때문에 그들을 잘 아는 의사가 있다면 그가 곧 주치의인 것이고, 이러한 것을 제도로 보장한 것이 주치의제도(엄밀히 말하면 주치의등록제도라고 할 수 있음)다.

외국의 보건의료체계를 들여다 볼 때 주의해야 할 점이 있다. 일차보건의료는 위에서 말한 것처럼 알면 되지만, 그렇다고 해서 그 나라들이 전부 주치의제도를 시행하고 있다고 보게 되면 상당한 오류에 빠지게 된다. 결론지어 말하면 일차보건의료가 곧 주치의제도는 아닌 것이다. 주치의제도는 일차보건의료 전문 의사가 지역에서 주민들과 지속적으로 관계를 맺고 건강상의 문제들을 해결하겠다는 약속을 하는 행위가 전제되어야 한다. 그것이 곧 주치의 등록(Registration)을 뜻하며, 그렇게 해서 정해진 의사는 계속해서 각 주민들을 진료하게 되면서 지속적인 관계 형성이 가능해 지는 것이다. 늘 만나던 주민이고, 그 가족들이기 때문에 집안의 유전적인 문제, 자주 앓는 질환, 가족 병력 등을 상세히 알기에 필요한 내용들을 놓치지 않고 잘 진료할 수 있게 된다.

이러한 지속적인 관계를 만들기 위해서는 주민과 의사의 약속, 즉 주치의 등록 과정이 필요하다. 그렇지 않으면 이 병원, 저 병원 자기 마음대로 선택해서 다니게 되기 때문에 의사는 그 환자를 잘 모른 채로 만나게 되며, 충실한 진료를 하기 어려워진다. 일차보건의료를 지역사회에서 이루어지는 의료를 말한다면 주치의제도는 효율적이고도 그것을 잘 수행하기 위한 질 높은 의료체계라고 보면 된다. 즉 일차보건의료가 더 잘 이루어지도록 등록을 통해서 지속적인 관계를 맺게 되는 것이라고 보면 되겠다. 그래서 일차보건의료가 잘 이루어지고 있다고 해서 주치의제도를 하고 있는 나라라고 등치시켜서 생각하면 안 된다. 아직도 많은 나라에서 주치의제도를 시행하지 못하고 있음을 알아야 한다.

네덜란드, 노르웨이, 덴마크, 스페인, 포르투갈, 이탈리아, 벨기에, 영국, 뉴질랜드 등이 주치의제도를 하는 나라이고, 프랑스와 스웨덴은 비교적 최근에 시작한 나라다. 선진 외국이라도 독일은 일부 주에서 시행하지만 전체 국가 차원에서 이루어지지 못하고 있으며 캐나다, 오스트레일리아, 오스트리아 등은 일차보건의료는 발달됐지만 아직 진정한 주치의제도는 하고 있지 못하다. 오랜 관행이나 문화 때문에 받아들이고 있지 못하지만 그 나라들도 주치의제도로 가려고 끊임없이 노력하고 있다고 봐야 한다.

외국의 주치의제도를 보면서 주의해야 할 점이 또 있다. 그 나라들의 보건의료체계는 정체되어 있지 않고 국민들의 요구에 맞게 계속 변화한다는 것이다. 그렇지 않으면 오래된, 낡은 모습을 생각하면서 우리에게 적용하려고 하는 잘못된 상황이 벌어지게 되기 때문이다. 그러한 오해들 중 몇 가지를 소개해 본다.

첫째는 외국의 주치의들은 공무원이라서 의료 활동을 할 때 자유롭지 못하고 많은 제약을 받는다는 생각이다. 대부분 그들은 자영업자로 일하며 한국의 의사들이 건강보험공단과의 관계 속에서 진료비를 받는 것처럼 중앙정부나 지방정부와 계약을 하고 진료를 한다. 진료의 자율성이 어느 정도 보장이 되며 과다 진료를 억제하기 위한 제약이 있고, 오히려 환자 진료를 잘 했을 경우에 보상이 주어지는 긍정적인 역할을 하기도 한다.

둘째로 오해의 내용을 보면 외국의 주치의제도에서는 주민들이 한 명의 주치의에게만 등록을 하게 돼서 바꾸기가 힘들다는 것이다. 주치의 등록을 하는 이유는 여기저기 병원을 옮겨 다니며 낭비되는 노력도 없애고 같은 의사가 보게 함으로써 지속적인 관계를 맺게 하려는 의도다. 노르웨이에서 6개월을 기간으로 정하는 것 말고는 대부분의 나라에서 주치의 등록은 1년의 기간으로 하는데, 그것도 사정이 있으면 언제든지 바꿀 수 있게 하고 있어서 주민들이 그다지 불편해 하지 않는다. 집에서 멀리 출장을 가거나 다른 지역에 있을 때에도 그 지역 동네의원의 주치의에게 등록을 해서 편리하게 이용하도록 유연하게 등록 문제를 운용하는 것이 요즘의 추세다.

세 번째 오해는 주치의 등록은 환자—의사 관계를 지속시키면서 좋은 진료 형태를 만들 수 있으나 새로 개원을 원하는 의사는 새로 환자를 모으기 힘들 수 있다는 생각이다. 영국이나 독일 등 많은 나라에서는 지역별 의사 분포가 불균형 되지 않도록 지방 정부를 중심으로 배려를 하고 있다. 주민 수에 비해 의사가 많으면 새로 개원하려는 의사에게는 다른 지역을 소개하고, 의사가 모자라면 그 지역으로 오도록 여러 혜택을 주려고 한다. 그러다 보니 의사들은 오히려 불필요한 경쟁을 하지 않고 안정되게 진료에만 충실

할 수 있게 되는 것이다.

네 번째로 잘못 생각하고 있는 것은 주치의들의 과도한 업무에 대한 우려이다. 전화 상담도 해야 하고, 왕진도 하는 등 업무가 많을 것이라는 것인데, 외국의 주치의들에게 물어 보면 하고 있는 일들이 그다지 무리하지 않다고 한다. 이유는 의원을 여러 명이 공동개원 형태로 운영하니 휴가 기간도 넉넉히 잡을 수 있고, 일주일 진료 날짜도 3~4일 정도로 여유 있게 책정할 수 있다고 한다. 남는 시간에는 행정 업무를 보거나 왕진을 다녀오기도 한다. 한국에서처럼 한 의사가 의원을 운영하는 경우에는 기대하기 힘든 모습이지만 주치의제도를 할 때 공동개원을 적극 권장하는 방안도 생각해 볼 일이다. 그리고 1인 개원 형태일지라도 그에 맞게 제도를 시행한다면 굳이 주치의를 맡은 의사에게 과도한 역할을 부담하지 않도록 설계를 하면 부담이 없을 것이다.

이 외에도 몇 가지 우려나 오해들이 있지만 거의 문제가 되지 않는 내용들이다. 주치의제도를 운영하는 외국은 일차보건의료의 안정을 제일의 보건의료 정책으로 생각하기 때문에 나타날 수 있는 여러 가지 문제들을 점검하고 고쳐 나가려는 노력들을 한다. 예를 들어 일차의료 전문의들이 부족하면 그 수를 늘리기 위한 정책을 시행하고, 진료의 질이 떨어지는 것이 우려되면 주치의들이 환자 진료를 더 잘하도록 독려하거나 보상제도를 쓴다. 한 군데 등록하는 것이 불편하면 최근에는 주민들의 선택권을 넓히는 노력의 일환으로 몇 군데 등록을 하는 것도 허용한다. 일차보건의료의 꽃인 주치의제도는 주민들을 위한 것이고 의사나 주민들에게 불편을 감수하게 만드는 것이 아니다. 수 십 년 넘게 운영하면서 문제점들은 꾸준히 보완 되어 왔고, 지역사회에서 주민들을 위한 최상의 제도로 자리 잡아 왔다.

주치의제도가 운용되는 나라에서 주민과 의사의 모습

크리스틴이 살고 있는 곳은 인구 6,000명 정도의 조금 큰 규모의 마을로 런던 외곽에 위치하고 있고, 마을 중심에 동네의원이 한 군데 자리 잡고 있다. 일차의료 전문의(GP) 5명이 근무하는 공동개원(Group practice) 형식으로 동네 주민들을 돌보고 있는데, 아침 8시부터 저녁 8시까지 의원 문을 여니까 출근 시간이나 퇴근 후에도 진료 받을 수 있어서 마을 사람들이 만족해 한다.

오늘은 그녀의 3살된 딸 사라의 아토피 증상이 심해져서 전화로 예약을 하고 의원을 찾아가게 되었다. 정부에서는 가족 전체가 한 주치의에게 등록하는 것을 권하기 때문에 크리스틴의 가족은 모두 톰슨 의사에게 등록을 해서 진료를 받고 있다. 주치의가 휴가를 갈 때는 같이 근무하는 다른 의사가 자신들의 진료 차트를 보면서 임시로 봐주기도 하기 때문에 문제는 없다.

진료를 할 때는 간단히 진찰하고 급하게 약을 처방하는 것이 아니라 집안 안부부터 묻는다. 크리스틴이 임신하고 이 마을에 살면서부터 톰슨 의사를 알았기 때문에 의사는 가족들을 잘 알고 있다.

톰슨 : 얘 아빠는 술을 줄이셨나요? 지방간이 있어서 체중도 좀 줄이고, 술도 조심하라고 했는데…

크리스틴 : 술은 조심하고 있는데 체중은 좀처럼 안 줄어요. 호호호.

톰슨 : 다음에 한번 찾아오라고 하세요. 운동이나 다이어트에 대해서 얘기를 나누도록 할게요. 지방간도 무시하면 안 좋거든요.

크리스틴 : 그럴게요.

톰슨 : 자, 우리 사라를 볼까요? (옷을 올리고 몸 여기저기를 훑어본 후) 어휴, 심하게 긁었구나. 상처도 많이 나고…

크리스틴 : 예, 요새는 밤잠을 못 잘 정도로 심해요.

톰슨 : 아마 요새 날씨가 건조해지니 다시 심해지는 것 같아요. 전에 말한 아토피 관리 방법 잘 숙지하고 있죠? 다시 말해드릴 테니 잘 지키도록 해요.

톰슨 의사는 아토피 교육 자료를 꺼내서 사라의 엄마에게 하나하나 읽어주며 목욕하는 방법, 습윤제 사용 방법 등도 포함해 설명을 한다.

톰슨 : 아토피는 긁는 요인을 찾아서 주의하는 것도 필요하지만 일단 긁지 않게 하는 것이 치료에는 중요해요. 가벼운 가려움에는 스테로이드 연고 정도면 되니 충분히 사용해 주고, 그보다 심할 때는 항히스타민제를 넉넉히 처방해 줄 테니 같이 사용하도록 합시다. 사라처럼 상처로 진행했을 때는 상처에 바르도록 항생제 연고도 필요해요. 상처가 아물 때까지 잘 발라주도록 하고요. 여름에는 여러 번 샤워해도 되지만, 지금 같은 겨울철은 피부가 말라 있기 때문에 샤워를 자꾸 하는 것은 오히려 피부를 더 건조하게 만들어요. 그래서 되도록 덜 씻기는 게 좋아요. 샤워를 할 때도 너무 더운 물 말고 미지근하게 자극적이지

않은 걸로 하시고.

크리스틴 : 예, 고마워요. 되도록 약을 안 쓰려고 하다 보니 심해진 것 같아요.

톰슨 : 그래요. 아토피 아이들은 적절히 약을 사용해 주는 게 오히려 도움이 되는데, 일부러 안 쓰려고 하는 건 안 좋아요. 물론 자연요법으로 아이의 몸을 좋게 하려는 노력도 의미가 있지만 심할 때는 약을 어느 정도 써주세요.

진료 말미에는 자연요법에 대해서도 얘기를 나눴고, 식이요법이나 집안 환경에 대해서도 자세히 설명을 들었다. 이렇게 하다 보니 20분 정도가 훌쩍 지났고 톰슨 의사는 인쇄한 아토피 교육 자료를 크리스틴의 손에 쥐어주고 보냈다.

한국에서도 이제는 더 이상 지체하지 말고 일차보건의료를 안정화시키기 위한 주치의제도를 도입해야 한다. 노인 인구의 급속한 증가나 만성질환의 문제, 장애인들의 보건의료 요구의 증가 등 주민-의사 관계를 지속하면서 꾸준히 건강관리를 할 수 있는 의사가 절실한 시점에 왔기 때문이다. 미루면 미룰수록 시민들의 건강 안전에는 적신호가 나타나게 되고, 의료비는 증가할 것이다. 자기와 가족을 잘 아는 의사가 주민이 방문했을 때 충분한 시간을 들여 가면서 진료를 해 주고, 얘기도 나누는 진료실 모습은 더 이상 부러워만 해야 할 모습이 아니라 우리도 충분히 가질 수 있는 제도다. 정부도 다시 한 번 노력하고, 의사들도 전향적으로 받아들이면 된다. 바뀐 제도가 불편하더라도 시민들이 경험하다 보면 만족해 할 것이다. 정부와 의사, 시민 모두가 힘들고 지쳐가는 속에서 주치의제도는 모두가 살 길이다. 한국적 문제가 있다면 그 수준에 맞게 준비하면 된다.

제2장

영국 돌봄자운동과 Carers UK

양난주 (대구대학교 사회복지학과 부교수)

1945년 2차 세계대전이 끝나고 본격적으로 추진된 영국 복지국가의 청사진이 베버리지에 의해 구상되었다는 것은 잘 알려져 있다. 베버리지는 복지국가를 통해 해결하려는 영국의 당면한 문제를 빈곤, 질병, 불결, 무지, 게으름[17]이라는 다섯 거인(five giants)으로 불렀다. 이 문제들에 대해 복지국가는 각각 국가보험에 의한 상병, 실업, 노령보험급여와 공공부조급여, 국민보건서비스, 주거정책, 교육서비스, 고용정책을 발전시켜 온 것이다. 이처럼 전통적인 복지국가의 사회정책 안에 '돌봄'은 포함되어 있지 않다. 돌봄(care)은 비교적 최근까지 개인들이 알아서 해결해야 하는 사적이고 비공식적인 활동으로 간주되었으며 따라서 공적인 제도화 수준이 사회보장이나 보건, 교육에 비해 낮은 영역이라 할 수 있다.

돌봄은 전통적으로 가족이나 사적인 관계에서 친밀성을 기반으로 이루어지곤 했다. 아이를 키우는 부모나 늙고 병든 부모를 수발하는 자식은 가족

---

17) Want, Disease, Squalor, Ignorance, Idleness

관계 안에서 돌봄을 담당하는 것이다. 장애를 가지거나 질병으로 거동을 못하게 된 사람들을 보살피고 지원하는 일 역시 가장 우선적으로 가족 구성원에 의해 이루어졌고, 조금 넓게는 친척이나 친구 등 친밀한 관계 안에서 사적으로 이루어져 왔다고 할 수 있다. 도움을 받을 가족과 친지를 갖지 못한 소수의 취약계층에 대해서는 국가나 교회, 자선기관 등이 쉼터를 제공해 왔다. 부모가 없는 아이들, 의지할 곳이 없는 노인과 장애인들은 돌보아줄 사람이 있는 곳, '시설'로 옮겨야 했다. 가족 안에서 이루어지던 돌봄은 가족 내 여성들이 전담하는 일로 '너무나 자연스러워서' 사람들에게 잘 인식되지 않았다. 마찬가지로 소수에게 제공되던 사회화된 돌봄은 '너무나 표적화되어' 보통 사람들 사이에 잘 알려져 있지 않았다.

국가가 돌봄에 대한 책임을 인정하고 사회정책을 통해 가족 바깥에서 돌봄을 제공하기 시작한 것은 '아동돌봄', 즉 보육서비스부터라고 할 수 있다. 가족 안에서 돌봄을 전담해 온 여성에게 교육기회가 확대되고, 여성의 노동시장 참여가 활성화되면서 아동보육서비스는 중요한 사회정책의 일부분이 되었다. 그 뒤를 잇고 있는 것이 장기요양서비스다. 노인에 대한 장기요양서비스는 인구 고령화가 진행되면서 각 나라별로 다양한 양상을 보이면서 별도의 사회정책으로 제도화되었다. 장애인과 노인을 모두 대상으로 한 제도가 있는가 하면, 노인만을 별도의 대상으로 하여 운영하는 제도도 있고, 선별적으로 빈곤한 노인에게만 재정을 지원하는 방식이 있는가 하면 보편적으로 서비스를 제공하는 사회보험방식의 제도도 있다. 이제 '돌봄'은 복지국가가 제공하는 사회서비스의 중요한 일부분이 되었으며, '돌봄

결핍'은·빈곤과 질병에 못지않게 사회적으로 대응해야 하는 사회적 위험으로 간주되고 있다.

돌봄이 가족 외부에서 사회화된 방식으로 공식화되고 제도화되면서 보육교사, 활동보조인, 요양보호사 등 돌봄노동자들이 수행하는 돌봄은 임금노동의 형태를 갖게 되었다. 이와 구별하여 가족이나 친지간에 이루어지는 돌봄은 '부불 돌봄(unpaid care)', '비공식 돌봄(informal care)'이라고 규정되었다.

사회화된 돌봄은 나라에 따라 조세나 보험료를 재정으로 하여 국가가 제공하는 공적 서비스로 제공되기도 하지만, 돌봄을 필요로 하는 사람이 구매하는 상품의 형태로 존재하기도 한다. 특히 1990년대 이래 서구 복지국가 장기요양 부문에서 일어난 대대적인 개혁은 재정의 지속가능성, 그리고 돌봄을 받는 사람들의 선택권에 초점을 맞추었고 이는 사회적 돌봄의 공급에 시장원리를 도입하는 계기로 작용했다. 뿐만 아니라 시설이 아닌 재가 서비스를 강화하는 정책 방향은 가족과 지역사회에 의한 비공식돌봄을 제도 안으로 적극 포괄하는 여러 가지 양상으로 전개되기도 했다.

영국의 사회적 돌봄정책과 비공식돌봄

영국은 전통적으로 자산조사를 통해 현금급여를 지급하는 방식의 복지급여가 집중적으로 발달되어 있는 나라다. 사회적 돌봄 공급 역시도 자산조사를 통해 소득과 자산이 적은 사람에 대해 재정을 지원하는 방식으로 이루어진다. 2세 이하 아동에 대한 보육서비스는 자산조사를 통해 저소득층에게만 지원되며, 3~5세 아동 전체에게 제공되는 무상보육은 주 15시간에 한정된다. 만약 더 긴 시간의 돌봄서비스가 필요하면 자신이 추가로 구매해야 한다. 장기요양시설 등의 이용은 장기요양 필요성이 욕구조사를 통해 판정되었다 하더라도 실제 서비스 지원은 자산조사를 통해 다시 자격을 정한다. 일정 소득 이하의 저소득층이 이용하는 서비스에 대해서만 정부가 재정을 지원하며, 정부 지원이 없는 사람들은 자력으로 시장에서 서비스를 구매해야 한다. 보편적 서비스이고 이용시점에서 비용을 지불하지 않는 국민건강서비스(NHS)와 엄격한 자산조사를 통해 저소득층에게만 재정이 지원되는 장기요양서비스의 공급원칙이 충돌하면서 보건의료서비스와 장기요양서비스의 연계를 어렵게 만드는 요인 가운데 하나가 되고 있다.

돌봄이 가족의 몫으로만 간주되던 시기, 가족자원을 갖지 못한 소수의 취약계층에 대해 시설서비스를 통해 사회적 돌봄을 수행했던 경험은 비단 영국에만 국한되지 않는다. 사실상 사회서비스 제공은 빈곤정책과 밀접한 연관을 가지고 때로는 보충적, 대체적 역할을 수행하면서 발전해 왔다. 이러한 제도 변화는 시설방식 사회서비스 자체에 대한 문제제기도 있지만, 돌봄 수요 증가와 전통적 가족공급 결핍을 초래한 인구사회학적 변화에도 기인한 바 크다. 영국은 1990년대 본격적으로 지역사회 재가서비스 중심의 커뮤니티케어정책을 표방하였고 이후 사회서비스정책은 꾸준히 재가 중심, 이용자 선택권, 임파워먼트 강화라는 정책목표를 추구해 왔다.

하지만 이러한 사회서비스의 공급 책임은 지방정부에 있고, 지난 10년간 중앙정부는 급여동결, 지방정부에 대한 재정삭감을 포함한 복지긴축정책을 펼쳐왔다. 이는 저소득층에게만 지원되는 사회서비스 전반에 영향을 미쳤다. 자산조사를 통해 저소득층 노인에게만 요양급여를 지원하고 나머지 수요를 장기요양시장을 통해 공급하는 영국의 장기요양정책이 돌봄 수요에 부응하지 못하고 있다는 사실은 여러 가지 문제를 통해 드러난다. 그 가운데 하나가 급속히 증가하는 비공식 돌봄인구의 증가다.

영국에서 노령, 질병이나 장애 등으로 생활에 도움이 필요한 가족이나 친지, 친구를 돌보는 인구는 700만 명, 전체 인구의 12%에 도달할 예정이다. 주당 20시간 이상을 가족이나 친지를 돌보는 이들은 남성의 18%, 여성의 24%를 차지하며 주로 55세에서 64세 사이 연령대에 속한다[18]. 비공식 돌봄을 수행하는 것은 성인만이 아니다. 상당수의 청소년들이 사실상 장애나 질병으로 생활이 어려운 부모를 돌보며 학교를 다니는 것으로 밝혀졌다. 최근 이들 '청소년 돌봄자(young carer)'가 중요한 사회문제로 부각되고 있다. 이들 비공식 돌봄자들이 수행하는 돌봄의 가치는 1년에 1,320억 유로, 국민건강서비스 지출과 거의 동일한 규모이며 지방정부 돌봄서비스 재정의 4배라고 한다[19]. 그러나 가장 최근 통계를 담고 있는 「The 2016 States of Caring」에 따르면 잉글랜드의 경우 오직 33만 4,000명의 돌봄자들만이 지방정부로부터 지원 받았다고 한다. 이는 전체 돌봄자의 6%에 불과하다. 자, 그런데 이러한 비공식 돌봄자 통계를 누가 집계하고 분석하고 발표하였을까? 돌봄자 문제에 대한 조사와 가치 평가는 정부가 아니라 비영리민간단체가 지난 50년간 수행해 왔다. 그 대표적인 단체는 돌봄의

---

18) Yeandle, Sue.(2016) Caring for our carers. Juncture, Vol. 23(1), 57-62.
19) Buckner, L. and Yeandle, S. (2015) Valuing Carers 2015: the rising value of carers' support. Carers UK.

가치와 돌봄자 권리를 주장해온 Carers UK, 영국돌봄자연합이다.

영국 돌봄자운동과 Carers UK

Carers UK는 영국에서 650만 돌봄자를 대변하는 단체다. 돌봄자란 노인, 장애인, 환자 등 누군가의 돌봄을 필요로 하는 사람을 가족이나 친지, 친구 등 사적인 관계에서 보살피는 모든 사람을 가리킨다. 이 단체는 무엇보다 돌봄의 가치를 삶과 사회의 중심에 둔다. 돌봄은 모든 사람이 살아가는 동안 반드시 받고, 또 주는 활동이기에 인간의 삶에서 필수불가결할 뿐만 아니라 인간을 인간으로 있게 하는 활동이라고 말한다. 매일 6,000명이 새로 돌봄자가 되고, 8명의 성인 중에 한 명이 실은 누군가를 돌보고 있으며 생애주기 전체를 감안했을 때 영국에서 돌봄자는 900만 명에 달하지만 실제 이들의 권리와 이들에 대한 지원이 부족한 사회에서 돌봄자를 옹호하고 지원하는 역할을 펼친다는 것이다.

Carers UK의 설립은 1963년 마리 웹스터라는 여성의 주도적인 활동으로부터 시작되었다. 직장을 다니다가 연로하신 부모님을 돌보기 위해 1950년대 초반 직장을 그만두었던 마리 웹스터는 영국에서 40세 이상 독신여성 10% 이상이 생활을 위해 임금노동을 하면서 가족을 돌봐야 하는 어려움에 처해 있으며 이 문제는 사회적으로 해결되어야 한다고 주장했다. 이 주장을 일간신문인 「더 타임즈」에 보내 생계와 돌봄 부담을 지고 있는 가족돌봄자에 대한 사회적 관심을 환기시켰다. 1965년 독신여성과 피부양자를 위한 전국회의(The National Council for the Single Woman and her Dependents, NCSWD)가 결성되었다. 최초의 가족돌봄자 조직이었다. 1981년 장애를 가진 남편을 돌보던 '기혼여성' 주디쓰 올리버(Judith Oliver)는 별도로 돌봄자협회(The Association of Carers)를 설립했다. NCSWD와 돌봄자협회 이 두 조직은 1988년 돌봄자전국연합(The Carers National Association)으로 통합했고 이 조직이 Carers UK라는 이름으로 바꾼 것은 2001년의 일이다. 나이든 부모님을 돌보건, 장애를 가진 배우자, 형제자매, 혹은 친척과 친구를 돌보건 그리고 돌봄자가 미혼이건 기혼이건 여성이건 남성이건 간에 이들 '돌봄자'에 대한 사회적 지원과 권리 보호를 위한 활동이 지난 50년간 영국에서 진행되어 온 것이다.

NCSWD가 1965년 설립되고 10년 후인 1975년 11월, 영국에서 최초로 가족돌봄자에게 지급되는 현금급여인 환자돌봄수당(Invalid Care Allowance, ICA)이 도입되었다. 현재 돌봄자수당(Carer's allowance)이란 이름으로 바뀐 ICA는 제도 도입 초창기에 기혼여성은 신청할 수 없는 급여였다. 비공식 가족돌봄을 보상하는 성격의 급여이기는 했지만 그보다는 돌봄으로 인한 노동 손실을 보상하는 성격이 강했기 때문이다. 따라서 임금노동을 하지 않는 기혼여성은 신청할 수 없도록 설계되었다. 주당 35시간 이상 심각한 장애를 가진 사람을 돌보는 근로연령의 성인이 별도의 소득을 갖지 못했을 때 ICA를 신청할 수 있었다. 기혼여성만이 아니라 연금연령의 가족돌봄자도 ICA를 신청할 수 없었다. 1985년 가구조사결과에 따르면 영국에서 35시간 이상 일하는 열 명의 비공식돌봄자 중 단지 한 명이 ICA를 받을 따름이었다. 기혼여성의 ICA 신청 제한은 1986년 해소되었는데 저절로 된 것이 아니라 어머니를 돌보던 기혼여성 재키 드레이크(Jackie Drake), 그리고 그를 지원하는 50개가 넘는 시민단체들이 유럽재판소에 제소하면서까지 싸워 낸 결과였다.

직접적인 가족돌봄자수당 외에도 영국의 사회정책에서 돌봄자의 정체성과 권리는 돌봄자운동과 더불어 발전해 왔다. 영국의 돌봄자는 1967년 세계 최초로 조세감면 혜택 대상자로 인정되었다. 1976년부터는 돌봄자에게 지급된 현금급여인 ICA는 소득상실을 상쇄하는 최초의 국가복지급여였다. 1995년 돌봄자지원법(The Carers Act)을 통해 돌봄자의 욕구사정 권리가 제도화되었고 2002년에는 유연근무를 할 수 있는 권리가 도입되었다. 이처럼 돌봄자 권리와 지원이 제도화된 데에는 돌봄자운동조직과 국회의원들의 협력적 활동이 있었다. 2000년 돌봄자와 장애아동지원법(The Carers and Disabled Children Act), 2004년 돌봄자기회균등법(The Carers Equal Opportunities Act)도 역시 Carers UK의 입법로비와 캠페인의 결과라고 해석할 수 있다.

정부도 점차 돌봄자를 인정하고 돌봄자를 인정하기 위한 정책을 수립하기 시작했다. 정부 정책에서 돌봄자 권리가 처음으로 명문화된 것은 1999년 돌봄자 지원을 위한 국가전략(National Carers Strategy)에서였다. 이를 통해 정부는 돌봄자들이 일과 돌봄을 병행하는 어려움을 인정하고 이를 지원하기 위한 서비스를 위해 지방정부에 돌봄자보조금(carers grant funding)을 도입했다. 2008년 NCS는 일과 돌봄을 병행하고자 하는 돌봄

자에 초점을 맞춰 돌봄자의 건강과 소득 그리고 권리를 지원하는 정책방향
을 표방했다.

Carers UK 사명과 활동

Carers UK는 오래된 조직인 만큼 런던의 본부, 그리고 웨일즈, 스코틀
랜드, 북아일랜드 세 지역에 지역본부를 두고 있으며 일상적인 활동은 44
개의 지부를 중심으로 펼치고 있다. 회원조직으로서 지역을 기반으로 돌봄
자를 지원하고 연계하는 활동을 펼치는가 하면 이들의 실제 경험을 '증거'
로 삼아 증거기반(evidence-based) 정책 대안을 제시하는 캠페인과 로비
를 벌여 나간다.

이 조직의 활동을 네 가지 사명인 도움, 연계, 캠페인, 혁신(help,
connect, campaign, innovate)을 중심으로 설명할 수 있다. 먼저 가장 기
본이 되는 것은 돌봄 당사자에 대한 직접적인 지원이다. 전화 상담과 조언
을 통해 누군가를 돌보게 된 사람이 바로 직면하게 되는 실제적인 어려움을
해결할 수 있도록 돕는다. 상담과 조언의 범위는 심리적인 차원에서부터
지방정부 등 공공기관의 지원을 신청하는 서류 작성 지원, 실제 가족이나
친지, 친구를 돌보는 데 필요한 지식과 기술에 이르기까지 광범위하다.

다음으로 연계 활동은 돌봄자들간의 네트워크를 형성하는 것이다. 주로
집에서 가족이나 친지를 돌보는 동안 돌봄자가 고립되고 소외되는 것을 막
기 위해 지역사회에 돌봄자들의 모임을 조직하거나 온라인 커뮤니티를 만

들어 제공한다. 새롭게 돌봄자가 된 회원에게는 단체의 자원봉사자가 직접 찾아가 필요한 지원을 수행하는데 2016년 현재 이 활동에 참여하는 Carers UK 자원봉사자인 돌봄자 대사(Carer Ambassador)는 250명이다.

이러한 지역 활동은 매년 6월 '돌봄자 주간(Carers week)'을 통해 각종 모임과 이벤트와 행사들로 드러난다. 2016년의 경우 '돌봄자 친화적 공동체 만들기'라는 슬로건 아래 회원들이 자신이 사는 지역에서 돌봄자들의 티타임 모임부터 지역 정치인과의 간담회, 주치의와 병원에서 지역사회 돌봄자들을 지원하기 위해 방문을 요청하는 행사, 돌봄자의 신체적·정신적 건강을 유지하는 데 필요한 운동이나 지식을 알려주는 행사, 그리고 돌봄자 네트워킹 파티까지 다양한 행사들을 조직했다. 이들 행사는 Carers UK 홈페이지를 통해 모두 확인 가능했는데 전국에서 열리는 프로그램이 1,500개에 육박했다. 또한 매년 11월 25일 돌봄자 권리의 날(Carers' Rights Day)을 기해서도 각종 캠페인과 조직화가 이루어진다. 캠페인의 초점은 돌봄자와 돌봄을 받는 가족에 대한 보호와 지원을 확대하는 데 맞춰진다. 이를 위해 돌봄자 관점에서 이루어지는 조사와 연구를 수행하며 이 결과를 기반으로 입법로비와 제도개선 캠페인을 펼친다.

지역사회 기반 연계활동이 일 년에 두 차례 집중 조직화와 캠페인 주간을 갖고 수행되는 셈이다. 이와 별도로 현재 Carers UK의 대표 캠페인은 '우리는 돌봄니다. 당신도 그렇지요?(We care, don't you?)'라는 것인데 모든 정당에 대해 돌봄자와 가족의 요구와 지원을 전달하는 것이다. 이 캠페인은 첫째로 돌봄자에 대한 공적 지원 삭감금지, 둘째 돌봄자의 재정적 어려움 개선, 셋째 돌봄자를 지원하는 건강과 돌봄 서비스 확대라는 세 가지 초점을 가진다. 앞에서 설명한대로 Carers UK는 지난 50년간 돌봄자의 권리를 보장을 요구하는 캠페인을 펼쳐 왔고 이는 다양한 입법과 제도화로 결실을 얻었다. 예를 들어 최근 캠페인 중에 '일할 수 있게 만들자(make WORK work)'라는 캠페인은 직장에서 돌봄자들이 유연한 노동시간을 할 수 있도록 보장하는 것이었고 이 권리는 2006년 일가족양립지원법(The Work and Families Act)에 반영되었다. 하지만 최근 영국의 복지재정감축 기조 안에서는 기존의 급여와 지원이 중단되거나 삭감되지 않도록 하는데 힘을 쏟고 있다. 단적인 예가 급여상한제(Benefit Cap)에 돌봄수당이 포함되지 않도록 만든 것이다. 급여상한제도는 어떤 자격으로 무슨 복지급여를 받던지 간에 일 년에 받을 수 있는 복지급여의 상한을 정해서 그 이상을 받을 수 없게 한 것인데 2010년 처음 공표되고 2013년 시행되었다. Carers UK는 처음부터 이 제도에 돌봄수당(Carers allowance)이 포함되지 않도록 하는 노력을 기울인 결과 2016년 1월 정부로부터 법률 개정을 이끌어 냈다.

마지막으로 혁신이라는 사명은 돌봄자와 연관이 있는 주체, 조직들과 함께 일하는 것을 의미한다. 대표적으로 지방정부, 의료기관, 공공기관, 비영리기관, 민간기관들을 대상으로 하는 활동인데 주로 돌봄자와 당사자 관점에서 돌봄서비스 질과 기술에 대한 교육과 컨설팅서비스가 주를 이룬다. 의료기관 종사자, 사회복지사, 기타 일선 종사자들에 대해 돌봄 관련 법률과 돌봄자 경험에 기반한 지식을 교육을 통해 확산하다. 뿐만 아니라 영국의 돌봄자 가운데 300만 명이 돌봄과 노동을 병행하고 있는 것을 감안하여 고용주가 돌봄자를 이해하고 지원할 수 있는 각종 방안을 고민하여 고용주들에게 전달한다. 고용주가 '돌봄자 친화정책'을 수용하여 돌봄과 근로가 병행될 수 있도록 하는 로비와 지원을 단체가 앞장서 수행해 온 결과 BT, NHS, British Gas 등의 회사에서 이를 채택하고 있다. 지난 돌봄자주간에도 Carers UK 홈페이지에는 돌봄자를 지원하는 정책을 펼치고 있는 지역사회의 각종 기관과 회사들을 추천하고 초대하는 방식의 조직화가 이루어졌다. 돌봄자 친화적이라고 추천받은 기관들은 Carers UK의 체크리스트를 통해 돌봄친화적 기업으로 인정된다. 이들의 이름을 마치 벽돌 쌓듯 올려 나가면서 돌봄자 친화적인 공동체를 만들어 나간다는 취지였다.

Carers UK는 회원기관으로 회원들이 이사들을 선출하며 이사회 임원 2/3 이상은 돌봄자 혹은 돌봄자였던 사람으로 구성한다. 이사들은 급여를 받지 않고 자원봉사기반으로 활동하는 것을 원칙으로 한다. 돌봄자운동조직으로서 이 단체가 표방하는 6가지 원칙은 다음과 같다. 첫째, 돌봄자를 존중하고 돌봄이 그 가치를 인정받으며 지원되어야 한다는 비전을 공유하는 동반자들과 일한다. 둘째, 돌봄자와 가족들을 돕는, 제값을 하는 좋은 질의 생산물과 서비스를 제공한다. 셋째, 연구와 개발 그리고 생산물과 서비스를 만들어내는 데 돌봄자가 직접 참여하게 한다. 넷째, 단체의 생산물과 서비스를 판매하거나 활동을 통해 형성한 모든 금전은 돌봄자의 삶을 개선하는 데 쓴다. 다섯째, 돌봄자를 위한 정책 캠페인 그리고 독립적인 정보와 조언의 제공은 어떤 파트너십에 의해서도 타협하지 않는다. 여섯째, 소비자들의 코멘트와 제안에 반응하고 능동적으로 들으며 파트너들과 일한다.

여섯번째 거인, 돌봄

영국은 일찍이 복지국가라는 청사진을 그린 나라다. 베버리지가 말한 다섯 거인을 해결하기 위해 복지국가는 사회정책을 발전시켜 왔다. 그러나 반세기가 지난 오늘, 아이러니하게도 영국은 서유럽 복지국가 중에서 빈부격차가 가장 큰 나라이며 여전히 높은 빈곤율을 보이는 나라다. 국가보험으로도, NHS로도 해결되지 않는 돌봄을 온전히 감당하느라 돌봄자들은 일을 그만두거나 노동시간을 줄였고 이는 당장의 소득을 위협할 뿐 아니라 사회보험으로부터 배제되어 장기적인 빈곤의 위험으로 몰아넣었다. 65세 이상 인구가 전체 인구의 약 13%를 차지하던 1976년, 정부는 돌봄자를 지원하는 현금수당을 도입했지만 40년이 지난 현재까지도 이 돌봄자수당이 비공식 돌봄자들의 소득을 보장해 주는 것은 아니다. 오히려 다른 복지급여에 비해서 수급조건이 까다롭고 급여수준은 낮다는 비판을 받고 있다. 돌봄수당은 일주일에 35시간 이상의 돌봄을 일정한 장애등급을 받은 가족이나 친지를 돌보는 이들에게 주당 62.10유로가 지급된다. 시간당 1.77유로인 셈이다. 급여수준도 문제지만 이를 받기 위해서는 주당 소득이 110유로를 넘지 않아야 하고, 연금 등 다른 급여와 중복 지급되지 않는다. 게다가 일정시간 이상 일하면 신청자격에서 배제된다. Carers UK는 한 명의 비공식돌봄자가 있어 절감되는 돌봄의 사회적 비용이 일인당 1만 9,336유로라고 밝힌다. 일년간 지급되는 돌봄수당은 약 3,230유로, 비공식돌봄 가치의 1/6에도 미치지 못한다. Carers UK에서 집계한 영국의 돌봄자는 650만 명, 그러나 2015년 기준 돌봄자수당 수급자는 110만 명이다.

EU 14개 국가 가운데 영국 비공식돌봄자 비중은 이탈리아와 스페인에 이어 세 번째로 높은 15.2%다. 영국 성인 8명 중 한명은 돌봄자이며 이 가운데 남자가 42%, 65세가 넘는 이가 200만 명이 넘는다고 한다. 100만 명은 한 명 이상을 돌보아야 하는 '샌드위치 돌봄자'이며, 매일 6,000명이 누군가를 돌보아야 하는 책임을 새롭게 가지게 된다.

지난 50년간 Carers UK는 겉으로 드러나지 않았던 우리의 '돌보는 삶'을 꾸준히 드러내면서 복지국가 안에서 돌봄의 가치가 인정받고 돌봄자의 권리가 보장되고 그 가족이 지원되는 사회정책의 수립을 위해 노력해 왔다. 뿐만 아니라 일선 지방정부에서 점점 주변화 되어 온 돌봄자에 대한 상담과 조언, 정서적 지지, 훈련을 수행하는 비영리기관이자 돌봄자회원조직으로서의 역할을 수행해 왔다. 그 지난한 과정은 복지국가에서 돌봄을 여섯 번째 거인으로 인식하게 만드는 시간이었다고 해도 과언이 아니다. 그리고 이 노력은 영국을 비롯한 각국에서 다양한 양상으로 돌봄이 사회화되는 결과로 나타나고 있다.

제3장

일본협동조합과
지역사회 돌봄

이향숙 (재단법인 아이쿱협동조합연구소 연구원)

한국은 1960년대 후반에서 1980년대, 특히 1980년대에 들어서 대량생산과 대량소비 시대에 진입했다. 일본은 1950년대 중반부터 1970년대 초반에 걸쳐 고도경제성장기를 맞이했다. 이렇게 시기별 차이가 있으나 일본과 한국은 산업화에 따른 고도경제성장기로 인해 농촌 인구의 도시 이동, 소비사회화가 급속하게 진행되었다. 급속한 경제성장은 사회적, 경제적으로 다양한 문제를 가져왔다. 최근에는 출산율 저하, 고령화 현상이 사회문제로 대두되고 있다.

일본은 65세 이상의 인구가 20% 이상이며 한국의 고령화는 다른 나라와 비교할 수 없을 정도로 빠르게 진행되고 있다. 지역 공동체가 해체되고 핵가족 및 개인화가 진행된 현재에는 노인 돌봄이 사회 과제로 떠오르고 있다.

한국보다 앞서 고령화 문제에 직면한 일본이 어떠한 정책을 가지고 돌봄

을 추진하고 있으며 이러한 상황 속에서 일본 협동조합은 지역사회 안에서
어떠한 돌봄 활동을 실천하고 있는지 살펴보자.

한국과 일본의 고령화

한국과 일본의 인구 구조를 살펴보면 일본의 경우, 2010년 현재 65세 이
상 인구가 10명 중 2명꼴로 주요 국가들 중에서 가장 높은 수준을 보이고
있다. 한국은 2010년 현재 65세 이상 인구가 10명 중 1명꼴로 주요 국가들
중 가장 낮은 수준으로 보인다.

그러나 UN과 한국 통계청의 인구 추계에 따르면 2060년에는 일본을 제
치고 가장 높은 수준으로 예상되고 있다(표 1). 한국의 총부양비는 2010년
현재 일본, 프랑스, 미국에 비해 낮은 수준이나 2060년에는 일본과 함께 부
양비가 가장 높은 나라가 될 것으로 전망되고 있다.

〈표 1〉 주요 국가의 연령계층별 인구 및 총부양비, 2010~2060

(단위 : %, 생산가능인구 1백명당)

| 국 가 | 인 구 구 조 | | | | | | | | | 총부양비[1] | | |
| | 2010년 | | | 2030년 | | | 2060년 | | | 2010년 | 2030년 | 2060년 |
	0~14세	15~64세	65+세	0~14세	15~64세	65+세	0~14세	15~64세	65+세			
한국	16.1	72.8	11.0	12.6	63.1	24.3	10.2	49.7	40.1	37.3	58.6	101.0
한국(UN)	15.8	73.4	10.7	14.1	62.5	23.3	14.1	52.3	33.6	38.1	59.9	91.2
중국	19.5	72.4	8.2	14.6	68.9	16.5	13.6	56.9	29.5	38.2	45.1	75.7
일본	13.4	64.0	22.7	12.5	57.3	30.3	13.8	51.1	35.1	56.4	74.7	95.7
인도	30.6	64.5	4.9	23.8	67.9	8.3	17.4	65.9	16.7	55.1	47.3	51.7
스웨덴	16.5	65.2	18.2	17.6	59.8	22.6	17.4	56.4	26.2	53.3	67.3	77.3
영국	17.4	66.0	16.6	17.6	61.3	21.1	17.2	57.7	25.1	51.4	63.1	73.3
이탈리아	14.1	65.6	20.4	13.3	60.3	26.4	14.8	53.9	31.4	52.5	65.8	85.6

(다음 페이지로 이어짐)

스페인	15.0	68.1	17.0	13.6	63.2	23.2	14.5	53.5	31.9	46.9	58.2	86.8
프랑스	18.4	64.8	16.8	17.5	59.4	23.1	17.5	57.7	25.0	54.2	68.3	74.0
독일	13.5	66.1	20.4	13.8	58.2	28.0	15.7	54.2	30.1	51.2	71.9	84.5
스위스	15.2	68.1	16.7	14.8	60.5	24.7	15.1	53.4	31.5	46.9	65.4	87.2
캐나다	16.4	69.5	14.1	16.4	60.7	23.0	16.6	57.6	25.8	44.0	64.8	73.7
미국	20.1	66.9	13.1	19.1	61.0	19.9	18.6	59.5	21.9	49.6	64.0	68.1
호주	19.0	67.6	13.4	18.7	61.8	19.5	17.7	57.6	24.6	48.0	61.8	73.5

자료 : UN(2010). 「World Population Prospects : The 2010 Revision」
통계청(2011). 「장래인구추계: 2010-2060」, p.44

[1]총부양비는 유소년부양비와 노년부양비의 합

$$유소년부양비 \ = \ \frac{유소년인구(0\sim14세)}{생산가능인구(15\sim64세)} \times 100,$$

$$노년부양비 \ = \ \frac{고령인구(65세\ 이상)}{생산가능인구(15\sim64세)} \times 100$$

일반적으로 65세 이상 인구가 전체 인구에서 차지하는 비율에 따라 고령화사회(7% 이상), 고령사회(14% 이상), 초고령사회(20% 이상)로 분류하는데 2015년 현재 한국의 65세 이상 인구는 26.7%로 나타나서(그림 1) 한국은 고령화사회, 일본은 초고령사회라고 하겠다. 또한 여성 한 명이 가임기간(15~49세) 동안 낳을 것으로 예상되는 평균 자녀의 수인 합계출산율은 한국은 2015년 현재 1.24명으로 일본의 1.46명보다 낮아서 OECD 국가 중에 최하위로 나타나고 있다.

〈그림 1〉 연도별 한국과 일본 65세 이상 인구 구성비(%)

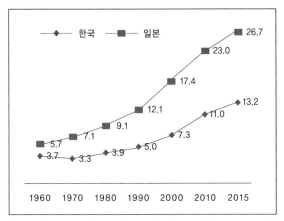

자료 : 통계청, 「인구총조사」 각 년도, 일본 총무성통계국, 「국세조사」 각 년도

일본의 개호보험제도와 지역포괄케어시스템

일본에는 한국의 노인장기요양보험(2008년 7월 시행)과 비교되는 개호
보험제도가 있다. 일본의 개호보험제도는 2000년에 시행되었고 그 이후
거의 2, 3년마다 법 개정이나 수가 개정이 이루어져 왔다.

2011에 개정된 개호보험법(2012년 4월 시행)에는 '지역포괄케어시스템
(Integrated community care system) 구축'에 대한 내용이 담겨 있다. 지
역포괄케어시스템이란 노인이 자신이 살고 있는 지역에서 안심하고 생활
할 수 있도록 일상 생활권에서 의료, 돌봄, 예방, 주거, 생활지원 서비스를
일체형으로 제공하는 체계를 가리킨다. 최근 개정된 2014년 개정(2015년 4
월 시행)에서도 지역포괄케어시스템 구축을 위한 노력을 살펴볼 수 있다(일

본 후생성노건국총무과, 2015).

일본의 베이비붐 세대라고 할 수 있는 '단카이세대(1947년부터 1949년 생)' 가 모두 75세를 맞이하는 2025년까지 10년 정도 남았다. 나이가 들어 병에 걸리거나 누군가의 돌봄이 필요할 때 우리는 흔히 요양시설에서 받는 돌봄을 떠올릴 수 있다. 그러나 요양시설은 본인이 살던 지역이나 가족과 떨어져서 낯선 지역에 있는 시설이 많고 그곳에서 받는 돌봄의 질에 대해서도 안심하지 못하는 부분이 있다. 돌봄, 요양 등을 집에서 받고 싶어 하는 일본 국민의 희망이 높아지면서 '지역포괄케어시스템' 이 나오게 되었다(일본종합연구소, 2014:11).

그러나 의료, 돌봄, 예방, 주거, 생활지원 서비스를 일체형으로 제공하는 것은 공적 서비스나 단일 주체만으로는 힘든 것이 사실이다. 그래서 공조 (公助), 공조(共助), 자조(自助), 호조(互助) 체제를 강조하고 있다.

정부, 지자체, 공공단체만이 아니라 돌봄을 실천하는 NPO, 협동조합 등의 연대와 협력, 주민조직, 자원봉사 활용 등 고령자를 둘러싼 지역사회 전반의 의료, 복지 네트워크가 적극적으로 활용되어야 가능한 시스템이라고 하겠다.

일본 협동조합 돌봄 현황

이러한 상황 속에서 일본협동조합은 어떻게 준비하고 대응하고 있을까? 그 내용을 살펴보자.

일본의 소비자생활협동조합법에 근거한 협동조합은 구매생활협동조합(구매생협), 공제생활협동조합(공제생협), 직장생활협동조합(직장생협), 의료복지생활협동조합(의료생협) 등이 있다. 그 생협들이 대부분 가입해 있는 일본생활협동조합연합회에는 2015년 현재 568개 생협, 2,819만 명의 조합원이 소속되어 있다(일본생활협동조합연합회 홈페이지).

이중 돌봄을 하는 협동조합은 구매생협 중 지역생협, 의료생협 등이 있다. 이외에도 워커즈콜렉티브, 워커즈코프 등이 돌봄 사업을 하고 있는데 이 둘은 아직 법적 근거를 가지고 있지 않다.

이들은 지역 속에서 다양한 형태와 역할을 가지고 협력과 네트워크를 바탕으로 돌봄의 주체로 활동하고 있다. 지역생협의 경우에는 지역생협에서 직접 복지사업을 추진하는 경우, 지역생협을 모체로 해서 사회복지법인 등을 만들어서 복지사업을 추진하는 경우 등이 있다.

생협의 복지 사업 규모를 살펴보면 지역생협 201억 엔(2015년도), 지역생협을 모체로 한 사회복지법인 약 177억 엔(2014년도), 의료생협 648억 엔(2015년도)으로 약 1,000억 엔(한화 약 1조 원) 이상의 규모인 것을 알 수 있다(일본생활협동조합연합회 제66회 통상총회의안서 참고자료, 일본의료복지생활협동조합연합회 홈페이지에서 작성).

일본 의료복지생활협동조합과 돌봄

일본 의료생협의 시작은 1932년 도쿄(東京) 나카노(中野)에서 만들어진

의료이용조합으로 알려져 있다. 일본의료복지생활협동조합연합회 홈페이지에 따르면 2015년 현재 회원 생협은 110단체, 조합원수 292만 명으로 나타났다(표 2).

의료생협이 하는 돌봄 시설 종류를 살펴보면 개호 노인 보건시설(자택에서 생활이 어려운 고령자를 위한 돌봄 시설), 방문요양, 일정 시간 동안 일상생활 지원이나 회복 훈련 등을 받을 수 있는 '데이케어센터', 일정 시간 동안 입욕, 식사 등의 일상생활 지원을 받을 수 있는 '주간보호센터', 자택에서 적정한 돌봄을 받을 수 있도록 케어매니저가 케어플랜을 작성하거나 조정하는 '케어매니지먼트 사업소', 돌봄 전반에 대한 상담이 가능한 '지역포괄 지원센터', 치매가 있는 사람이 일상생활 지원을 받을 수 있는 '치매대응형 주간보호', 방문과 숙박 등 상황과 선택에 따라 이용할 수 있는 '소규모 다기능형 요양', 치매가 있는 사람이 필요한 돌봄을 받으면서 공동생활하는 '그룹홈' 등 다양한 돌봄 사업소를 운영하는 것을 알 수 있다.

〈표 2〉 일본의료복지생협 현황

		2013년	2014년	2015년
조직현황	회원생협 수	111	109	110
	조합원 수(천 명)	2,848	2,886	2,928
	출자금액(백만 엔)	75,874	79,587	83,213
사업수익1)	총사업액(백만 엔)	319,557	325,640	329,637
	의료사업(백만 엔)	257,182	261,786	263,500
	복지사업(백만 엔)	60,918	62,489	64,850
의료시설수	병원	77	76	75
	병상	12,468	12,382	12,113
	진료소	342	344	337
	치과시설	70	70	70
	방문간호 스테이션	199	198	187
돌봄시설수	개호 노인 보건시설	25	25	28
	방문요양	185	185	210
	데이케어센터	164	174	169
	주간보호센터	190	188	193
	케어매니지먼트	302	292	293
	지역 포괄 지원 센터	28	31	29
	정기순회 · 수시대응형 방문요양간호	4	6	10
	치매 대응형 주간보호	32	32	33
	소규모 다기능형 요양	33	34	42
	그룹홈	45	47	52
	복합형 서비스	3	6	5
	서비스 추가 노인주택	8	9	16
	그 외 주택	11	12	13

자료 : 일본의료복지생활협동조합연합회 홈페이지 http://www.hew.coop/
1)사업수익은 2015년도 상반기 실적에 근거한 수치임.

2015년부터 지역포괄케어를 위한 활동을 연합회 차원에서 실천하고 있다. 빈 집이나 조합원 집을 이용해서 노인이나 어린이가 안심하고 들를 수 있고 누구나 마음 편하게 모일 수 있는 곳을 만들고 있다. 그 곳에서 체조나 게임, 식사 모임 등을 진행하기도 한다. 이것은 지역 사람들을 연결해 나가는 하나의 실천이라고 하겠다. 또 다른 하나는 일상 생활권을 중심으로 조합원이 모여서 지부를 만드는 것이다. 이 지부는 일상생활에서 어려움을 호소하는 사람을 위해 자원봉사 활동을 하거나, 혼자 사는 노인을 찾아가서 안부를 확인하는 활동을 한다.

일본의 의료생협 중 잘 알려진 사례로 미나미의료생협을 들 수 있다. 의료, 보건, 복지 시설 내의 활동만이 아니라 일상생활 개선까지, 그 활동 대상을 넓혀서 네트워크를 활용해 마을 만들기를 실천하는 곳으로 유명하다.

미나미의료생협은 1959년, 이세만 태풍 피해를 받은 아이치 현 나고야 시 남부 피해지에서 구원활동에 참가한 주민들이 중심이 되어 시작되었다. 피해로부터 2년 후인 1961년에 308명의 조합원에 의해 미나미의료생협이 설립되었으며 미나미진료소가 오픈했다.

그 후 5년마다 장기계획을 만들고 1997년부터 5년에 걸쳐서 주택의료, 개호보험에 대응한 요양형 가나메병원을 건설했다. '조합원과 많은 시민의 협동으로 만든 건강한 마을 만들기 지원병원'을 위해 2010년에는 미나미생협병원을 신축 이전했다.

2015년 4월 현재, 미나미의료생협은 종합병원 1개소, 의료 진료소 7개소, 치과 진료소 3개소, 방문간호 스테이션 5개소의 의료시설을 갖추고 있다. 돌봄 시설로는 방문 요양 7개소, 돌봄 지원 1개소, 데이케어 7개소, 주간보호 1개소, 케어매니지먼트 사업소 7개소, 단기보호 1개소, 그룹 홈 4개소, 소규모 다기능 홈 5개소 등을 가지고 있다. 이외 지역교류시설, 노인 주택, 육아지원 사업 등 다양한 사업과 활동으로 의료와 돌봄이 연계된 실천이 눈에 띈다.

2015년 2월 현재, 조합원 수 7만 5,183명, 85지부, 반 모임 1,078개가 구성되어 있다(미나미의료생협 홈페이지).

반 모임(조합원 3인 이상 모이면 반이 된다)은 '건강하게 살고 싶다, 살기 편한 마을로 만들고 싶다, 안심할 수 있는 사회보장제도가 되었으면 좋겠다' 등의 생각을 가진 조합원이 모인 모임으로 이러한 반 모임을 기초단위로 해서 지역 커뮤니티를 활성화하고 있다. 반 모임 메뉴는 다채롭다. 병, 보건예방, 건강, 체조, 차 모임, 식사모임, 그림, 건강 체크 등 자택이나 생협 사업소 등 다양한 곳에서 개최하고 있다. 또한 의료생협 기관지인 '건강의 친구(健康の友)'를 조합원이 돌아가면서 배포하면서 그 때마다 노인의 안부를 확인하는 활동을 하고 있다.

또한 지역주민(조합원) 욕구를 적극적으로 반영해 나가는 것이 미나미의료생협의 강점으로 꼽히고 있다. 돌봄 사업 추진에 대해 검토하는 '백인회의', 미나미생협병원 신축이전을 검토하는 '천인회의', 50주년기념사업 구체화를 위한 '6만인 회의', 미래구상만들기를 위한 '10만인 회의' 등에 조합원이 자발적으로 참여하고 의견을 낸다. 그리고 생협에서는 이 의견을 적극적으로 반영해 나간다.

일본 지역생협과 돌봄 현황

일본 생협은 1950년대 중반부터 1970년대 초반에 걸쳐서 고도경제성장기를 맞이하면서 대량생산·대량소비가 가능하게 되었으나 먹을거리에 있어서 식품첨가물 문제 등이 발생하게 되었다. 먹을거리에 불안을 갖고 있던 주부들이 중심이 되어 생협을 통한 먹을거리 공동구입이 활발해졌다. 생협의 복지활동으로 1983년 코프 고베에서 시작한 '구라시노타스케아이노카이(생활의 서로 돕기 모임)'가 눈에 띤다. 이 활동은 이후 몸이 불편한 조합원이 이용하기 편한 매장 만들기, 복지기구나 용품 공급을 시작하는 등 다양한 실천이 여러 생협에 확대되기 시작했다.

또한 2000년에 개호보험제도가 시행되면서 생협이 사업자로서 이 사업에 참여하기 시작했다. 2000년도 41개 생협이 개호보험제도상의 지정사업자로서 '케어매니지먼트 사업', '방문 요양사업', '복지용구 대여사업'을 중심으로 시작했다.

2015년도 지역생협을 살펴보면 일본생협연합회에 회원으로 가입된 생협이 130개 생협, 조합원 수 약 2,100만 명이며 이중, 지역생협이 직접 참여하는 복지사업은 200억 엔(한화 약 2,000억 원) 정도로 나타났다(표 3).

2015년 복지 사업을 살펴보면 지역 생협은 방문 요양, 주간보호, 케어매니지먼트 사업을 중심으로 복지사업을 하고 있다. 2015년도 43개 지역생협이 복지사업을 추진하는 것으로 나타났다(일본생활협동조합연합회, 2016).

〈표 3〉 일본 지역 생협 현황

항 목	2013년	2014년	2015년
조사생협 수	134	131	130
조합원수(천명)	20,122	20,583	21,056
세대가입률(%)	36.0	36.5	37.0
총사업액(백만 엔)	2,685,337	2,704,121	2,773,142
공제사업 수입(백만 엔)	261	263	256
복지사업 수입(백만 엔)	18,469	19,261	20,107
공급액(백만 엔)	2,580,129	2,598,550	2,665,336
(매장사업 공급액)	880,918	873,577	902,405
(공급사업 공급액)	1,671,390	1,696,738	1,732,779
(개인공급 공급액)	1,076,891	1,119,922	1,175,077

자료 : 일본생활협동조합연합회(2016). 제66회 통상총회의안서참고자료에서 작성

이외에도 먹을거리를 중심으로 사업을 하는 생협의 강점을 이용해서 지역사회 돌봄에 기여하고 있는데 이동판매차 운영, 도시락 배송 사업, 푸드뱅크 활동 등이다.

이 중, 이동판매차를 운영하게 된 배경을 살펴보자. 일본에서 '쇼핑난민' 문제로 화제가 된 적이 있었다. 경제 불황, 전략상 다른 매장과 통폐합, 그 외의 이유로 상점가나 슈퍼마켓 등이 사라지면서 그 지역 주민이 생활용품 구입 등이 어렵게 되었다. 특히 인구 과소화 지역, 고령화된 지역에서 이러한 현상이 나타났기 때문에 거동이 불편한 장애인, 노인에게는 큰 어려움으로 다가왔다. 이를 지원하기 위해 각 지역의 생협에서 이동판매차 운영을 시작했다. 또한 매장에서 구입한 상품을 자택으로 배송하거나 전화를 통한 쇼핑 대행 서비스 등을 시작했다. 이동판매차는 매장을 거점으로 냉동 · 냉장 케이스를 설치한 차에 신선 식품에서 일상용품까지 다양한 상품을 채워서 지자체나 자치회와 협력해서 쇼핑이 불편한 지역을 도는 방식으

로 운영하고 있다. 2016년 3월말 현재, 전국 30개 생협에서 150대의 이동 판매차가 도입되었다.

워커즈콜렉티브, 워커즈코프와 돌봄

워커즈콜렉티브와 워커즈코프는 노동자협동조합이라고 이해할 수 있겠다. 1973년 1월 베트남 전쟁이 끝나면서 전쟁반대운동에 참여한 많은 미국의 젊은이들이 이 때문에 고용되지 못하는 사태가 발생하고 이들 중 많은 수가 캘리포니아 주로 이주하여 자주적인 일거리로 사업화를 시도하게 되는데 이들은 이를 '워커즈콜렉티브'라고 불렀다. 미국 워커즈콜렉티브의 활동은 일본에 소개되었고 언페이드워크에 익숙해 있던 생활클럽생협 리더들에 의해 협동조합의 원칙을 반영시킨 일본의 워커즈콜렉티브가 탄생하게 된다(요코다 가쓰미, 2004:110-111).

일본에서의 워커즈콜렉티브의 시작은 1982년에 출발한 생활클럽생협으로 알려져 있다. 그 후 활동 범위가 확대되어 현재는 가사, 보육, 돌봄, 탁아, 도시락 서비스, 제과제빵, 리사이클 비누제조, 리폼, 재단, 주택관련, 편집기획, 건강, 제품판매 등 다양하다. 일본의 워커즈코프는 자신들을 '협동노동의 협동조합'이라고 표현하는데 1970년대 오일쇼크로 일자리를 잃은 중장년 실업자들이 스스로 일자리를 만들려고 병원 청소, 공원 녹화 등을 시작한 것이 계기가 되었다. 돌봄 사업을 살펴보면 개호보험제도 시작 전에 헬퍼 양성과정을 전국적으로 실시해서 '워커즈코프 방식'의 '지역복지

사업소'를 강좌 수료생 중심으로 만들기 시작했다. 현재 중점 사업으로는 보육원과 방과 후 교실 등과 같은 육아 관련 사업, 병원, 복지시설의 청소나 설비 관리 등의 건물관리 사업, 노인과 장애인 관련 사업, 직업 훈련과 취업 지원, 먹을거리 · 농업 · 환경 사업 등 다양하다.

생협과 워커즈콜렉티브 연계 - 복지클럽생활협동조합

복지클럽생협은 생협과 워커즈콜렉티브가 연계해서 돌봄을 실천한 사례로 유명하다. 또한 개호보험이 실시되기 이전부터 조합원이 스스로 돌봄에 참여하고 실천한 사례로 알려져 있다.

복지클럽생협은 1989년에 가나가와 현 요코하마 시에 일본 처음 복지 전문 생협으로 시작했다. 조합원 1만 6,000세대(2016년 4월), 사업액 38억 9,000만 엔(2015년도)으로 나타났다.

모체는 생활클럽 가나가와 생협으로 설립 당시 대부분의 복지 사업은 사회복지법인이 하던 시대였다. 고령화와 핵가족화가 심화되면서 자신의 노후에 대한 걱정이 조합원들 사이에서 높아가던 시기이기도 하다. 조합원들이 모여 워커즈콜렉티브를 만들어서 조합원에게 서비스를 제공하게 되었다.

2016년 4월 현재, 18업종, 108단체의 워커즈콜렉티브가 활동하고 있다. 가사 돌봄, 식사서비스, 이동 서비스, 육아지원서비스 등 다양하다(복지클럽생활협동조합 홈페이지).

매주 약 500품목의 먹을거리나 일상용품을 조합원에게 공급하는 공급사업을 하고 있다. 복지 전문생협이라고 하지만 가정공급사업을 재택복지의 하나라고 생각하고 있다. 가정공급사업을 워커즈콜렉티브가 위탁 받아 하고 있으며 조합원에게 주 1회 공급하면서 노인에 대한 안부 확인도 같이 하고 있다.

돌봄 사업으로 주간보호센터, 입주시설 등을 운영하고 있다. 2000년에 개호보험이 실시되면서 개호보험 사업에 참가하게 되었다. 개호보험에 따른 사업은 노인이 일상생활에서 필요로 하는 서비스의 일부분 밖에 제공하지 못한다. 복지클럽생협에서는 워커즈콜렉티브와의 연계를 통해 개호보험에서는 지원하지 않는 가사 지원을 비롯해 식사 만들기나 이동을 위한 서비스 등 다양한 활동을 하고 있다. 이 외에도 장례 사업, 에어컨 청소, 미용, 의류 리폼, 주택 리폼 등의 사업도 진행하고 있다.

맺으면서

일본의 돌봄 정책은 노인이 자신이 살고 있는 지역에서 안심하고 생활할 수 있도록 의료, 돌봄, 예방, 주거, 생활지원 서비스를 일체형으로 제공하는 시스템을 지향하고 있다. 그러기 위해서는 의료, 복지와 관련한 다양한 주체들의 연대와 협력이 필요할 것으로 보인다. 그 주체 중의 하나가 협동조합이라고 하겠다.

일본 협동조합의 돌봄 사업에서 몇 가지 특징을 찾아볼 수 있겠다. 첫째, 모두 지역 주민에 의해 만들어졌기 때문에 지역에 대한 충분한 이해를 바탕으로 돌봄 사업을 추진할 수 있었다는 점이다. 이것은 협동조합이 돌봄 사업을 추진하는 데 있어서 강점이라고 하겠다. 둘째, 자신들이 가지고 있는 사업의 특징을 활용해서 돌봄을 추진하고 있다는 점이다. 의료생협은 의료와 돌봄, 예방 활동이 연계되어 있어서 현재 일본 정부에서 추진하는 지역 포괄케어시스템을 이미 갖추고 있다고 볼 수 있겠다. 또한 지역생협은 직접적으로 돌봄 사업을 추진하는 것 외에도 자신의 주된 사업인 공급사업과 연계해서 돌봄을 추진하는 예도 찾아볼 수 있다. 노인을 위한 도시락 배송, 쇼핑 지원, 공급할 때 안부를 확인하는 등 다양하다. 셋째, 생협이 가지고 있는 인적자원과 네트워크를 활용한 돌봄 체계의 구축이다. 미나미의료생협 사례를 살펴보면 조합원의 반 모임을 기초 조직으로 해서 다양한 돌봄 네트워크를 형성하는 것을 볼 수 있다. 복지클럽생협의 경우도 조합원이 스스로 워커즈콜렉티브를 결성해서 돌봄 체계를 구축한 사례라고 할 수 있겠다.

이러한 일본 협동조합의 활동에서 한국의 의료복지사회적협동조합(의료사협), 지역생협, 사회적경제 조직에 줄 수 있는 몇 가지 시사점을 살펴보겠다.

첫 번째로는 의료생협의 강점과 지역생협의 강점을 충분히 살린 돌봄 사업 추진이다. 한국의 의료사협의 경우, 이미 건강실천단, 동아리 등을 통한 예방 활동을 하고 있고 '주치의제도' 실현을 통해 예방, 의료, 돌봄의 연계 체계를 도모하고 있다. 이후 이러한 실천을 조합원을 중심으로 해서 더욱 공고히 해 나가면 좋겠다. 지역생협의 경우, 돌봄 사업을 직접 시도하는 것도 있을 수 있겠으나, 공급사업과 매장사업과의 연계를 통한 노인을 위한 도시락배송, 장보기 서비스 대행, 안부확인 등 일상생활에서의 돌봄 활동부터 고민하는 것이 필요하겠다.

두 번째는 의료사협, 생협, 사회적경제 조직의 연대를 통한 돌봄 체계 구축을 생각해 볼 수 있겠다. 일본의 복지클럽생협과 같은 경우, 모체인 생협에서 복지 전문 생협이 탄생하게 되었으며 그 운영을 조합원이 중심이 되어 설립한 워커즈콜렉티브가 담당하고 있다. 이러한 사례는 이종 협동조합간의 협동을 통한 지역사회 기여라고 할 수 있겠으며 한국에서도 응용해 볼만한 사례라고 하겠다.

세 번째는, 지역 내의 의료, 복지 단체의 네트워크 형성이라고 하겠다. 일본에서 추진하고 있는 '지역포괄케어시스템'은 돌봄 정책에 있어서 하나의 선진 사례라고 생각한다. 그러나 의료, 돌봄, 예방, 주거, 생활지원 서비스를 일체형으로 제공하는 것은 공적 서비스나 단일 주체만으로는 힘든 것이 사실이다. 장기적인 관점에서 돌봄 정책 방향을 생각하고 지역에 밀착한 의료, 돌봄을 위해서는 지역 내의 의료, 복지 단체의 네트워크와 연대가 중요하겠다.

네 번째는 인적자원, 네트워크의 충분한 활용이다. 복지클럽생협과 같은 경우, 조합원이 자발적으로 조직한 워커즈콜렉티브가 복지사업을 담당하게 되면서 안정적인 인력 확보가 가능했다. 미나미의료생협에서는 조합원이 중심이 된 반모임이 생협의 기초 조직으로서 다양한 활동을 하고 있다. 이것은 민간 기업이나 타 단체가 가질 수 없는, 조합원이 주체가 되는 생협만이 가질 수 있는 강점이라고 할 수 있겠다.

다섯 번째, 제도의 활용을 들 수 있겠다. 일본의 의료생협, 지역생협에서는 2000년에 시행된 개호보험제도에 편입하면서 사업의 안정화를 도모하였다. 한국에서도 노인장기요양보험제도가 실시되고 있다. 한국의 지역생협의 경우, 지금까지 상품공급사업과 매장을 주된 사업으로 해서 추진해온 경우가 대부분이었다. 이후에 돌봄 사업을 추진하게 된다면 그에 앞서서 제도에 대한 충분한 이해와 준비가 필요할 것으로 생각한다.

제4장

서로 돌봄의 지역사회를 만들어 가는 유럽의 협동조합 : 이탈리아와 벨기에 사례를 중심으로

김신양 (한국사회적경제연구회 부회장)

사회적경제의 이론가인 드푸르니(Defourny)는 협동조합을 비롯한 사회적경제조직이 만들어지는 원동력을 두 가지로 설명한다. 하나는 '필요의 딸'이라 칭하는 '필요의 조건'이며 다른 하나는 '운명공동체정신'이다.[20] 유럽사회의 전통에서도 아들보다는 딸이 부모의 말을 잘 듣기 때문인지 모르겠지만 사회적경제조직은 구체적인 삶의 요구에서 비롯되는 경우가 많기 때문이리라. 하지만 그 필요라는 것은 어떤 것의 결핍을 자각할 때 간절해지는 것이므로 결국 필요를 느끼는 사람의 생각이 사회적경제를 발명하게 만드는 원천일 것이다. 또 하나의 원동력인 운명공동체정신은 협동의 원천이 된다. 과거에는 언어, 종교, 지연 및 혈연과 같은 요인이 사람들을 결속하게 한 요소였다. 그러나 현대에 들어 가족이 해체되고 종교가 후퇴

20) Defourny, J. & Develtére, P.(1999), "Origines et contours de l'économie sociale au Nord et au Sud", in Defourny, J. & Develtére, P. & Fonteneau, B. Eds, L'économie au Nord et au Sud, De Boeck & Larcier s.a. Paris Bruxelles.

하였으며 특히 세계화 시대를 살고 있는 오늘날에는 전통적인 정서보다는 사회경제적 변화 및 생태적 조건의 변화가 새로운 필요와 열망을 만들게 되었으며 협동조합 또한 이러한 사회의 진화에 적응하며 발전하고 있다.

협동조합 가문의 막내로 태어나 급속히 전 세계로 확산된 사회적협동조합의 경우는 특히 이러한 시대적 변화의 산물이라 할 수 있다. 그런데 지역사회 공익(共益, collective interest) 실현을 목적으로 하며, 다중이해당사자 구조(multi-stakeholder)를 특성으로 하는 사회적협동조합의 탄생은 순탄치 않았다. 필요하다면, 시대가 원한다면 무한변신이 가능한 것이 협동조합이라지만 사회적협동조합의 탄생은 협동조합 부문에서조차 가족으로 인정하기 싫어하는 기형아로 보였기 때문이다. 그러나 미운오리새끼가 화려하게 변신하듯 사회적협동조합은 그 어느 협동조합보다 협동조합다운 협동조합으로 건강하게 자랐으며, 사회적기업의 원형이 될 정도로 국제적인 명성을 떨치게 된다. 그 까닭은 바로 그 아이가 태어난 시기, 즉 전 세계적인 경제위기의 징후가 보였던 60년대 말~70년대 초였는데, 당시는 경제위기에 따른 사회적 위기가 시작될 때였으며, 경제위기의 원인이 오일쇼크(oil shock)였기에 생태위기 또한 고조될 시기였다. 바로 그러한 때 사회적협동조합은 늘어만 가는 사회적불이익자들(socially disadvantaged)[21]을 지원할 뿐 아니라 그들이 주인 되는 협동조합을 가능하게 했기 때문이다. 이러한 이유로 이탈리아에서 제도화가 된 이후 유럽연합의 다른 나라에 영향을 미치며 벨기에에서는 1996년에 '사회목적회사(social purpose

---

21) 한국에서는 아직도 '취약계층'이라는 용어를 사용하지만 유럽을 비롯한 많은 국가와 학계에서는 1970년대부터 이러한 용어를 사용하지 않는다. 대신 사회적배제계층(socially excluded)이나 사회적불이익자들이라는 용어를 사용한다. 그 까닭은 실업자나 빈곤층, 장애인 등이 겪는 어려움의 원인이 개인에게 있다기보다는 사회의 구조적 문제–차별이나 불평등–에 있기 때문에 사회적 책임을 강조하기 위해서다. 반면 취약계층이라는 표현은 이러한 사회적 문제를 간과하면서 마치 그 사람이 취약하여 사회적으로 경쟁력을 가질 수 없다는 낙인효과를 가진다.

company)', 포르투갈에서는 1998년에 '사회연대협동조합(social solidarity cooperative)', 스페인에서는 '사회서비스협동조합(social service cooperative)', 프랑스에서는 2001년에 공동체이익협동조합(SCIC)에 관한 법이 제정되었다. 이렇게 사회적협동조합은 이탈리아 협동조합의 한 모델로서 고유명사였던 것이 새로운 협동조합의 유형으로 자리잡게 된다.

이 글에서는 우선 사회적협동조합의 원형이라고 할 수 있는 이탈리아 사회적협동조합의 탄생과정 및 특성, 그리고 성공요인을 살펴볼 것이다. 두 번째는 사회적협동조합의 법적인 지위를 가지지는 않지만 그 목적과 활동 방식에 시사점을 주는 벨기에의 환자협동조합 및 의료의집의 협동관계를 살펴본다. 마지막으로는 사회적협동조합을 비롯한 결사체협동조합이 지역 중심의 사회복지 재구성에서 갖는 의미를 짚어보고자 한다.

노동통합과 서비스 제공으로 사회적 질을 높이는 이탈리아의 사회적협동조합

사회적협동조합이 이탈리아에서 시작되었다는 것을 알고 있는 사람들은 많지만 어떻게 이탈리아와 같이 복지서비스가 충분하지 않은 국가에서 발전할 수 있었는지 의문을 가져 본 이들은 별로 없을 것이다. 그건 아마도 이탈리아를 협동조합강국으로 여기기 때문일 수도 있다. 그런데 돈 안 되는 공익을 추구하는 협동조합을 비롯한 사회적경제조직이 발전하기 위해서는 제도적 지원이 충분하고 선진적인 복지제도 환경이 조성되어야 한다는 편견을 많이 가지고 있기 때문에 이런 질문은 의미가 있다고 할 수 있다. 이탈리아의 사회적협동조합은 이런 사람들의 편견이나 고정관념을 깨트린 소중한 경험이다.

사회연대협동조합에 기원을 두고 1991년 법제화된 사회적협동조합은 70년대 초의 경제위기가 시작되었을 때 사회교육과 직업편입의 욕구가 많았으나 이에 부응하지 못하는 복지국가의 위기라는 상황에서 탄생되었다. 공공부문이 이러한 서비스를 제대로 공급하지 못하자 민간의 시도가 발전하기 시작하였고, 처음에는 비영리민간단체형태로 운영되었으나 점차 협동조합형태로 전환하면서 경제활동이 주축이 되었다. 70년대 들어 사회연대협동조합은 스스로를 '복지국가가 책임지지 못하는 공익(collective interest)서비스를 생산하기 위하여 자율적으로 조직된 사람들의 집단' 으로 규정하며 협동조합으로서의 정체성을 확립해 갔다.

이탈리아에서 사회적협동조합이라는 새로운 실천방식이 생긴 것은 기술한 사회적 맥락과 더불어 현실적인 필요성이 존재하였기 때문이다. 전통적으로 제3섹터 부문에서 활동하던 조직들은 영리추구를 목적으로 하지 않으면서 생산과 판매 등 수익활동을 할 수 있는 구조로 협동조합이 적합하다고 판단하였다. 그러나 그들이 가지고 있었던 비영리단체의 장점인 다양한 재원과 자원을 동원할 수 있고, 지역의 상황과 조건에 맞게 유연하게 적응할 수 있는 특성을 포기할 수는 없었다. 즉 비영리민간단체의 개방성 및 자원동원 능력을 유지하면서도 자본의 권한을 제한하고 상업활동을 영위할 수 있는 협동조합의 장점을 취하기 위하여 고안해 내었던 것이 사회적협동조합인 것이다.

사회적협동조합의 유형 및 구조적 특성

사회적협동조합은 시작된 지 약 20년이 지난 후 법이 제정되었다. 그러므로 그 법은 풍부한 현장의 경험에 기초하여 제정되었음을 짐작할 수 있을 것이다. 또한 법 제정을 추진하고 난 후 10여 년의 기간 동안 다양한 이해관계자와의 조율과 논의가 뒤따랐으니 20년의 실천과 10년의 토론은 그 자체로 사회적협동조합의 특성이라고 할 수 있을 것이다. 그러면 구체적인 법의 내용을 짚어 봄으로써 사회적협동조합의 특성을 살펴보기로 하자.

우선 법[22]은 사회적협동조합을 다음과 같이 정의하고 있다. "사회적협동조합은 A)사회, 보건, 교육서비스 운영 B)사회적불이익자들의 고용을 목적으로 농업, 공업, 상업 및 서비스 사업 등의 다양한 활동을 수행함으로써 인간의 발전과 시민의 사회통합에 있어 공동체의 보편적 이익을 추구한다." 이에 따라 그 유형을 네 가지로 구분한다[23]. 첫 번째는 A유형으로 사회·보건 서비스 및 교육 서비스를 제공하며, 두 번째는 B유형으로 사회적불이익자들의 노동통합을 목적으로 하며, 세 번째는 A와 B의 복합형태이며, 네 번째는 44개의 지역별 연합조직과 중앙연합조직인 CGM과 같은 사회적컨소시엄이다.

또한 사회적협동조합은 비영리조직의 장점을 활용하기 위하여 다중이해

---

22) 이 법의 필요성을 제안한 이의 이름을 따라 일명 Gino Matarelli법이라고도 한다.
23) 보통 이탈리아 사회적협동조합의 유형이 A와 B 두 가지라고 알려져 있으나 이는 개별 단위 협동조합의 경우를 말하며, 법은 이들 조직의 연합조직도 사회적협동조합의 유형으로 분류한다.

당사자(multi-stakeholder) 구조를 취하며 기존의 단일이해당사자 중심의 협동조합과 차별성을 가진다. 이에 따라 조합원을 세 유형으로 구분하는데 각각의 명칭과 역할은 다음과 같다.

① 협동조합조합원(cooperative members) : 조합에 출자를 하며, 노동을 제공하거나 서비스를 이용하거나 사업의 운영 및 조직의 목적을 추구하는 데 참여하는 사람들.

② 자원봉사조합원(voluntary members) : 노동을 제공하지만 그에 따른 급여를 받지 않는 이들로서 전체 조합원 수의 50%를 넘지 않아야 한다. 그러나 활동의 수행에 실제 들어간 비용은 이사회가 정한 한도에 따라 증빙서류를 제출하는 경우 환급을 받을 수 있다. 사회적협동조합의 재정 및 사업 발전을 제공하는 공기업 및 사기업 또한 조합원으로 참여할 수 있다.

③ 재정조합원(financing members) : 협동조합에 자본을 투자하나 그로부터 서비스 제공을 받지 못하는 조합원으로서 개인 및 개발을 목적으로 한 금융기관 등과 같은 기업이 해당된다. 그들의 자본은 기술투자, 기업구조조정 및 확장 등에 사용될 수 있다.

특히 노동통합을 목적으로 하는 B유형의 경우 사회적 불이익자가 전체 조합원의 최소한 30%를 차지해야 한다. 논란이 된 자원노동의 경우 노동조합의 반대에 부딪혀 오랫동안 합의를 이끌어내기 위하여 논의를 하다가 전체조합원의 50%를 넘지 않아야 하는 것으로 타협지점이 찾아졌다.

이렇듯 법의 조항으로 본 사회적협동조합은 아주 복잡하다. 네 가지의 조직 유형과 세 가지의 조합원 유형이 있으니 사회적협동조합의 구성과 운영

자체가 복잡할 수밖에 없을 것이다. 그러나 반대급부로 법은 사회적협동조합에 세제혜택을 부여하고 특히 B유형의 사회적협동조합에게는 사회보장 분담금을 면제해준다. 뿐만 아니라 법은 B유형이 일반기업과 경쟁 없이 바로 공공계약을 체결할 수 있도록 하였으나 이 조항은 유럽연합의 경쟁에 관한 규제에 위반된다는 이유로 반발을 불러 일으켰다. 그러나 이 문제는 1996년 1월, 공공행정이 공공입찰 조건에 일정한 비율의 사회적불이익자의 고용의무조항을 포함하는 유럽연합지침 제20호를 시행하도록 하는 법을 제정함으로써 해결되었다. 마지막으로 법은 잉여의 배당을 부분적으로 인정하며, 잉여의 20%는 적립하도록 한다.

1991년 법 제정 이후 지방정부 차원에서는 후속 지원법이 제정되었으며 노동통합 참여자들을 위한 임금형태 및 노동시간 유연성에 대한 단체협약도 체결되었다. 이 근로계약에 따르면 사회적불이익자의 초기 노동시간은 정규노동시간 대비 50%까지 낮을 수 있으나 통상 3년 이내에 정규노동시간 수준에 도달해야 한다. 어떤 지방정부는 사회적 불이익자, 특히 장애인들의 경우 지방정부로부터 직접 근로보조금을 받으며 한시적인 기간(6~12개월) 동안 사회적협동조합에서 일할 수 있도록 한 법을 제정하기도 했다.

역경을 넘고 성장을 하기까지

사회적협동조합의 발전에 견인차 역할을 한 것은 시민사회단체의 전통과 중소기업가 문화가 발달한 롬바르디아의 브레샤를 중심으로 한 기독교사회주의 세력이었다. 80년대 초 전 기민당 의원인 지노 마타렐리(Gino Matarelli)는 기독교사회주의계열의 협동조합연합조직인 Confcooperative[24]로부터 협동조합운동에서 혁신적인 시도를 조정하고 연합하도록 위임받았다. 그리하여 1981년 이 새로운 형태의 협동조합의 실천방식에 적합한 법적 틀을 마련하기 위하여 필리삐니와 스칼비니(Scalvini)[25]가 법안을 작성하여 국회에 제출하였다. 당시 이 법안을 지지한 기민당 소속 상원의원이 의회에 제안하였으나 실제 법안이 통과되는 데는 10년이 걸렸다.

사회적협동조합이 탄생 이후 빠른 속도로 확산되었지만 80년대 초에 제도화를 하고자 했던 이들이 냉대를 받았던 이유는 두 가지다. 첫째는 사회적협동조합이 사회서비스를 제공하고 조합원이 아닌 외부의 사회적불이익 계층이나 지역사회 다른 주민이 수혜자가 되도록 하는 것은 협동조합의 전통에 어긋난다고 생각했기 때문이다. 두번 째는 협동조합은 자조의 전통을 가지며 조합원의 출자로 재정을 확보해야 하는데 외부의 기부금을 받는 것은 협동조합의 독립에 저해된다고 판단하였기 때문이다.

다른 한편, 어느 사회나 그러하듯 노동조합운동을 하는 이들은 협동조합운동에 곱지 않은 시선을 가지고 있는데 사회적협동조합에 대해서는 더욱 비난이 거세었다. 협동조합을 일반 영리기업과 다르게 보지 않기 때문에 사회적협동조합이 자원봉사조합원을 두는 데 대하여 도저히 납득할 수 없었던 까닭이다. '왜 영리를 추구하는 기업이 자원봉사자를 두어 노동력을 착취하느냐' 는 논리였다.

이러한 냉대와 몰이해를 극복하기란 쉽지 않았을 것이다. 법 제정 추진부

---

24) 이탈리아에는 주요한 두 협동조합연합조직으로 기독교민주주의 계열의 Confcooperative와 좌파계열의 Lega가 있다.
25) 90년대 중반 Confcooperative의 회장 역임.

터 제정이 된 시기까지 10년이 걸린 것으로 보아 그 어려움은 짐작하고도 남을 만하다. 하지만 어제의 적이 오늘의 아군이 되기도 하는 것이 세상사의 이치이고, '10년이면 강산도 변한다' 라는 속담이 있듯이 처음의 냉대와 몰이해는 기나긴 토론과 설득의 과정을 거치고 나서 환대와 연대의 초석이 되었다. 협동조합연합회는 사회적협동조합의 직능별 교육을 제공하며 전문성을 강화하는 데 도움을 주었다. 노동조합의 경우 사회적협동조합연합회(CGM)와의 협약을 통하여 사회적 불이익자들의 노동권이 보장될 수 있도록 모니터링을 해 줄 뿐 아니라 노동조건이 개선될 수 있도록 힘을 실어주었으며, 각 지역 차원에서는 단체협약시 사회적협동조합의 사업을 활성화시킬 수 있는 조항을 삽입함으로써 원군이 되어 주었던 것이다. 하지만 노동조합으로서도 사회적협동조합은 단순한 지원대상은 아니었다. 왜냐하면 사회적협동조합의 노동자들은 노동조합에 가입하였으므로 어떻게 보면 노동조합의 우호적인 처사는 조합원서비스의 측면에서 이루어진 것이라고 할 수도 있을 것이다. 왜냐하면 1990년 당시 이미 전국에 걸쳐 약 1,800여개 사회적협동조합이 존재하고 있었으며, 법 제정 이후 매년 꾸준히 500여개씩 증가하였기 때문에 사회적협동조합은 노동조합연맹 차원에서도 무시 못할 숫자였기 때문이다.

　1980년 모스크바에서 개최된 국제협동조합연맹(ICA)총회에서 레이들로 박사가 "공익성을 가지는 부문에서 정부의 예산감축으로 인하여 많은 이들이 협동조합방식으로 조직화될 것이다"라고 예견했듯이 사회적협동조합은 법 제정 이후 눈부신 발전을 이루게 된다. 2000년 기준 약 8,000개가 존재하며 총 6만 240명을 고용하고 있었고, 이 중 사회적불이익자의 수는 2만 2,590명에 이른다. 유형별 비율을 보면 A유형이 4,765개(60%), B유형이 2,750개(34%), 혼합형 및 컨소시엄 형태가 약 6%를 차지했으나 2000년대 중반 경제위기와 더불어 상대적으로 빈곤한 남부지역의 경우 노동통합형이 급속히 증가하는 추세를 보이고 있다.

보건사회 및 교육서비스를 주로 제공하는 A유형의 활동영역은 재가도우미, 사회교육 및 비영리단체센터, 치료공동체, 탁아소, 요양소 등이며 B유형은 농업, 녹지공간 관리, 목공, 인쇄 및 제본, 전산, 세탁, 청소 및 방역, 수공예 등이다.

사회적협동조합은 양적인 측면에서 뿐 아니라 매출에 있어서도 성장을 보이고 있다. A유형의 경우 대부분 지방정부 소관의 공적서비스 제공기관을 위탁운영함으로써 안정적인 활동을 하고 있으며, B유형의 경우 장애인 의무고용제의 실효성을 높여줌으로써 일반기업과의 협력강화로 운영의 안정화를 이루어냈다. 이탈리아의 경우에도 1968년에 도입된 장애인 의무고용법이 있었으나 대부분의 기업이 의무고용을 이행하는 대신 범칙금을 부담함으로써 법의 실효성이 떨어졌다. 이러한 상황에서 노동통합형 사회적협동조합이 장애인들에게 교육훈련을 제공하여 직업생활 편입을 용이하게 함으로써 의무고용대상 기업이 쉽게 고용할 수 있게 되어 일반기업으로부터 그 유용성을 인정받았다. 또한 사회적불이익자의 노동통합과 관련하여 트레비소(Treviso)에서는 고용주단체와 지방사회적협동조합컨소시엄간 아주 의미 있는 협약이 이루어졌다. 이 협약은 노동부장관의 승인을 받아 노동통합형 사회적협동조합과 일정한 양의 거래를 하는 기업은 1968년법에 따른 장애인의무고용 비율을 축소해 주는 혜택을 누릴 수 있도록 해 준다.

사회적협동조합의 사회성

사회적협동조합의 사회성은 우선 지배구조의 측면에서 노동자와 이용자, 자원봉사자 등 지역사회의 다양한 주체가 조합원이 되어 협동하는 점에서 확인할 수 있다. 그러나 이러한 구조적인 측면에 더하여 지역의 가난하고 어려움을 겪는 이들에 대한 관점 및 접근법의 전환을 이룸으로써 협동조합의 사회적 성격을 강화하는 점이 돋보인다.

첫째, 법에는 사회적협동조합이 노동통합을 지원하는 대상자를 '사회적 불이익자'로 명명하는 데 있다. 이들은 지체장애인, 지체 및 청각 장애인, 정신병원 환자 경력자, 정신과 치료중인자, 약물중독자, 알콜중독자, 어려움을 겪는 가정의 18세 미만 청소년(경제활동연령), 수감형 대신 노역형이 인정된 자 등이다. 이들을 빈곤층이나 취약계층(vulnerable class)으로 부르지 않고 사회의 이익(advantage)으로부터 배제당하였기에 어려움에 처하게 된 사람들로 여긴다. 그래서 이들을 다시 사회로 통합하게 하는 의무는 사회에 있으며, 이러한 목적을 추구하기 위해서는 지역사회의 다양한 이해당사자들이 협동함으로써 가능하다는 의미를 내포하고 있다.

둘째, 이탈리아의 사회적협동조합법에 따르면 B유형은 "기업의 문화와 운영에 있어 노동의 가치가 더 높은 사회적 질에 이르도록 한다는 기본 원칙에 근거한다". 즉, 사회적협동조합은 노동이라는 매개를 통하여 인간의 발전을 꾀함으로써 궁극적으로는 사회 전체의 질적 향상을 추구한다는 것이다. 이를 실천하고 점검하기 위하여 법은 네 가지 지표를 제시한다. ① 사람의 치유를 위한 행동 ② 사용되지 않고 낭비되고 인정되지 않은 인적 · 물적 자원의 회복과 생산적 이용 ③ 제품과 서비스의 질, 생산방법의 질, 작업장 및 노동자간 관계의 질 ④ 정보제공 및 교육훈련, 관계의 민주성, 권리 존중과 개인의 기량 강화를 내용으로 하는 협동의 질. 이 지표를 통해 볼 수 있듯이 사회적협동조합은 사회적 목적을 기능주의 중심이 아니라 사람의 치유와 존중, 그리고 생명과 살림의 가치를 가지고 협동을 위한 관계 중심으로 보고 있으며, 개인을 고려하면서도 끊임없이 협동의 관계를 발전시키기 위해 노력하고 있음을 알 수 있다.

서로돌봄의 지역사회를 만드는
벨기에 '의료의집'과 '환자협동조합'의 협동

이탈리아의 사회적협동조합과 더불어 주목할 만한 실천은 거의 동시대에 탄생한 벨기에의 의료의집과 환자협동조합이다. 이 두 모델은 한국의 의료복지사회적협동조합에 많은 영감을 제공할 뿐 아니라 관련 제도의 개선에도 많은 시사점을 제공한다. 애초에 한 몸이었던 두 조직은 필요에 따라 환자협동조합이 독립된 조직으로 분화되었으나 협동의 관계를 유지하며 공생하고 있기에 이 둘을 분리하여 생각할 수는 없을 것이다.

의료의집 운동의 탄생의 배경에는 프랑스에서 시작되어 유럽 전역으로 확산된 68혁명이 있다. 68혁명은 73년에 오일쇼크로 시작된 경제위기의 전조가 되는 사건이었다고 할 수 있을 정도로 대량생산과 대량소비를 미덕으로 여기는 자본주의의 발전에 위기가 도래했음을 보여주는 징후가 사회 곳곳에서 감지되었던 시기에 발생하였다. 1970년대 전 세계 많은 국가에서 사회, 정치, 문화적으로 아주 중요한 운동이 일어났고 벨기에 전역에도 퍼졌다. 이 저항의 운동은 사회 조직의 토대가 되는 제도 운영 전반에 대한 비판을 담고 있었다. 부자들을 위한 정의, 불평등한 의료서비스, 노동자의 복지에는 전혀 관심이 없는 고용주에 의해 운영되는 기업 등. 이 운동은 부의 불평등한 분배, 정경유착, 현실을 반영하지 못하는 형식적인 민주주의 등이 모든 것들이 건강, 교육, 문화, 주거, 정의 등 모든 분야에서 불평등하고 불공정한 사회를 만들고 있음을 고발하였다. 그리하여 이 운동은 벨기에를 비롯한 유럽 국가에서 의료의집, 가족계획센터, 정신건강센터, 대안학교, 소비자단체 등이 탄생하게 된 계기가 되었다.

의료인의 협동진료로 지역사회 건강을 책임지는 '의료의집(maison médicale)'

의료의집은 의사, 간호사, 물리치료사 등 의료인과 사무직노동자가 공동 주체가 되어 건강을 총체적으로 접근하기 위한 목적으로 설립되었다. 세제 문제 등의 이유로 법적으로는 비영리민간단체(asbl)의 지위를 가지나 내부는 협동조합방식으로 운영된다. 의료의집의 특징은 회원제로 운영하며 연간 정액제를 통하여 회원의 건강을 예방부터 치료, 사후관리까지 종합적으로 접근할 뿐 아니라 지역사회건강의 개념을 도입하여 지역사회 내 주민의 건강 상태 및 문제를 조사 연구하여 정책을 수립하는 데 기여하고 있다.

1차 의료기관으로서 의료의집은 자신의 가치를 지키고 실천에 옮기기 위하여 공동의 헌장을 제정하였다. 이 헌장은 역사, 가치, 목표, 실천방안으로 구성되어 있는데 구체적으로 제시된 목표는 다음과 같다.

● 양질의 1차 의료 서비스를 제공하기 위하여 다음과 같은 원칙을 가진다.

① 접근성 : 지리적, 재정적, 시간적, 문화적으로 접근가능해야 한다.

② 연속성 : 장기적인 관점에서 치료사들이 지속적으로 사후관리 서비스를 제공한다.

③ 총체성 : 의학–심리–사회–환경 등 모든 측면을 고려하여 총체적으로 접근한다.

④ 통합성 : 치료, 예방, 보조, 건강증진을 아우르는 진료를 제공한다.

● 서비스를 요청하는 사람의 자율성을 보장하고 그들의 결정능력을 강화한다.

● 보건시스템과 사회정책을 관장하는 조직의 운영메커니즘에 대하여 시민의 비판정신이 생기도록 한다.

● 연대와 사회정의의 가치를 존중하고자 하는 문제의식을 가지고 보건정책 및 사회정책의 수립에 참여한다.

● 건강 문제뿐 아니라 주민의 복지에 영향을 미치는 영역에서 지역의 다른 주체들과 함께 지역사회의 필요 발굴, 해결책 모색, 적용의 과정에 참여한다.

● 사회보장제도 및 이용자권리보호 및 강화에 시민의 참여를 활성화시킨다.

● 의료노동자들간, 지역의 파트너 및 서비스이용자들과 공존공생관계를 촉진한다.

● 지속적으로 양질의 서비스를 제공하고 의료진의 삶의 질 향상을 위하여 최적의 노동조건과 팀 내 민주적 운영을 보장한다.

이러한 목표를 실현하기 위하여 의료의집은 구체적인 일련의 실천방안을 제시하고 있다. 이를 영역별로 정리해보면 다음과 같다.

▷ 진료시스템 : 심리사회적 측면을 포함하기 위하여 전문분야를 통합하는 팀진료체제를 운영하고, 이를 위해 환자별 종합적인 의료카드를 공유하며 케이스컨퍼런스를 조직한다.

▷ 환자 서비스 및 관계 형성 : 최대한 환자를 맞이하기 위하여 다른 의료진과 협력하여 24시간 치료서비스를 제공하고, 치료와 예방 및 건강증진에

대한 지속적인 교육과정에 참여한다. 의료진과 환자간의 좋은 관계 형성을 위하여 최대한 환자의 말을 귀담아 듣는 시간을 확보한다. 환자의 재정상태를 고려하여 치료 받을 수 있는 재정시스템을 운용한다. 일반인들이 가지고 있는 지식 및 능력(민간요법 등)과 전문가의 노하우가 조화를 이루도록 자발적인 교육을 실시한다. 환자들에게 그들의 건강과 관련된 운영구조에 대해 정보를 제공해 주고 건강모니터링에 참여하게 한다.

▷ 정책 및 제도개선 활동 : 치료, 예방, 건강증진 및 교육과 관련한 예산을 결정하는 기관에 참여하도록 의료의집연합회 대표단을 구성한다. 우리 서비스를 요청하는 인구집단의 건강상태에 영향을 미칠 수 있는 사안에 대하여 관계당국에 문제를 제기한다. 우리의 현장 경험이 잘 활용될 수 있도록 노동조합이나 공제조합 연합회 등과의 파트너십을 강화한다.

▷ 지역사회 관계 및 연대활동 : 지역사회에 뿌리 내리기 위하여 지역시민 사회단체의 활동에 참여하며, 되도록 주민건강 문제를 다룰 수 있도록 한다. 1차 의료에 대한 지역사회 액션리서치를 진행하며, 어려울 경우 지역의 다른 파트너와 공동으로 추진한다. 환자그룹 및 이용자단체의 발전을 지원하고, 환자들을 대상으로 그들과 관련된 진료기관 및 제도를 관장하는 법에 대한 정보를 제공한다. 지역 내 환자조직과 함께 사회보장제도에 대한 토론을 조직하거나 행사에 참여한다.

▷ 조직운영 : 일하는 사람들간 서로 잘 알고, 각자의 능력에 대한 이해를 하기 위하여 레크리에이션 시간을 가진다. 자주경영에 기초한 팀별 운영방식을 가지고, 팀 내 위계를 허무는 노동관계를 형성한다.

의료의집이 이러한 목표를 가지고 실천할 수 있게 된 것은 의료의집에만 적용되는 연대적이고 평등한 총액제도 덕분이다. 경제활동을 하는 노동자들은 국가에 의료보험을 납부하며, 대부분 공제조합에 가입한다. 노동자들은 급여수준에 따라 공제조합에 보험료를 내면 거기서 의료비용을 처리한다. 의료의집이 운영되는 방식은 우선 지역별 해당구역의 주민이 의료의집의 회원이 되며, 의료의집-환자-공제조합간 협약을 맺는다. 그러면 공제조합이 매달 의료의집에 가입한 환자 전체에 대한 비용을 지불하는데 계산방법은 서비스제공 내역에 따라 분류하며, 최근 6개월간 의료소비평균액을 기준으로 한다.

　환자들이 의료의집을 선호하는 이유는 다양하다. 우선 비교적 저렴한 방식으로 주치의를 두는 효과를 가지며, 의사와 공제조합이 가격 협약을 체결하기 때문에 협약을 맺은 의사들은 일정액을 넘어 비용을 청구할 수 없는 반면 일반병원의 의사들은 초과 요청하기 때문이다. 또 다른 장점은 협진 시스템을 운영하기에 전문가들한테 가지 않아도 되어 환자들로선 비용절감의 효과도 있다. 또한 지역별 회원제를 운영하기도 하지만 여행을 가거나 출장을 가는 경우 딴 곳에서 치료받으면 의료의집에서 환급을 받을 수도 있다. 의료의집은 불법체류자, 노숙자 등 다른 곳에서 진료 받는 것이 어려운 환자를 거부하지 않는다. 이들이 돈이 없어도 먼저 진료하고 나서 필요한 행정처리를 대신해 주는 서비스도 제공한다.

주민의 서로돌봄 공동체 '환자협동조합(coopérative de patients)'

환자협동조합은 의료의집과 파트너를 맺으며 환자들이 보건정책 수립 및 치료의 주체로 참여하기 위하여 설립된 단체다. 흔히 특정한 질병을 중심으로 모인 환자단체들과는 달리 환자협동조합은 같은 지역사회에서 동일한 의료기관을 중심으로 모인 환자와 시민이 결합된 조직이다.

환자협동조합의 기원은 1979년으로 거슬러 올라간다. 처음엔 다섯 명의 환자와 두 명의 의료인(의사 1, 간호사 1)이 함께 '치료협동조합'의 형태로 운영되었는데, 조합원들은 의료보험제도의 혜택을 받지 못하는 조합원들을 위한 치료비를 지원하였다. 이후 환자집단이 의료팀과 분리하여 운영하기로 결정하면서 환자협동조합으로 명칭을 변경했다.

환자협동조합의 주요활동 목적은 ㉠ 의료의집 프로젝트 지원 ㉡ 환자들 간의 연대 ㉢ 건강교육 및 건강증진 프로젝트 운영 ㉣ 의료인과의 관계에서 환자들의 목소리 대변 등의 4개의 축으로 이루어져 있다. 환자협동조합의 기본 취지를 한마디로 말하면 건강의 문제를 개인이 아니라 집단의 참여로 해결하자는 것이다. 그리고 이들은 건강의 문제를 '지역사회 건강, 참여, 건강 증진'이라는 세 방향에서 다루고자 한다. 이러한 점에서 환자협동조합은 소비자보호단체와 성격을 달리한다. 후자는 시장에서 서비스를 구매하는 고객으로서의 다소 수동적인 위치에 존재하며 소비자들의 권리를 옹호함으로써 수요의 충족을 우선하는 반면, 전자는 연대와 사회결속이라는 가치를 실현하기 위하여 필요의 충족과 공정함을 중요시 여긴다. 약 30여

년의 역사를 가지는 환자협동조합은 다음과 같은 활동의 성과를 거두었다.

- ● 공중보건정책 수립에 참여
- • 1980년, 정부 공중보건정책에 반대한 의사들의 총파업에 저항하기 위한 행동
- • 토론회, 정보제공, 탄원 등의 방법을 통해 통합수가제도의 무조건적 지지

- ● 지역사회 활동 강화
- • 어려운 환자를 위한 연대기금 운영
- • 80년대에 90여 개의 학교 및 공공기관에서 '의존성'의 문제를 환기하는 이동영화 상영
- • 현재 지식교환네트워크의 파트너로서 사회심리적 장애를 겪는 이용자들과 교류

- ● 개인의 역량 발전
- • 건강과 사회의 관계에 대한 신문발행 및 토론회 조직
- • 6~12세 어린이 60여 명을 대상으로 건강교육 실시

- ● 의료서비스 질 개선
- • 협동조합의 대표 2인이 의료의집 총회 구성원으로 참여하여 진료시간,

가입지역, 간병 역할, 의료카드전산화 개발 등의 문제와 관련한 환자들의 욕구 실현

- 진료소의 설비 구매 재정지원 : 건강교육을 위한 시청각 자료, 대기실 내 놀이방, 치료기구, 장애인 및 유모차 접근을 위한 경사로 설치 등. 이와 더불어 장애인 전용 주차공간을 확보함

협동조합을 통한 지역복지 재구성의 필요성

우리는 사회복지란 표현을 쓰면서 사실 사회를 중심에 두고 복지를 사고하지 않았고, 그에 의거하여 제도를 설계하지 않았다. 사회복지란 복지의 주체이자 중심이 사회가 되어야 한다는 뜻으로 사회의 관점에서 복지를 사고해야 함을 뜻한다. 그런데 현재의 복지제도는 국민을 돌보아야 할 대상으로 여기는 온정주의 모델에 입각하고 있으므로 여기서 국민은 복지 서비스의 대상이지 주체가 될 수 없다. 복지의 주체가 되지 못한다는 것은 복지제도의 구상과 설계에 참여하지 못하며, 그 책임을 나누지도 않는다는 것을 함의한다. 국민은 복지제도를 운영하기 위하여 세금을 납부하는 방식으로 책임을 지지만 이는 제도운영에 대한 책임성이라고 보기는 어렵다.

사회의 관점에서 복지를 사고한다는 것은 국민이 복지의 생산자이자 소비자로서의 지위(prosumer)를 가진다는 것을 의미한다. 생산자로서의 국민은 복지 수요를 발굴하고, 그것이 어떻게 조직되어야 할지 설계하는 데

참여하며, 그 스스로가 복지서비스의 주체가 된다는 것이다. 또한 소비자로서 그 서비스를 이용하며 느낀 문제점을 다시 생산에 반영하는 일련의 연결된 과정을 통하여 국민 스스로가 복지의 개선을 도모하는 역할을 하게 된다. 요약하면 '서로 돌보는 관계'를 만드는 것이 사회복지의 목표이자 목적이다. 이렇게 되었을 때 어느 한 사람도 복지의 망에서 소외되지 않고 복지가 사회통합과 사회결속의 역할을 할 수 있게 된다. 벨기에 의료의집과 환자협동조합이 정책과 제도 개선에 역점을 두는 것도 이 지점이다.

한국사회의 복지제도는 개선되어야 하고 공적서비스가 확대되어야 하지만 그렇다고 모든 복지서비스를 정부가 통제하는 제도가 되는 것은 바람직하지 않을 것이다. 왜냐하면 사회란 삶의 터전이고 사람의 관계에 기반하기에 국가의 서비스가 관계성을 담보해 줄 수 없고 일상에 다 개입할 수 없기 때문이다. 그러하기에 우리는 이제 사회를 복지의 주체로 세워야 하며, 특히 지역사회의 복지는 지역 전체가 주체가 되어야 할 것이다. 재분배시스템은 최소한의 틀거리일 수밖에 없으므로 거기에 자신의 삶을 온전히 기댈 수는 없을 것이다. 지역이 주체가 된다는 것은 주민이 지역복지에 참여하고 만들어 간다는 뜻이다. 이를 위해서는 주민을 서비스의 대상으로만 두지 않아야 하며, 이들이 이해당사자로 묶여야 한다. 이 때문에 결사체인 협동조합이 필요하고 지역사회를 담는 구조인 이탈리아의 사회적협동조합이 전 세계로 확산된 것 아닐까.

주치의제도 도입을 위한
범국민운동본부 창립선언문

우리 국민은 건강에 문제를 느낄 때, 스스로 판단하여 해결해야 하므로 어려움을 겪는다. 건강원, 한의원, 약국, 의원, 병원, 종합병원 등 수많은 건강 관련 기관들 중 한 곳을 선택하여 방문해야 하므로, 알맞은 곳을 찾기가 쉽지 않아 여러 곳을 방문하는 경우가 흔하다. 어젯밤 TV에서 '명의'로 등장했던 대학병원 전문의를 기억하는 국민은 그 전문의를 찾아가려 할지 모른다. 거의 대부분의 국민이 주치의를 보유하는 선진국 국민의 의료이용 양상과는 판이하게 다르다. 우리 나라 국민의 연간 의사 방문횟수가 OECD 회원국 중 가장 많은 것은 주치의 서비스를 받지 못하고 혼란스러운 의료 이용을 하기 때문이다.

우리 나라 의료체계는 병원의 민간소유 비중이 매우 높아 공공성이 취약하고 의료기관 간 환자 유치 경쟁이 심각하다. 동네 의원에서 충분히 돌볼 수 있는 환자들이 대형병원을 찾으면서 일차의료는 점점 취약해지고, 병원 간의 몸집 경쟁이 심해서 OECD 회원국 중 병상 수가 가파르게 증가하는 유일한 국가이며, 인구 대비 병상 수가 최고 수준이다. 우리 나라 의료비 증가 속도가 세계 최고 수준인 것은 노인인구 증가뿐만 아니라, 주치의를 보유하지 못해 발생하는 혼란스런 의료이용과 의료기관 간 치열한 경쟁이 맞물려 나타나는 현상이다.

따라서 국내 보건의료체계 개혁은 공공병원 확충을 통한 공공성 강화와 주치의제도 도입을 통한 일차의료 강화로 요약될 수 있다. 이 중에서 공공병원 확충은 많은 재원을 필요로 하는 중장기적 계획이지만, 주치의제 도입은 특별한 재원 없이 실행 가능하며 건강보험 재정 안정화에 기여하는 방안이므로 최우선 정책이어야 한다.

　대통령처럼 권력이 있거나 재벌처럼 부유한 사람들만 주치의를 두는 시대는 지났다. 온 국민이 건강할 권리를 누리기 위해 주치의를 보유할 수 있어야 한다. 오늘 우리는 이 땅에 사는 모든 사람이 주치의를 둘 권리가 있음을 선언한다. 오늘 우리는 제도 도입의 필요성에 공감하는 시민사회 단체, 의료계, 학계와 함께 범국민운동본부를 창립하여 이 땅에 주치의제도가 정착하는 그 날까지 제도 도입 운동에 최선을 다할 것임을 선언한다.

－ 정부와 국회는 모든 국민이 양질의 일차의료 서비스를 누릴 수 있도록 주치의제도를 도입하라!
－ 정부와 국회는 지속가능한 보건의료체계를 위해서 일차의료를 강화하라!

2020년 8월 10일

참여단체

국민의 건강과 안전을 위해
사회적 대합의에 나서자

의대정원 확대와 공공의대 등을 둘러싼 갈등이 멈추지 않고 있습니다. 코로나19로 국민과 의료계가 단합해 난국을 헤쳐 나가야 할 때에 너무도 안타까운 일입니다.

우리 나라 의료체계는 많은 구조적 문제들을 안고 있습니다. 지역간 의료자원의 불균형이 심각하고, 비합리적인 보상체계로 인해 사람의 생명과 관련된 진료과일수록 기피 현상이 크고, 전공의들은 고강도 진료에 내몰리는 열악한 수련 환경에서 일하고 있습니다. 게다가 격오지의 공공의료기관은 인력난에 허덕이고 있습니다. 이로 인한 피해는 고스란히 환자들이 떠안고 있습니다.

특히 국민들은 의료이용체계의 왜곡으로 인해 여러 병원을 전전해야 합니다. 이는 근본적으로 일차의료가 제 기능을 하지 못해 생기는 일입니다. 지역에서 일하는 의사를 배출하기 위한 의사들의 교육 수련체계와 일차의료 강화 방안을 마련하고, 지역별 거점 의료인프라를 확충해 가야 합니다. 의사의 절대 숫자 못지않게 중요한 것은 양질의 수련체계를 통해 지역사회에서 필요로 하는 일차의료 의사를 양성하는 것입니다.

코로나19 확산이 심각해지고 있는 상황에서 의사와 정부의 갈등이 더 계속되는 것은 누구에게도 바람직하지 않습니다. 우리 모두 지혜를 모아 지역간 의료자원 균형, 일차의료 강화, 열악한 수련환경 개선 등을 위한 해법을 마련해야 합니다.

정부가 발표한 의사 정원 확대, 공공의대 설립 등은 이러한 취지로 시작되었지만, 정책 추진과정에서 당사자들과 충분히 소통되지 못하였고, 현재 의료체계의 구조적 문제를 어떻게 개선할지 구체성이 부족합니다. 전공의, 전문의들도 이런 문제의식으로 집단행동에 나섰다고 이해합니다.

그럼에도 정부가 기존 입장에서 후퇴해 협상을 제안하고 있는 상황에서 전공의와 전임의들이 중환자실과 응급실, 수술실을 떠나 진료거부를 지속하는데 대해 많은 국민들은 납득하지 못합니다.

우리 '주치의제도 도입을 위한 범국민운동본부'는 '보건의료체계 개선을 위한 사회적 타협기구'를 구성해 의사를 비롯한 의료인력 양성, 의료비 지불제도, 의료이용체계, 의사의 교육 수련체계 등을 모두 다룰 것을 제안합니다. 이번 갈등을 의료개혁의 사회적 합의를 도출하는 계기로 삼읍시다.

또한 열악한 일차의료 여건을 개선하여 더 많은 의사들이 일차의료와 지역의료로 갈 수 있도록 하고, 전공의 수련에도 선진국과 마찬가지로 정부가 재정 지원을 하며, 특히 지역사회에 종사할 일차의료 전공의들에 대한 재정적 인센티브를 제공하는 방안을 마련합시다.

이번 의사단체와 정부의 갈등을 바라보는 국민들의 마음은 무척 무겁습니다. 코로나19에 맞서 헌신적으로 땀 흘리는 보건의료 종사자들의 모습과, 정부 정책에 다른 의견을 가졌다고 중환자실·응급실마저 떠나는 의사들의 모습을 보며 혼란스러워합니다. 어느 때보다 양보와 배려, 연대와 헌신이 필요합니다. 전공의들은 의료현장으로 돌아가고 정부와 국회, 의료계, 시민사회는 지혜를 모아 보건의료의 질적 향상을 위한 사회적 논의에 나섭시다.

2020. 9. 1.

주치의제도 도입을 위한 범국민운동본부

한국사회적의료기관연합회(사의련)

  한국사회적의료기관연합회(사의련)는 의료의 사회적, 공공적 역할에 가치를 두는 의료기관들의 연대 모임으로 환자와 보호자, 지역주민의 참여를 통한 건강생태계 조성과 깊어지고 있는 건강불평등의 원인을 연구, 교육하며 이를 해결하기 위한 정책 활동과 실천을 목적으로 합니다. 사의련에는 병원, 의원, 치과의원, 한의원, 약국, 의료복지사회적협동조합 등이 회원으로 가입해 있습니다.

  2018년 5월 26일 창립한 사의련 회원기관은 질병의 예방 및 관리와 장애인 주치의, 왕진과 방문진료, 방문약료 등 건강마을 만들기에 노력하고 있습니다. 이를 위해 사의련은 지역사회통합돌봄 논의를 위한 한국커뮤니티케어보건의료협의회에 가입해 있으며 일차의료 강화와 주치의제를 골자로 하는 주치의제 도입을 위한 범국민운동본부에도 함께하고 있습니다.

  사의련에는 2020년 9월 30일 현재, 병원 2곳, 의원 26곳, 한의원 16곳, 치과의원 12곳, 약국 7곳, 재가장기요양기관 4곳, 요양원 1곳, 요양보호사교육원 1곳 등 총 69개 기관이 정회원으로 가입했습니다. 사의련 지역별, 업종별, 활동별 회원기관 현황은 홈페이지(https://healthallnet.org) '소개' 카테고리에 들어 있습니다.

초고령사회, 건강 불평등 시대

주치의가 답이다

개정판 1쇄 인쇄 | 2020년 10월 7일
개정판 1쇄 발행 | 2020년 10월 9일

지은이 | 임종한 외
펴낸이 | 김기태
펴낸곳 | 스토리플래너

출판등록 | 제396-2010-000108호
이메일 | newcitykim@gmail.com
트위터 | @storyplanner

ⓒ 임종한 외, 2020
ISBN 978-89-966237-8-6 03300

이 도서의 국립중앙도서관 출판예정도서목록(CIP)은 서지정보유통지원시스템 홈페이지
(http://seoji.nl.go.kr)와 국가자료종합목록 구축시스템(http://kolis-net.nl.go.kr)에서 이
용하실 수 있습니다. (CIP제어번호 : CIP2020041570)